THE PRINCIPLES OF MORAL EDUCATION IN SCHOOL

学

檀传宝 著

校
道
德
教
育
原
理

（第3版）

教育科学出版社
·北京·

作者简介

　　檀传宝，北京师范大学教育学部教授、北京师范大学公民与道德教育研究中心主任，新疆维吾尔自治区"天山学者"特聘教授，中国教育学会德育学术委员会理事长。

　　著有《德育美学观》（1996）、《信仰教育与道德教育》（1999）、《学校道德教育原理》（2000）、《教师伦理学专题——教育伦理范畴研究》（2000）、《让德育成为美丽的风景——欣赏型德育模式的理念与操作》（2008）、《走向新师德——师德现状与教师专业道德研究》（2009）、《公民教育引论——国际经验、历史变迁与中国公民教育的选择》（2011）、《浪漫：自由与责任——檀传宝德育十讲》（2012）及诗文自选集《作为一棵风中的树》（2003、2009）等。专著曾经获得过中国高校人文社会科学研究优秀成果一等奖等重要学术奖励。

　　个人主页：www.chbtan.net

第 3 版序

《学校道德教育原理》书稿的形成、出版，迄今已经 15 年了。

在"德育"这个意识形态特征十分突出的领域，一本有鲜明个性的德育原理教材能够长销十多年，实在是笔者的快意之事。

我个人认为，这本教材在以下两个方面有一定进展：第一，教材内容上许多有个性的探索对德育原理学科建设发挥了积极的、建设性的推进作用。一些观点，如德育概念上"守一而望多"的原则，德育主客体关系上对"道德是否可教"问题的全面讨论、"新保守主义"师生观及反对"年龄歧视论"发展观等等（基本上每一章节都有完全属于本人的独特体会），"原德育之理"的求索精神及心得，均获得了许多同行的认可。第二，教材编写坚持思想解放、吸收国内外先进成果的原则，为教材编撰质量提供了重要保障。德育首先是一个科学研究的学术领域，同时也是一个必须考虑社会实际的实践领域。努力处理好科学探究与社会实际的关系，坚持学术自由、实践关怀与辩证表达的统一，是教材编撰应该努力坚持的真正的科学性原则。正是因为如上两点，本教材才能历经十多年时光荏苒而青春依旧，受到广大读者的肯定，许多观点、材料、做法不仅经受住了时间的检验，而且还为国内许多同行所借鉴，成为其他教材的有机组成部分。

第3版《学校道德教育原理》在保持教材主体内容及写作风格不变的基础上，主要做了两项改进：第一，汰旧更新的工作。一些较为陈旧的材料、观点已经删去或得以更新。而一些近年作者较为重要且得到一定公认的原理性研究心得，如"德育的现实形态及其重要意义"、"教师的德育专业化"等等，经过处理已经吸收进教材。第二，拨乱反正的工作。在教学、研究和向其他同行学习的过程中，作者逐渐发现原教材有一些不易觉察的错误、疏漏（如"蒋拙诚"误写为"管拙诚"，吴俊升《德育原理》的出版时间1935年误为1948年，等等），这次也借机进行了应有的更正。在这个意义上，本教材也是作者不断学习的重要文本及成长见证。

教材的原创性，其实根本不亚于（甚至可能高于）学术专著的原创性。因为好的教材不仅要有观点上新颖或者创新的要求，而且要有教材结构、体系、风格、表述方式上的求索，还要合理解决作者的个性化学术追求与课程学习普遍性要求之间的矛盾。因此，无论作者如何努力，已经15岁的这本教材仍然是一个需要在与同行和实践的对话中不断成长的稚嫩文本。

作　者
2014年6月13日于北京京师园

关于本书使用的几点说明

　　一、本书主要是供师范院校教育专业本科生"德育原理"课程使用的教材。但是由于本书所具有的个人专著的性质，所以也可以作为相关专业研究生和愿意在道德教育方面有所提高的中小学教师自学、进修这一课程时选用的教材或参考书。

　　二、本书每一章后都附有"习题"和"本章参考文献"（著作具体到章节），目的是提供进一步阅读的初步线索，希望学习者能够通过阅读与思考巩固学习成果。

　　三、本书作者的最大目标是：通过本书提供有关学校道德教育方面深入思考的独特空间，而不是仅仅提供某种千古不变的金科玉律。因此，本书的观点、材料等都仅仅是读者的工具、出发点，而不是绝对真理和思维的终点。

檀传宝

1999 年 9 月于北京师范大学

修订版序

本书修订再版，我最想说的主要有以下两点。

第一，非常感谢广大读者的厚爱。这本学究味颇浓的著作，靠自由销售的方式，在不到两年的时间内能够重印两次，有逾万的发行量，实在是我没有想到的。我的许多想法在不很成熟的时候就堆进教材（我称之为"教材和专著的矛盾"）居然能够得到读者朋友们的谅解，至少证明了教育实践对于德育理论的强烈需求、时代的进步以及读者诸君对于独立思考者的宽容与支持。

第二，希望与更多的同志同行。"同志"一词在中国现代史上被使用得太多太滥，以至于在今天已显得太过陈旧了。但志同道合者谓之同志，我以为同志仍然是一个圣洁的称谓。本书的修订版在许多方面都已做了修改。能够做这些修改，实乃我的同行、老师和我的学生们帮助的结果。他们都是我真正意义上的同志。修改本身就是一种令人愉悦的倾听与对话的历程。希望这一历程能够继续下去，作为与诸同志同行的重要标志之一。

是为序。

作　者

2002 年 8 月 8 日

北京师范大学丽泽 10 楼

目　　录

德育范畴

德育是我们时代的当务之急，但德育又是一个千古难题。德育是一个需要智慧也呼唤智慧的教育领域。这一章，我们以德育概念的讨论为起点，探讨与德育范畴有关的概念（逻辑的范畴）、历史与现实形态（历史与现实的范畴）以及学科（作为研究对象的范畴）问题，以便对德育及其研究有一个概略的了解。

1
德育概念

德育概念是中国大陆德育学界长期以来存在论争的一大"有中国特色"的问题。

什么是德育？简而言之，德育即培养学生品德的教育。但是，"品德"的内涵是什么？什么样的教育才算是"培养学生品德的教育"？对于德育范畴的具体理解与界定，从不同的角度往往可以得出十分不同的结论。不同的德育定义是不同德育观的反映，对德育实践也会产生不同的影响。对德育概念具体理解的不同之处主要集中在两个方面：一是德育的内容主要包括哪些；二是如何理解德育过程。

一、德育包括些什么

德育主要包括哪些内容？狭义的德育专指道德教育，亦即西方教育理论所讲的"moral education"。在我国，许多人并不赞成这一定义，认为德育必须包含更多的内容。一种广义的德育概念解释为：与伦理学体系中的德育概念（专指道德教育）不同，"教育学上的德育，则是相对于智育和美育来划分的，它的范围很广，包括培养学生的思想品质、政治品质和道德品质"①。另外还有更为广义的德育界定，认为德育除思想、政治、品德方面的教育之外，还应当包括法制教育、心理教育、性教育、青春期教育，甚至应包括环境教育、预防艾滋病教育等。以至于有人打趣说："'德育'是个筐，什么东西都可以往里头装！"② 这就是所谓的德育概念的"泛化"问题。

在中国，德育概念的泛化主要有三个方面的原因。

第一，传统思维方式的影响。在近代西方，曾经有过一个意识形态和科学研究的分化历程，道德同政治、法律、宗教等有一个区分的过程，道德教育也同宗教教育、政治（公民）教育有明确的区别。这在理论上就不容易混为一谈。③ 但是在中国，这一分化的过程并不明显，由于我们有道德与政治不分的传统（中国古代教育思想是一种整体思维，"德"、"道德"都是政治化的"大德"），加上中华人民共和国成立以来对政治教育的强调（毛泽东表述的教育方针中只提"德、智、体几方面"，思想、政治教育只能划到"德"育名下），德育是道德教育的命题就难以被广泛接受。

第二，苏联教育学的影响。笔者曾经考察过苏联教育学界对"德育"概念的理解。在1953年人民教育出版社出版的凯洛夫著《教育学》（1947年版）第三编"教育理论"中，"共产主义道德教育"是与"辩证唯物主义世界观基础的形成"及"苏维埃爱国主义教育"、"劳动教育"等并列阐述的，并无统括的"德育"一词。及至1956年，人民教育出版社出版凯洛夫等四人主编的《教育学》时，在第十一章"德育"的总标题

---

① 王道俊，王汉澜. 教育学 [M]. 北京：人民教育出版社，1989：330.
② 然而，"什么东西都可以往里头装"，这个"筐"也就只能是个垃圾箱！
③ 参见：陈桂生. "教育学视界"辨析 [M]. 上海：华东师范大学出版社，1997：195-197.

下，除道德教育内容外还包括了爱国主义和国际主义教育、科学无神论教育、劳动教育、纪律教育等内容，"德育"变成了与我国相似的概念。但该社 1986 年出版的巴班斯基主编的《教育学》（1983 年）则又"恢复"了最早的做法，道德教育与思想政治教育、劳动教育等重新分离，并列成为"教育论"的组成部分，曾经使用过的"德育"又回到了"道德教育"这个狭义定义上来。所以从苏联教育学界的思考历程来看，他们也有一个德育概念是大还是小的问题。但是应该说明的是，由于苏联教育学中有相当于我们德育概念的"教育"一词，所以在他们的教育学中，无论是分还是合，概念体系上都不会有太大的矛盾。学苏联的我们倒是只学了合乎自己思维习惯的东西，于是形成了较为泛化的德育概念。

第三，中国革命的特殊历史轨迹使然。在 1949 年之前红色根据地的德育概念中，政治、思想教育大于一切，道德教育反而处于次要地位。新中国成立后这一战争思维的惯性并未得到及时的改变，相反，由于"左"的思维，尤其是"文革"的影响，思想政治教育反而得到了更进一步的强化。德育概念始终没有与时俱进，回归到国民教育意义上的学校教育中来，道德教育的基础性也就无法得到真正的强调。

对概念解释的不同，实际上反映了对于德育范畴理解的角度和价值取向上的不同。狭义的德育概念反映了一部分学者和教育工作者对于道德教育的基础性质的强调。事实上，道德教育也的确是思想、政治教育的基础。一个在基本的道德品质上不合格的人，思想、政治上亦很难有健康的追求，很难经得起人生的考验，更难担当政治上的大任。中国古代教育强调从修身、齐家开始追求治国、平天下的远大政治理想的教育之道的正确性也在于此。不过，人类个体的一生不可以没有正确的世界观和思想方法；作为"政治动物"，人也不可以没有正确的政治观念。所以，道德教育只是作为个体社会化的重要组成部分却不是唯一的一个维度。道德教育如果不与政治、思想、法制等方面的教育结合起来，在逻辑和实施上都是不可思议的。但是，这丝毫不意味着德育概念没有外延上的边际。

过于广泛的德育界定有以下几大弊端。①将德育视为无所不包的范畴，实际上也就取消了这一概念本身。②目前教育学或德育原理方面的著述在下定义时往往认为德育是"思想、政治、道德教育"，但由于思想、政治教育的心理机制并不等同于道德教育，可资借鉴的西方德育心理学主要讨论的是道德教育，所以在论述德育过程或德育的心理机制等问题时又通通变成了道德教育过程或心理机制等的描述，这在理论体系上存有致命的逻辑问题。③过于宽泛的德育概念在理论上往往使人无法在一个共同的语境下讨论德育的问题。在世界上大多数国家，德育均指道德教育，英语中也只有"moral education"与之相对。我国德育的其他内容，他们称之为公民教育、宪法课，等等。我们若一味坚持自己的"特色"，则难以与人对话，难以"同世界接轨"。④在实践中让德育承担其所不能承担的任务，而忘却最根本的目标。⑤在德育实践中容易使道德问题与政治、思想、法制或心理问题相混淆，采取错误的教育策略。因此，有关德育外延的界定应当遵循"守一而望多"的原则。

所谓"守一"，意即严格意义上的德育只能指道德教育。

指责这一狭义概念的人往往在中国的"德"字的多义性上做文章，只要证明"德"的内容包括什么，德育作为"育德的教育"似乎就必须包括该项内容。其实这种论证的方法本身就是错误的。一个语言文化系统中的任何词汇在具体应用上都只能是特定环境中的概念，不能将所有层面的词义累积起来一次使用。就中国传统教育及现代教育理论的语境来看，学校德育指道德教育较为妥帖，反之则问题较多。所以，对学校德育应该予以严格的界定，就是：德育即道德教育。至于将思想、政治、法制等方面的教育与道德教育加以概括应当叫作什么，有人建议叫作"社会教育"① 或"社会意识教育"②。为了同习惯中已经建立起来的"社会教育"等概念相区别，不妨称之为"社会性教育"。妥否，可以进一步研究。如果有人坚持认为德育可以是"大德育"，则我们的态度应该是：第一，"大"要大得有边界、有标准；第二，"大德育"的核心或基础应该是道德教育。

讲德育即道德教育绝对不是要否定思想、政治、法制教育等。毫无疑问，中国思想政治教育本身有一个科学化的任务亟待完成。但是由于政治信仰等与道德人格之间联系密切，由"道德教育＝德育"的概念界定而去排斥思想政治教育的做法肯定是错误的。所以不仅要"守一"，而且也要"望多"。"望多"的意思有两点，一是思想、政治信仰确立等本身是重要的，所以要"望多"，要进行思想、政治教育；二是思想、政治教育等与道德教育即狭义的德育有千丝万缕的联系，需要"望多"，从而加强学校道

---

① 陈桂生."教育学视界"辨析 [M]. 上海：华东师范大学出版社，1997：215.
② 黄向阳. 德育原理 [M]. 上海：华东师范大学出版社，2000：7.

德教育本身。

狭义德育与广义德育的定义问题还影响到对德育的研究。无所不包的德育无法与人对话，也不方便研究。因为，谁也无法研究一个无所不包的对象。我的主张就是：德育如果指思想、政治、品德教育，则应当对思想、政治和品德教育做分门别类的专门研究。在专门研究有了相当大的成就的基础上再做理论上的提升。相反，我们现在看到的是，我们常常主张较宽泛的德育定义，但是在对思想、政治教育无所研究的情况下，以道德教育的研究成果来以一当十地表述包括思想、政治、法制等方面在内的所谓广义的德育。好比一个细瘦的小孩头顶一个硕大的大人用的斗笠，形象十分滑稽，逻辑上更是不周全。正是由于这一原因，本书命名为"学校道德教育原理"。这样做，也绝不是要否定什么，相反，本书认为改进道德、政治、思想、法制等教育的唯一出路只能是首先做分门别类的专门研究。

二、德育过程理解在概念上的反映

对于德育过程理解上的不同也影响了人们对德育概念的界定。

在我国，许多德育定义都认为德育只是一种由外而内向学生施加影响的过程，认为思想道德等纯粹是从外部"转化"进学生的头脑的。如《中国大百科全书·教育卷》（1985）就认为：德育是"教育者按照一定社会或阶级的要求，有目的、有计划、有组织地对受教育者施加系统的影响，把一定的社会思想和道德转化为个体的思想意识和道德品质的教育"。这一定义的优点是肯定了德育过程的社会性和目的性，认为德育影响依据"一定社会或阶级的要求"，同时认为德育是"有目的、有计划、有组织"的活动。道德规范作为一种客观存在的文化是不以个体的主观意志为转移的。德育活动以一定的价值环境为背景，同一定社会的意识形态有较密切的联系，因而有其客观性、阶级性、历史性和社会性。这些都是没有问题的。同时学校德育作为一种人类价值文化的传承和创生的系统，也的确是一种有意识、有计划的活动。但是这一定义显而易见的缺点是：对德育何以可能考虑不足。

在对德育过程的理解上，中国德育理论较长时间认可一种"转化"理论。所谓转化理论，是指将德育过程看作"把一定的社会思想和道德转化为个体的思想意识和道德品质"的过程。除了上述百科全书的解释外，胡守棻主编的《德育原理》(1989)等也持相同的观点,认为"德育即是将一定社会或阶级的思想观点、政治准则、道德规范转化为个体思想品德的教育活动"①。另有一种观点认为,德育是"教育者按照一定社会的要求,通过特定的教育活动,把特定社会的思想和道德规范内化为受教育者的思想意识和道德品质的过程"②。"内化"的解释比外在的转化更趋合理。但是由于内化说仍然是主张教育者对受教育者的内化,这与主张道德个体自身自主建构的"内化"说仍然有很大的区别,所以这种内化说仍然是转化理论的一种改良形式,没有克服转化理论本身对德育对象考虑不够的根本缺陷。

按照唯物辩证法的观点,事物发展的外因只是条件,内因才是根据,外因必须通过内因才能起作用。德育过程一方面固然是一种价值性的环境或影响,但这一环境或影响起作用的先决条件乃是德育对象接受这一影响(内因)。德育过程实际上也是德育对象自身在道德等方面不断建构的过程。德育应该是环境与生长的统一,价值引导与个体价值建构的统一。对德育对象考虑不足的德育既不合乎现代教育所必须具备的民主精神,更不符合德育自身的规律,不会产生真正的德育功效,有时甚至是非德育或者是反德育的。德育过程对德育对象考虑不足,德育对象主体性发挥不充分也是中国德育的主要问题之一。所以德育范畴应当而且亟须反映这一对德育过程认识的成果。

本书以下所论德育将是狭义的德育——学校道德教育。综合考虑以上关于德育内涵和德育过程的讨论,不妨这样给德育下定义:德育是教育者组织适合德育对象品德成长的价值环境,促进他们在道德价值的理解和道德实践能力等方面不断建构和提升的教育活动。简言之,德育是促进个体道德自主建构的价值引导活动。

2

学校德育的历史进程

学校道德教育的历程在不同的民族或文化中演绎的轨迹并不完全相

---

① 胡守棻. 德育原理 [M]. 北京:北京师范大学出版社,1989:20.
② 孙喜亭. 教育原理 [M]. 北京:北京师范大学出版社,1993:290.

同。如果做粗线条的描绘，我们也许可以说，学校道德教育大体上经历了以下几个阶段。

一、习俗性的德育

习俗性德育是指人类社会早期以习俗性道德为教育内容并通过习俗与生活去实施的道德教育形态。

习俗性的德育首先是指学校教育产生以前，原始社会中存在的德育形态。原始社会的道德教育的主要特点有二。第一，在原始社会，维护氏族、部落的团结或存在是整个社会最重要的任务之一，道德教育成为维护社会存在的重要的组成部分，因此当时的道德教育是教育的核心内容，同时具有人人参与的全民性。第二，由于劳动、生活、教育是一体的，道德教育是在习俗中存在，并且是以习俗的传承为主要内容的。儿童通过日常生活以及参加宗教或节庆的仪式、歌舞、竞赛等形式接受道德教育；德育以培养年青一代对神灵、首领的虔敬，对年长者的尊敬，对氏族与部落的责任的理解，对原始宗教仪式的掌握，以及形成其他社会习俗所鼓励的道德品质等为主要目标。例如，在史诗《伊利亚特》和《奥德赛》中，希腊人歌颂了诸如虔敬、好客、勇敢、节欲、自制等品德，而其中最受重视的是对神灵的虔敬和对父母的孝顺。

习俗性的特点实际上在学校教育产生之后的相当长的时间中仍然得以延续。在欧洲，一直延续到古希腊、古罗马时期。约翰 S. 布鲁柏克说："古罗马的道德教育同样是一种民俗性或习俗性的品德教育……拉丁语中有不少单词都附有道德含义，这或许可以稍稍地表明，古罗马人对个人行为的道德质量是十分注意的。教导青年人，要求他们落实于行动中的道德品质有刚毅、坚贞、勇敢、虔敬、忍耐、好客和自制等。那些强化道德品质的宗教仪式主要以家庭中的守护神和家神为主要对象，由于这类要求都十分严格，因而家庭中的宗教教育对儿童的影响很大。"① 与此相似，中国先秦时期学校教育中所开设的课程"六艺"——礼、乐、射、御、书、数中，与道德教育关系密切的礼、乐之教实际上也有非常浓重的仪式和习俗的色彩。《周礼·师氏》中记载，当时的国学教以"三德"（至德、敏

① 布鲁柏克. 教育问题史 [M]. 吴元训，主译. 合肥：安徽教育出版社，1991：298.

德、孝德）、"三行"（"三行"是："一曰孝行，以亲父母；二曰友行，以尊贤良；三曰顺行，以事师长"），乡学中则实行父子、兄弟、夫妇、君臣、长幼、朋友、宾客等七项人伦之教。不难看出，这些都是出自日常生活习俗的内容。

此外，学校德育产生之后，习俗性德育形态本身实际上也一直在人类生活中延续。家庭和社会生活中一直存在着与学校德育并行的另外一种道德教育，我们也许可以称之为生活德育。随着社会不断往前发展，学校德育与生活德育之间的界限将越来越模糊……

习俗性的德育有其突出的特点。这就是它的"生活化"。由于它与生活的一体、一致，当时的德育效果可能是现代德育所难以望其项背的。同时，生活化的德育非常生动，具有美感。布鲁柏克就说："希腊时期的宗教在人们心目中留下的美感要多于敬畏。它在教育上的影响力与其说是教条性的或道德性的，不如说是仪典性或调解性的。"[1] 在中国，西周教育以礼教为中心，但也是礼、乐互补，实行所谓"乐所以修内，礼所以修外"（《乐记》）的策略。"有效"、"有趣"，是习俗性德育的优点。但是这一时期道德教育的缺点也是十分明显的，而且缺点也正源于它的上述"生活化"的"特点"。习俗性德育的缺点主要是强制性和非批判性。由于习俗道德是道德教育的内容，它具有全社会认同的天经地义的性质，所以它是不容置疑的。在古希腊，"智者"派受到排挤、打击，苏格拉底甚至因煽动青年的罪名被处死就是明证。除了不允许批评之外，对那些不合规矩的行为进行惩罚被认为是理所当然的。"尽管宗教并没有令人敬畏的性质，然而希腊人却毫不犹豫地把敬畏与肉体惩罚当做了一种有益的手段，借以帮助人们使个人符合道德的社会准则。"[1]所以，习俗性的德育只能算是德育和学校道德教育发展的一个原初的起点。

二、古代学校德育

这里的古代学校德育是指奴隶社会、封建社会的学校德育。这是一个阶级性、神秘性和经验性的德育发展阶段。

阶级性的意思首先是，在古代社会，道德教育从教育者、受教育者到

---

① 布鲁柏克. 教育问题史 [M]. 吴元训，主译. 合肥：安徽教育出版社，1991：298.

整个教育目的、教育过程都是受制于上流社会或统治阶级的利益需要的。由于生产力的低下等原因，这一时期的学校教育的主体、目的和内容都属于统治阶级。只有上流社会的子弟才有受教育的权利；只有属于统治阶级的僧侣、官员或从属于统治者的知识分子才有施教的权利；教育目的就是培养神职人员和官员等"治才"，教育内容也是围绕这一目的去组织的。由于等级性的统治秩序维护的需要，也由于个人德性在统治效率上的作用（号令天下与表率天下正相关），这一情况导致的一个结果是对道德教育的高度重视。可以这样说，古代的教育几乎等同于道德教育。这一时期，在基督教世界，教育的目的是皈依上帝和人性的救赎，读、写、算等只是修养以及与上帝沟通的工具；在中国，德性始终是学校教育的首要主题，极端的时期还出现过"举孝廉"的例子；在印度，一个儿童能否被古儒接受取决于孩子的德性——因为只有品德优良的人才有条件学习《吠陀经》……

神秘性是指学校德育或多或少的"宗教或类宗教特性"。所谓"宗教或类宗教特性"，首先是指包括德育在内的全部学校教育在世界的许多地区完全从属于宗教组织。这一时期，在欧洲，"随着基督教成为官方宗教，最终它拥有了这样的权力：可以使异教学校要么关闭，要么被纳入到教会系统中来"①。在印度，在伊斯兰世界，学校德育的情况基本相似。古代中国是一个例外。但是人们将孔孟之道神圣化，将儒学变为儒教，有"类宗教"的一面。"宗教或类宗教特性"还指道德教育内容和方式上的宗教性。由于学校教育受制于教会等宗教势力，将信仰与道德联系起来，在信仰的目标下谈道德学习成为这一时期学校道德教育的特征。在欧洲，道德教育的目的是使人完善，为进入天堂做好准备。在中国，人们将道德规范的合理性归结于"天理"，道德教育最终成为一种"存天理，灭人欲"的事业。所以在道德教育的方式上，古代的道德教育具有某种神秘性质。一个有趣的例子是中国的大儒王阳明，为了"明天理"而到了格竹致病的程度。正是觉得格物的路子不对，王阳明才另辟蹊径走了心学的理路。但心学一样具有神秘的性质。

经验性指两点。第一，从德育实践的角度看，这一时期的道德教育基本上是采取不成规模的师徒授受方式进行的；道德教育的内容也是对宗教或圣贤经典思想的解释、理解与实践。第二，从教育思想的角度看，由于

---

① 布鲁柏克.教育问题史［M］.吴元训，主译.合肥：安徽教育出版社，1991：304.

心理学、教育学时代尚未到来，道德教育的思想虽然很多，但却是不分化、非专门的，理念、猜想的成分很多，缺乏"科学"的证明。加上"第一是信仰，第二才是理性"① 的特性，这一时期的学校德育有更多的专制色彩，而失去了习俗性德育原本存在的生动性。儿童往往被认为是"欺骗上帝的小滑头"，因此，"为了不让孩子堕落，把他们的意志彻底粉碎吧！只要他刚刚能够说话——或者甚至在他还根本不能说话的时候——就要粉碎他的意志。一定要强迫他按命令行事，哪怕因此而不得不连续鞭打他十次"②。牺牲理解、强调记诵是全部教育也是这一时期德育的特征。

三、近代学校德育

近代学校德育主要是指 18 世纪西方世界资产阶级革命完成以后直到 19 世纪末 20 世纪初的欧美学校德育。这是因为，在中国和其他发展中国家，"近代"阶段就同现代化进程一样时间非常短暂，而且与现当代教育的影响交织在一起，因而不具有发展阶段上的典型性。

近代学校德育的主要变化有四点：第一，学校德育的世俗化；第二，学校德育的民主化；第三，学校德育的组织化；第四，学校德育的科学化。

学校德育的世俗化就是宗教教育与学校道德教育的分离。在中世纪或古代教育中，学校德育往往受制于宗教势力，道德教育的目标、内容、方法等都带有宗教性质。在近代社会，一方面由于资产阶级政治革命导致政教分离的产生，国家夺回了对于教育的控制权，另一方面由于宗教本身的原因，在欧洲和美国都存在着基督教的不同流派，使宗教与学校教育的分离部分地起源于不同教派的冲突。就像政治上公民教育不允许偏向某一个政治团体一样，为了避免教派冲突对学校教育的干扰，欧美各国的公立学校在不同程度上都实行了宗教与教育的分离政策——其实质性的内容之一就是宗教教育与道德教育的分离政策。道德教育与宗教教育的分离对于学校德育具有划时代的意义。学校德育无须再到上帝那里去寻找根据，原罪说等宗教意识对德育的消极影响也有了削弱的可能性。这为学校德育的民主化与科学化提供了重要的基础。

---

① 布鲁柏克. 教育问题史［M］. 吴元训，主译. 合肥：安徽教育出版社，1991：305.
② 同①：308.

学校德育的民主化与整个政治的民主化、教育体制的民主化是联系在一起的。近代教育的重要特征之一是学校教育的普及，教育的培养目标主要不是上层阶级——神职人员、管理人才等，而是民主社会的公民。参与教育活动的主体——教、学双方都已经"平民化"。教育的依据不再是天命或者上帝，而是社会发展、个体成长的现实需要。从卢梭、裴斯泰洛齐、福禄倍尔到赫尔巴特（其至可以包括承上启下的杜威），许多教育家为这一进程做出了杰出的贡献。人们最终认识到，民主政治应当比任何一种社会更热心道德教育。这是因为：第一，一个民主的政府，除非选举人和被统治者都接受过良好的教育，否则民主政治将无从实现；第二，民主不仅是一种政府的组织形式，更是一种联合生活的、一种共同交流经验的生活方式。① "倘有一种社会，它的社会成员都能以同等条件，共同享受社会的利益，并通过各种形式的联合生活的相互影响，使社会各种制度得到灵活机动的调整，在这个范围内，这个社会就是民主主义社会。"而"这种社会必须有一种教育，使每个人都有对于社会关系和社会控制的个人兴趣，都有能促进社会的变化而不致引起社会混乱的心理习惯"②。所以民主化从世俗的方面提出了对于学校道德教育的目标、内容、方法、途径等方面民主化的种种要求，也的确促成了这一目标的逐步实现。当然，逐步实现的意思是，在近代德育中民主化的程度并没有一下就达到今天这样的高度。例如，在道德教育的方法方面，强制灌输在很长时间内仍然被认为是天经地义的。美国建国之初，诸如"让敬畏上帝的孩子愉快地听老师和家长的话"之类的语句被印在每一本儿童读本上。③ 鞭答直到 19 世纪中期在美国仍然是普遍的——根据赫拉斯·曼（Horace Mann）的一项调查，美国一个有 250 名学生的学校，在一周的 5 天中就有 328 次鞭打，即平均一天约 66 次。而"公众赞成这种教法，他们总是斜眼看待那些企图制止这种棍棒纪律的人"④。当然，从 19 世纪末期起，"'浪漫的'道德教育方法不再诉诸外在斥责或物质处罚，而注重儿童的天然情操"⑤。

学校德育的组织化主要是指班级授课制为代表的近代教育体制的出

---

① 杜威 . 民主主义与教育 ［M］. 王承绪，译 . 北京：人民教育出版社，1990：92.

② 同①：105.

③ 哈什，等 . 德育模式 ［M］. 刘秋木，吕正雄，译 . 台北：五南图书出版公司，1993：17-18.

④ 布鲁柏克 . 教育问题史 ［M］. 吴元训，主译 . 合肥：安徽教育出版社，1991：222.

⑤ 同③：16.

现。以班级授课制为契机，学校德育不仅在效率上比过去的"学校"教育有了较大的提高，而且使学校成为一个与家庭和社会都不相同的学习集体生活的特殊场所。这为道德教育带来了积极意义。但是组织化教育也带来了忽视个性，道德教育理性化加强而情感性减弱的危险。

学校德育的科学化的内涵主要有两点。一是由于学校德育的世俗化，德育的合理性、德育理论的依据避免了神学化的命运。道德教育成为人们关心的现实领域，不再具有古代社会的神秘性质。二是伦理学、心理学、社会学等近代科学的发展，为学校德育问题的解释和解决提供了崭新的思路与可能。德育成为科学事业的组成部分之一。这一点可以说肇始于夸美纽斯，他将教育理论的依据奠定在自然论的基础之上。到了赫尔巴特，就已经明确主张将教育学奠定在实践哲学（伦理学）和心理学的基础之上。科学化是真正自觉德育时代的必然前提，对于德育来说，也具有划时代的意义。

需要说明的是，学校德育的世俗化、民主化、组织化和科学化之所以都带了一个"化"字，主要的原因在于它是一个动态的进程而不是一个静态的结果。这一动态的进程使学校德育的近代形态与现当代自然而然地联系起来。

四、现当代学校德育

现当代学校德育是指 20 世纪初以来的学校德育。这一时期学校德育除了继承、光大近代德育世俗化、科学化的传统之外，还产生了一些新的轨迹与特点。这主要表现在以下几个方面。

第一，理论与探索的时代。

所谓"理论与探索"，首先是指 20 世纪出现了与资本主义学校德育性质完全不同的社会主义学校德育。社会主义作为对资本主义理论与实践的批判，极大地推动了人类社会发展的历史进程。同样，社会主义的学校德育也在德育的目标、内容、方式上为整个人类的德育实践贡献了宝贵的经验。其次，20 世纪也是一个德育理论不断涌现、德育的实践探索不断推进的历史阶段。究其原因，一是德育面临的诸如社会变动剧烈、迅速等客观要求使然，德育必须在理论与实践上提供解释、解决的方案；二是德育自身的发展，德育研究的科学化进程是以加速度发展的，加上相关学科的迅速发展，德育理论与实践上的百花齐放、流派纷呈局面的形成就是自然而然的结果。在这一阶段具有特别影响的学校德育理论有：苏联的社会主义集体教育理论，美国的进步主义德育理论，以及认知与发展理论、社会学习理论、价值澄清理论、关怀理论等。在中国，由于"文革"的耽误，德育理论的进展不尽如人意，但是改革开放以来，以鲁洁教授的超越性德育理论为代表的中国德育理论也呈现出了日益活跃和百花齐放的局面。

第二，寻求平衡的时代。

学校德育在 20 世纪做出种种尝试的同时也不断地探求矛盾的平衡。首先是道德相对主义与绝对主义的平衡。现当代德育的民主化表现之一是对德育灌输的批判。最初对德育灌输的批判只是要让学生有价值判断上的自由。但是当儿童中心主义、道德认知理论等发展到一定程度之后，许多学校德育的理论都倾向于德育内容上的相对主义。而相对主义运动的结果实际上会让教师无所事事乃至取消德育本身。所以经历了价值混乱、道德滑坡之后，西方世界如美国从 20 世纪 80 年代末开始已经走向道德教育传统的复归(所谓"重建品德教育"阶段)，重新讨论在学校德育中倡导主流社会认可的价值观念[90 年代初美国很多公立学校都已实施了所谓的"品德教育"(character education)]。其次是宗教教育与道德教育的平衡。道德教育的世俗化当然是历史的进步，但是纯粹的规范授受往往解决不了个体存在的深层次的价值问题。所以在宗教教育道德化的同时，在西方，在剧变之后的俄罗斯、东欧诸国，宗教教育都有同道德教育携手的取向存在。前者反映了西方社会对宗教问题的再认识，后者则是政治体制、社会体制变化的产物。但不管如何，人们在寻找道德教育与宗教教育的某种平衡。当然，这两点在中国这样保持社会主义体制的发展中国家的情况有所不同。第三是社会主义与资本主义德育体系的平衡。在 20 世纪 80 年代以后，社会主义国家锐减，社会主义运动受到了一定的挫折。但是社会主义仍然是人类进步追求的一个重要组成部分。社会主义建设，包括社会主义的道德教育，并非如西方所言的那样一无是处。社会主义与资本主义是"对峙的双峰"①。从世纪的整体，从苏联、中国等社会主义国家的实际探索，以及从对待德育思想应有的理性态度出发，现当代德育仍然具有寻求社会主义与资本主义德

---

① 参见：陆有铨. 躁动的百年：二十世纪的教育历程 [M]. 济南：山东教育出版社，1997：304. 陆先生所言 "对峙的双峰" 是指美苏两个大国的教育。

育体系和价值观平衡的特质。社会主义学校德育体系中的集体主义教育经验、对正确价值观的旗帜鲜明的倡导等有值得资本主义世界的学校德育借鉴的东西;同样,社会主义的中国等也应当努力学习发达资本主义国家在道德教育上的许多有益经验。最后一个平衡是学校德育与家庭、社会德育的平衡。这一点在中国与西方也有较大的差异。中国的学校德育被普遍认为是德育的最重要的方式;西方社会则更多地将德育的责任划归家庭、教堂等。但是在 20 世纪的后半叶,西方的教育界开始重新认可学校德育及其使命的重要性,中国则不断强调家庭、社会与学校德育的配合。应该说整个世界都在寻找学校德育与家庭、社会德育的合作与平衡的关系。

第三,全球化德育的时代。

德育的全球化缘于经济、交通、通信等方面的全球化。德育的全球化表现主要有两个方面。第一是影响的全球化;第二是主题的全球化。

所谓"影响的全球化",是指德育思想与经验的全球化影响。杜威的进步主义德育思想在产生的同时就于 20 世纪初迅速影响了苏联、中国等国家的学校德育。20 年代,杜威甚至认为他的思想在苏联贯彻得比在美国还要彻底。这与以前教育思想传播的速度相比是大大加快了的。此后道德认知与发展理论、价值澄清学说等德育思想的传播也具有迅速和普遍的影响特征。同理,由于信息化时代的到来,全球各国均已成为"地球村"的一小部分。在这样的情形之下,德育思想、理论与经验的全球化影响的趋势将越来越明显。世界各国的学校德育将因此而获益匪浅。

所谓"主题的全球化",是指世界各国学校德育关心的主题有趋同的趋势,也指学校德育日益关心诸如生态环境、人口与发展、个人权利、多元文化、世界和平等共同的主题。由于一些人类重大课题具有全球性的整体性、普遍性、复杂性和严重性,道德教育的全球化成为时代的必然。20 世纪是生态伦理教育、性道德教育、和平教育等在全球范围得到空前重视并获得许多共识的一个世纪。

全球化与民族化是一对矛盾。离开前者,各民族的德育必将蒙受损失;而离开民族文化的根基,任何国家的德育都不可能取得理想的效果,而且文化上的单一化又必将使整个世界全球化了的学校德育丧失应有的活力。对于中国的德育而言,在理论和实践上解决民族传统的继承和外国经验的学习之间的矛盾,始终是我们必须面对、解决的最重要的课题之一。

在谈到现当代学校德育的时候我们不能不提及的是,尽管现当代学校德育已经取得了巨大的进展,但是学校道德教育至今仍然是世界级的难题。这里只以美国作为例证。《参考消息》1999 年 4 月 24—25 日报道,从 1997 年 10 月 1 日密西西比州伯尔市的一名 16 岁少年杀害自己的母亲并到校园向自己的同学射击开始,至 1999 年 4 月 20 日丹佛市郊一所中学的学生开枪杀戮 25(死 15)名同学止,不到两年时间,美国先后发生过 6 起校园枪击事件。此后类似枪击事件仍然此起彼伏,至今仍不绝于耳。这些事件的特征都是少年持枪杀害自己的老师或同学。美国教育界人士坦言这是美国道德教育不力的表现。最发达的国家尚且如此,我们应该说,学校德育及其效果的提高问题的确仍然是一个全球性的、急需智慧投入的领域。

3

德育的现实形态及其重要意义

一、学校德育的现实形态

习俗性德育以及古代、现代、当代德育的描绘,实际上是对德育历史形态的探索。那么日常教育生活之中学校德育有哪些现实形态?现实的德育活动丰富多彩,现实德育形态的分类可以有不同视角。以德育活动发挥作用的形式为标准,可以将日常德育实践分为直接德育、间接德育和"隐性课程意义上的德育"三种形态。

(一) 直接德育

所谓直接德育,是指教育者的德育意图明显,学习者明确知道自己在接受道德教育的德育形态。换言之,只要德育意图是直接呈现的教育就是直接德育。因此,不仅直接德育课程、主题德育活动、师生之间德育性对话等属于直接德育,而且各科教学、校园文化等教育形式也都可能是直接德育形态。一般认为,德育课程以外的各科教学、校园文化中的德育影响应该属于间接德育形态,其实并不尽然。比如数学课教学中教师对学生遵守课堂纪律的直接劝谕，在讲述数学家的生平故事之后号召学生学习数学家勤奋钻研、不怕困难的道德品质等就是直接德育而非间接德育。同理，学校的校训、宣传美德的校园海报等的德育意图也是十分明显的，也属于直接德育形态。

在中国和许多东亚国家，直接德育形态一直受到高度重视。主要的原因除了儒家文化圈对于人伦的高度重视这一文化传统之外，也在于直接德育形态本身具有间接德育所不可能具备的优势，即直接德育能够清楚明白地解释道德价值、行为规范存在的理由和应用的策略，使受教育者直接受益。如果没有直接德育，许多人就可能因为在道德上的无知而犯错。直接德育对于未成年阶段的学生来说尤其重要。中国有句老话叫作"话不说不明"，苏格拉底也有"美德即知识"的论断，都是这个道理。

一些国家特别是美国在历史上曾经对直接德育有过过激的批评，认为道德教育是"私事"，德育任务应该交给家庭和教堂去完成，或者认为进行直接德育就有"洗脑"、"灌输"、妨碍思想自由等风险。否定直接德育的另外一个理由是认为专设直接德育课程有可能让不承担此类课程的其他教师推卸其德育责任。而健康的教育体系中应该"人人都是德育工作者"。因此，虽然20世纪中期许多美国学校曾经取消过直接道德教育课程，但是十分有趣的是，从80年代开始的品德教育运动，又使得直接德育形态在美国重新得到了较为广泛的强调。品德教育运动的代表人物托马斯·里可纳（T. Lickona）就明确指出：在文明冲突价值多元的社会中，仍然存在普遍认同的价值，除非我们承认正义、诚实、文明、民主、追求真理等价值观，否则价值多元是不能成立的；民主社会尤其需要品德教育，因为公民需要承担作为民主公民的责任；没有无标准的道德教育，问题不应当是"要不要教价值观"，而应当是"教哪些价值观"和"怎样教这些价值观"；传授正确的价值观过去是，现在仍然是文明之举，在社会普遍忽视德育的情况下，学校德育尤为重要，否则对良好品德的敌视很快就会弥补道德教育的真空。[①] 他的观点基本上代表了许多品德教育领袖人物的观点，也代表了美国教育界对于直接德育课程形态在经历了否定之否定的历史过程之后的重新肯定。

---

① Lickona T. Education for character: how our school can teach respect and responsibility [M]. New York: Bantam Books, 1991: 20-22.

美国教育对于直接德育课程形态的认识历程证明，尽管直接德育可能存在许多缺点，但是简单、绝对否定直接德育课程的价值于事无补。

(二)　间接德育

一般而言，否定直接德育形态而又承认德育本身重要性的思维，会将对于直接德育的兴趣转向间接德育形态。所谓间接德育，是指教育者的德育意图并不直接和明显，受教育者通过间接途径接受道德教育的德育形态。在日常教育生活中，最为常见的间接德育形态主要是那些以其他教育任务为直接目标，间接发挥德育作用的课程、活动、校园生活等。间接德育的最重要形式当然是直接德育课程以外的各科教学。以下重点以各科教学为例，说明间接德育形态的存在方式。

实际上所有科目的课程都包含着间接而重要的德育因素。里可纳就认为，各科教学对道德教育来说是一个"沉睡的巨人"，潜力极大。不利用各科教学进行道德教育是一个重大缺憾。里可纳还列举了各科教学中可以利用的一些价值因素。例如：数学和科学课中科学家的生平业绩、生活和治学态度；语文课中文学上榜样人物的道德作用；历史课中历史伟人的德行与自律精神；在体育与健康课中展示适度的自我控制对个人健康和品行的重要性；等等。①

需要说明的是，各科教学中存在的德育影响并不等于间接德育形态。比如对里可纳所说的"数学和科学课中科学家的生平业绩、生活和治学态度"的教学处理，教师如果只是在讲述数学知识发展历程时一般性地介绍某位数学家的生平，其德育影响当然就是间接的。但是如果该教师在讲完故事之后还进一步明确号召学生学习数学家的优良品质，则德育形态就由间接变为直接——因为这一做法与直接德育课程中讲述榜样人物的故事以塑造学生品德的教育方式并无不同。教师在各科教学中因势利导、恰到好处地开展直接德育是值得肯定的，但各科教学都有各自的直接教学目标，过多和勉强的直接德育不仅会影响课程直接目标的实现，也可能使教学出现过度"德育化"的倾向。这样的思路并不可取。

以德育意图间接呈现的标准来看，隐性课程中的德育影响，或者"隐性课程意义上的德育"其实也属于"间接德育"的一种。不过由于隐性课程中的德育影响"隐藏最深"，是"间接中的间接"，一般不被教育

① 袁桂林. 当代西方道德教育理论 [M]. 福州：福建教育出版社，1995：254.

实践者所关注，所以为了凸显其重要性有必要将它独立出来，做专门的分析。

（三）隐性课程意义上的德育

隐性课程是学生在学校学习生活中完整经验的一个有机的组成部分，作为一种教育影响，它主要通过非学术、隐含性、非计划、潜移默化的方式实现。隐性课程并不等于隐性的德育影响，它也可能是通过非学术、隐含性、非计划、潜移默化的方式实现的智育、美育、体育等方面的影响。因此，我们只能说"隐性课程意义上的德育"，而不能说"隐性课程德育"。但是，隐性课程概念本身与道德教育却有着内在的、天然的联系。这是因为隐性课程从本质上说是一种价值性的影响。

早期隐性课程研究者杰克逊（P. W. Jackson）就充分证明了"隐性课程意义上的德育"的存在。杰克逊认为，构成学校班级生活的有三个重要的隐性课程因素。第一是"群体"（crowd），班级中充满了各种规则、规定、常规，学生只有在满足的延迟、欲望的打消、工作的中断中才能理解和适应它；第二是"表扬"（praise），即班级中教师的评价、学生之间的评价等使得学生尽力与教师和班级所要求的价值保持一致；第三是"权力"（power），班级中的权力结构和差距是班级社会结构的重要组成部分，学生对社会的适应首先从适应班级的社会结构开始。从杰克逊的分析中可以看出，学校是社会规范同化最有力的场所，社会化、价值学习等是隐性课程的核心内容。杰克逊是社会功能学派的代表，该学派的特点是对班级、学校中的社会化做了正面或积极的说明。与社会功能论者相对立的是社会批判论者，他们认为"教育组织的主要方面，就在于再生产经济领域中统治与服从的关系"①。因此，隐性课程具有较明显的阶级性。但是，社会批判论者的观点只不过从另外一面证明了隐性课程所具有的价值本质。我国台湾学者陈伯璋教授将隐性课程概括为常数和变数两个部分。其中"常数"部分是指散播于学校教育各个层面的"社会意识形态"和教师的期待、教学内容中包含的未预期的意义、教室内移动方式、谈话流程等"教育工作者分析合理知识以及界定其运作概念的方式"。"变数"则是指组织教学、能力分组、升留级制度等"组织变数"，学校

---

① Bowls S, Gintis H. Schooling in capitalist America: educational reform and the contradictions of economic life [M]. New York: Basic Books, 1976: 12.

气氛、领导作风、师生之间的人际关系等"社会系统变数",信念系统、价值观念、认知结构、意义等社会向度或"文化变数"①。但无论是"常数"还是"变数",我们都可以看出,隐性课程中的德育影响成分是最大的。

严格说来,"隐性课程意义上的德育"其实也是间接德育形态的一种,是指通过教学流程和组织形式、学校人际交往方式、教育空间安排等教育途径、形式隐蔽实现的德育影响。隐性课程虽然与显性课程相对,但是其存在范围却往往远超学校正式课程。因此,隐性课程与其说是一种"课程",还不如说是全部校园生活的隐性教育影响。隐性课程意义上的德育虽然存在范围甚广,但由于其突出的隐蔽性,常常容易被人忽略。也正是由于它是"间接中的间接",常常被人忽略,我们才将它从一般的"间接德育"形态中独立出来,作为第三种德育形态。

二、认识德育现实形态的重要意义

将德育分为直接德育、间接德育和"隐性课程意义上的德育"三种形态,不仅对于德育理论的完善意义重大,而且具有十分明显的实践价值。德育现实形态分析的实践价值主要表现为以下三个方面。

第一,德育形态的分析有利于教育工作者明确、认同自己的德育使命。

如果我们承认德育不仅包括直接德育,也包括间接德育形态和"隐性课程意义上的德育",则我们自然可以得出一个十分重要的结论:"人人都是德育工作者"乃是一个教育的事实,而非教育的伦理主张或者价值的呼吁。在实际教育生活中,教育者只有做一个好的或者坏的德育工作者的选择,而没有做或不做德育工作的自由。因为从间接德育角度看,即使教师只是教授数、理、化等纯粹自然科学知识,也间接完成了某些自然观和世界观的培育、学习态度与习惯的养成等任务。而从隐性课程角度看,则教师无论从事何种学科的教学,都总要说话,与学生交往和互动——而说话的方式、师生交往和互动的形式又都会对学生的人格发展产生潜移默化的德育影响。因此,只要教师在校园生活,其作为德育影响的

---

① 陈伯璋. 潜在课程研究 [M]. 台北:五南图书出版公司,1985:330-339.

事实就一直存在。全面认识和把握德育形态显然有利于教育工作者发自内心地明确和认同自己的德育角色与使命。

第二，德育形态的分析有利于教育工作者开阔德育思路，全方位开展德育活动。

在不对德育现实形态做全面分析的情况下，人们开展德育活动的思路往往流于十分狭隘的"加法"思维——加强德育等于安排更多直接德育课程与德育活动。由于直接德育具有需要占用一定时间、需要某些物质条件支持的特点，而学校资源总体上是有限的，只做"加法"的思维是没有出路的，因为学校不可能将所有时间、所有资源都用于直接德育。此外，即便学校愿意将更多的时间与资源投入直接德育，如校本德育课程开发、主题德育活动开展等，过分"德育化"的学校生活也可能使受教育者产生对于德育的逆反心理。因此，最为明智的做法是三种德育形态并举，特别是高度关注间接德育和隐性课程意义上的德育。后两种德育形态在中国被称为"无言之教"，几乎是"无本的买卖"——它们不需要另找专门的时间、资源。当然，做好这一"无本的买卖"的前提是，教育者对于德育形态的全面把握以及教师具备专业化的德育能力。因此，实现教师的德育专业化是全方位开展德育的重要基础。

第三，德育形态的分析有利于教育工作者依据德育形态的实际开展更有成效的德育。

三种德育形态实际上都有各自的优势与不足，教育工作者需要分析这些优势和不足，以扬长避短。

比如直接德育，其优点是将价值与规范向学习者做专门、系统、正面、明确的解释，方便学习者做理性、系统的吸收。但是直接德育也有需要占用一定时间、需要某些物质条件的支持，过多的直接说教容易导致逆反心理等明显缺陷。教育工作者开展直接德育时首先要思考的应当是如何扬长避短，既开展直接德育，又能使得这一德育形态具有较高质量或者"可欣赏性"①，以克服直接德育可能使学生产生的逆反心理。

对于间接德育，教育工作者要特别注意的是保持其"润物细无声"的间接性，切忌将间接德育生硬地转化为矫揉造作、效益低下的直接德

① 这是笔者论述"欣赏型德育"时所用术语，意即德育内容和形式具有美感。具体可参见拙作《德育美学观（增订版）》（教育科学出版社，2006）、《让德育成为美丽的风景——欣赏型德育模式的理念与操作》（安徽教育出版社，2006）。

育。在中国最新一轮课程改革中，国家课程标准明确要求将"情感、态度、价值观"作为所有学科、每一节课的教学目标之一。许多教师由于片面理解了这一德育目标实现的途径（如每节课都要讲科学家的故事）而痛苦不堪，其实，其痛苦的根源就在于对德育形态的误读。如果考虑到间接德育、隐性课程意义上的德育，落实"情感、态度、价值观"的教学目标就根本不需每节课都去寻找伟人故事，教师只需要尽职尽责完成自己各科教学即可。

对"隐性课程意义上的德育"，教师也需要有较为专业的关注。如前所述，隐性课程虽然与显性课程相对，但是其存在范围往往远远超过学校正式课程。隐性课程意义上的德育实际存在于全部校园生活之中。因此，隐性课程的自觉意识十分重要。一旦教师自觉意识到隐性课程的真实存在并自觉开展对隐性课程的适当优化，则"隐性课程意义上的德育"就可能是一头苏醒了的雄狮，德育效能就会极大地发挥出来。

总而言之，就像对学生的教育应当因材施教一样，成功德育活动的基本原则之一应当是依据德育形态的不同，开展不同类型德育活动的设计与实践。而德育现实形态的认识也是德育概念理解的重要维度之一。

4

德育理论及主要议题

一、德育理论的形态

德育理论的形态从历史演进的角度看主要有四种：德育思想、德育论、德育学、德育科学。

德育思想首先是一种关于德育的价值性哲学思考。它主要反映人们对德育的应然与必需所产生的主观判断和选择。古代和现当代的许多思想家与政治家从价值判断和选择的角度对德育的理想与方式等提出的见解，都属于德育思想的范畴。德育思想基本上是前德育理论形态。它主要存在于近代教育学产生以前，现当代虽然仍然存在这一形态，但已不再是主流的理论形态。中国的孔子、孟子、朱熹、王阳明等，西方的苏格拉底、柏拉图、亚里士多德、昆体良等思想家都为人类贡献了十分宝贵的德育思想。德育思想形态的特点是应然的、未分化（非专门）的、非体系的。在中国，在西方，在世界文明的其他部分，德育思想的遗产都是以后学校德育理论发展的基础。现代形态的德育思想也是德育理论发展的源头活水。

"德育论"则是一个与德育经验相对的范畴。有德育实践即有德育经验、德育思想，但有德育经验却不一定有德育论。德育论是教育学产生之后出现的，与教学论、课程论等并列的德育思想的理论化形态。夸美纽斯的《大教学论》（1632）中就有"道德教育的方法"（第23章）、"灌输虔信的方法"（第24章）、"论学校的纪律"（第26章）等专门论述学校德育的章节，可以视为德育论形态的起点。此后洛克的《教育漫话》（1693）、卢梭的《爱弥儿》（1762）、裴斯泰洛齐的《林哈德与葛笃德》（1781—1787）、康德的《教育论》（1803）、赫尔巴特的《普通教育学》（1806）等都对学校德育有过十分重要的论述。例如赫尔巴特认为："道德普遍地被认为是人类的最高目的，因此也是教育的最高目的"，"我想不到有任何'无教学的教育'，正如相反方面，我不承认有任何'无教育的教学'。"[①]这些论述对教育学理论体系的建立产生了重要的影响。在这一阶段，德育论是作为教育学、伦理学的组成部分而存在的。与作为前德育理论存在的德育思想相比，德育论具有一定的专门性、系统性，但是随着无所不包的教育学形态转变为教育学学科群，德育论也独立为德育学。

德育学是从教育学科群中分化出来的独立的教育理论形态，主要存在于19世纪末20世纪初。涂尔干的《道德教育论》（1902）、杜威的《教育上的道德教育原理》（1909）、凯兴斯泰纳的《品格概念与品德教育》（1912）、马卡连柯的《论共产主义教育》（1952，实际上是论共产主义道德教育）等都是德育学形态的代表。其中涂尔干的《道德教育论》往往被视为独立的德育学产生的标志。这一著作的突出观点是，学校德育应当与宗教教育分离，成为填补宗教真空、实现个体社会化的重要途径。20世纪上半叶我国学者也有一批德育学专著出现，其中有梁启超的《德育鉴》

---

① 张焕庭.西方资产阶级教育论著选［M］.北京：人民教育出版社，1964：250，257.

（1905）、蒋拙诚的《道德教育论》（1919）、余家菊的《训育论》（1925）、李相勖的《训育论》（1935）、吴俊升的《德育原理》（1935）、姜琦的《德育原理》（1944）和汪少伦的《训育原理与实施》（1946）等。但是德育学也是一种过渡性的德育理论形态。由于对学校德育日益专门、分化的研究和交叉学科研究的发展，德育学和教育学一样成为"学科群"。目前德育学也演变成一种"复数"形式和广义性质的"德育科学"。它至少包括：①作为分层次与分支学科的研究，如德育哲学、德育课程理论、德育方法理论与德育工艺学等；②作为交叉学科的研究，如德育社会学、德育心理学、德育人类学、德育文化学、德育美学等。在众多的德育学科研究的基础上，需要一种整合各方面研究成果的一般理论形态；同时，在教育学专业的教学中也需要一门综合性的"德育原理"的课程存在。这就是我们今天要着力关注的"德育原理"领域——它的重点在于说明德育的一般"规律"，回答德育面临的最基本的问题，以作为其分支学科和交叉学科的概括总结和理论基础。

　　德育原理是整合诸多德育科学研究的一般理论形态。它有"原"德育之"理"，研究学校德育领域一般理论问题的使命。德育原理又是教育专业的一门基础课程，因此它又具有引领教育专业的学习者全面了解道德教育理论的性质。从这两点出发，德育原理的特征主要是理论性和基础性、综合性几个方面。学习德育原理应当注意把握以上特征。

二、学校德育理论的主要议题

　　从历史演进的角度来看德育思想、德育论、德育学、德育科学诸形态，从学科群的角度来看作为复数形式的诸多德育科学，都能发现一些较为集中关注的主题。德育原理当然应以此为主要的议题。

　　哈什（R. H. Hersh）等人在《德育模式》中从一个道德行为的组成要素的角度，认为道德教育理论应当关注关怀（caring）、判断（judging）、行动（acting）三个方面[①]，应该说已经涉及道德教育的主要领域，但是主要集中在德育目标和内容上。道德哲学家弗兰克纳·威廉认为道德教育理论至少应当关注四个方面的问题：①道德教育要培养的人应当具有什么样

---

　　① 哈什，等. 德育模式 [M]. 刘秋木，吕正雄，译. 台北：五南图书出版公司，1993：2-7.

的品质，换言之，什么样的人才能算是受过道德教育的人；②支持这些品质的理论基础如哲学立场、理论前提和实验因素是什么；③道德教育方法上的建议；④支持这些德育方法的理论前提与依据有哪些。① 查赞·巴里则认为当代德育理论共同关心如下 9 个问题：①个人与社会；②道德原则；③伦理学中的理性；④德育内容和形式；⑤行动；⑥在道德上受过教育的人的概念；⑦灌输和道德教育；⑧教师的作用；⑨教学的方法、过程、材料等。② 这是一个比较全面的概括，但是道德教育范畴、道德教育的可能性等基本问题在其中仍未得到全面的反映。

比较当代中国德育理论界几本较有影响的德育学专著，如鲁洁、王逢贤主编的《德育新论》（江苏教育出版社，2000），以及欧阳教著《德育原理》（台湾文景出版社，1998）等，可以发现德育原理至少应该包括以下课题：

（1）德育范畴；
（2）德育的本质与功能；
（3）德育对象；
（4）德育目的；
（5）德育过程；
（6）德育内容；
（7）德育课程；
（8）德育方法；
（9）德育主体；
（10）学校德育的社会环境。

对这些问题的讨论自然构成了这本《学校道德教育原理》的 10 章。

---

① Frankena W. A model for analyzing a philosophy of education ［M］//Martin J. Reading in the philosophy of education. Boston：allyn and Bacon，1970.

② Chazan B. Contemporary approaches to moral education ［M］. New York：Teachers College Press，1985：8.

习题

1. 如何看待德育的内涵？
2. 学校德育的历史形态和特点各有哪些？
3. 德育的现实形态有哪几种？其实践价值何在？
4. 如何区别德育理论的几种形态？
5. 德育理论的主要议题有哪些？

本章参考文献

1. 布鲁柏克. 教育问题史［M］. 吴元训，主译. 合肥：安徽教育出版社，1991：第11章.
2. 哈什，等. 德育模式［M］. 刘秋木，吕正雄，译. 台北：五南图书出版公司，1993：第1章，第2章.
3. 陈桂生. "教育学视界"辨析［M］. 上海：华东师范大学出版社，1997：192-221.
4. 陈桂生. 为"德育"正名［J］. 上海教育科研，1991（7）.
5. 檀传宝. 浪漫：自由与责任：檀传宝德育十讲［M］. 上海：华东师大出版社，2012.
6. 陆有铨. 躁动的百年：二十世纪的教育历程［M］. 济南：山东教育出版社，1997：第3-6章.
7. 戚万学. 冲突与整合:20世纪西方道德教育理论[M].济南:山东教育出版社,1995：第1章.
8. 黄向阳. 德育原理［M］. 上海：华东师范大学出版社，2000：第1章.
9. 墨菲. 美国"蓝带学校"的品性教育：应对挑战的最佳实践［M］. 周玲，张学文，译. 北京：中国轻工业出版社，2002：第1章，第2章.
10. 但昭伟. 道德教育：理论、实践与限制［M］. 台北：五南图书出版公司，2002：第1章.

德育的本质与功能

德育的本质与功能问题是德育理论的基本问题，对这两个问题的不同回答构成了不同德育观的内核。

德育的本质

一、何谓"本质"

在正式进入讨论之前，有必要进行一个方法论问题的研讨。这就是说应当区分"本原"和"本质"这两个范畴。这一区分在中国大陆教育理论界意义非常之大。

本原问题即从最根本意义上回答世界是一元还是多元、是唯物还是唯心的问题。比如人的社会性，在马克思主义者看来，就是一个本原问题。离开物质资料生产，离开社会关系谈人的任何问题都会在本原上走向唯心主义。

本质问题则是在本原问题的基础上反映事物特性或特殊矛盾的范畴。本质问题虽离不开本原问题，但却不可与之相混淆。比如关于人的本质，马克思曾有过两段十分著名的论述。一是在《关于费尔巴哈的提纲》中说的："人的本质并不是单个人所固有的抽象物。在其现实性上，它是一切社会关系的总和。"① 二是在《1844 年经济学—哲学手稿》中说的："一个种的全部特性、种的类特性就在于生命活动的性质，而人的类特性恰恰就是自由的、自觉的活动。"② 对比这两段话，不难看出，前者是从本原出发，后者是从本质出发的。人的本质存在于、落实于"社会关系的总和"之中，与"人的类特性"（本质）本身在马克思那里本来就是作为两个问题展开论述的。只不过他的后继者们一度用其关于本原问题的论述取代了关于本质问题的论述而已。关于这一区分，哲学界已有所觉悟，他们并未仅仅停留在概念的区分上，而是进一步倡言，"达到'真正的人'实现，'物质资料生产'也将消失其在历史发展中的决定作用了。到那时自然会有新的学说来取代唯物史观"③。上述论述并非否定物质资料生产在未来的决定作用，更非否定唯物史观，而是指出在"真正的人"全面实现的时候，现存的唯物史观甚至会难以完全像今天这样去说明未来人的本质的现实性，因而现存的唯物史观具有"适用边界"（何祚榕语）的问题。故本质问题既要与本原问题联系起来讨论，又不可混为一谈。

在教育理论界，本质与本原问题的区分还是一个现实的任务。比如谈教育的主体性，有人就会反问，教育是否受社会因素的制约；谈德育的享用性和超越性，有人就立即提出德育要不要讲功效性、适应性的问题。实质上当然没有离开客体性的主体性，没有脱离功效性、适应性的享用性和超越性。但是人们提出主体性、超越性的命题，原本并非着眼于本原问题，所以人们亦不应该用本原问题的圭臬去苛求本质问题的讨论。同样，人们在讨论本质问题时也不可僭越到本原问题领域，否定本原问题的基本制约。

二、道德在生活中的"存在"与德育的本质

道德在生活中有两种存在状态。一是表现为道德主体的品质，可称之

---

① 　马克思．马克思恩格斯选集：第 1 卷 [M]．北京：人民出版社，1973：18.
② 　马克思．马克思恩格斯全集：第 42 卷 [M]．北京：人民出版社，1979：96.
③ 　何祚榕．也谈对马克思主义的理解 [J]．中国社会科学，1997（3）：67.

为"德性"（品德）；二是表现为道德主体的行为，可称之为道德生活、道德实践或者"德性生活"。道德在生活中的存在问题因此就是德性在人性、德性生活在生活中的存在问题。

人性，在中国古代就有性善、性恶、性无善无恶、性有善有恶、性三品说等不同的解释。但是从总体上进行分析，矛盾的焦点仍然在于对善与恶两个端点的认识。西方人则另有一种解释：人是半神半兽的动物。许多人从《圣经·创世纪》中找到根据，认为人的始祖本可以吃生命之树上的果实而得以与神等同，然而他们却错误地选择了善恶树上的果实，只获得了一半的神性，又被耶和华逐出伊甸园来到尘世。人性善恶的区分与神性、兽性①的分析异曲同工，都指向了人性的二重性。一方面，人有与一般动物相同的求生的本能，有原本是赤裸裸也无所谓善恶的本能的物质欲望；另一方面，人又有对物欲追求和满足方式上不同于一般动物的特点，同时还有物欲满足后的超越物质需求的意义需求，这就是所谓的"神性"、精神性，马斯洛称之为"超越性需要"。实存的人性都不过是前者和后者不同比例的组合。这一组合中联结神性(精神性)与兽性(生物性)二维，形成一定态势、保持一定张力而统一表现出的人格特性即是现实的人性。实存的这一人性是一元的，即所谓的"德性"。德性即具体人的具体人性，不同的人表现出不同水平的德性：从社会的角度看，在于这个人的人格在多大程度上具有人的精神含量，其生物属性是否超出了一定社会所允许的限度；从个体自身的角度看，就在于他在多大程度上领会了人之为人的精神本质，多大程度上通过物质需求的满足而实现其价值目标。因此，德性既可以理解为人的精神性和生物性的综合，又可理解为基于生物性求索精神性人格的中介环节。将上述两个方面结合起来考虑，德性就是在人的生物性存在中实存的精神性。精神性依赖于生物性而存活，而存活了的精神性又绝对走向对这一基础的无限超越。修养德性实质上是这一超越性的实现过程。

所以，有三种人性存在：一种是与动物性相联系的人的自然属性——实际上是本原性的人性；一种是与兽性相对的人性——这是本质性的人性；还有一种是现实存在的人的综合属性（现实性人性或者德性）——它是前述两种人性综合与运动的结果。

---

① 本书所谓的神性、兽性，均系描述性概念，并无褒贬，分别指人的精神性和生物性。

　　人性表现于人的生活之中。人性中有生物性和精神性的双重性质或冲动，人的生活亦可二分为物质生活和精神生活（意义生活）。一方面，人与动物一样寻食、筑巢、休养生息。所谓"饮食男女，食色性也"，讲的即是生物性的生活，也即物质生活。虽然人的物质生活方式具有文化性因而大不同于动物，但二者在生化功能上却无本质不同。另一方面，从物质生活方式上的"文明"或"文化"性开始，人又有不甘于物欲的精神祈求。人生苦短，人不仅要活着，而且要有意义地生活，活得有质量。人不断地要求自己合理地解释世界、解释生活，人亦不断地要求对自身有限性的突破，寻求、表现和实践生活的意义。人为活着而生活，同时人更为有质量或有价值的生存而活着，而这一点正反映了人类及其生活的本质。因此人的生活也是二重的，即物质生活和意义生活二重性。同人性相似，生活的实存状态并不是二元分离的，而是一元统一的。物质生活和意义生活在不同人的生活中含量不同地实存着，彼此内在地对立统一，形成一定的张力并表现为统一的个体生活，即"德性生活"。当然，正如人性从一个角度看即是德性，但人性并不完全等同于德性一样，德性生活是从道德维度对生活的观照，并不等于人的生活只有道德属性。人的德性生活也因其物质生活和意义生活的含量不同而水平不一。有偏重精神生活而表现为崇高的生活，有实现了物质和精神生活的中度（中和、中庸）的优雅的生活，也有重物质生活而忽视甚至放弃意义生活的卑劣乃至兽性的生存。由此可见，德性生活就是基于物质生活的精神生活。德性生活实际上是物质生活、意义生活的综合，也可以说是由物质生活到精神生活的中介环节。

　　说德性是神性、兽性的综合，德性生活是物质生活和精神生活的综合，意味着人格和人的生活二重的二元存在与统一。而说德性是人格的中介，德性生活是物质生活到意义生活的中介，则意味着兽性、神性，物质生活、意义生活在人性和生活中并非完全对等的关系。可以这样来概括"中介"所表达的意味：人性中生物性（兽性）不足以使人区别于一般动物而表现出"类特性"或"类本质"，而神性和精神性则使人从动物界超越出来成为真正的"万物之灵"，因而精神性或"神性"更本质地表达了人性。同理，物质生活是起码的、必然的，是德性生活的基础。但人的生活的本质并不在于物质生活，人的物质生活永远服从于一定的生活目的（或意义），生活的本质并非人的肉体的存活，而在于活着的肉体实现自身认可的价值目标。因而人的生活是从物质生活走向精神生活，或者从物质生活跃向、升向意义生活的。人性中兽性是基础，但只是人的工具性；生活中物质生活层面是前提，但也只是生活的出发点。而神性是人性的目的性，意义生活是生活的归宿。有意思的是，兽性、物质生活虽然应该有其目的和归宿，但其本身并不直接指向意义与归宿。所以一方面需要使兽性与神性、物质生活与意义生活在人性和生活中保持各自的独立性，保持一定的张力；另一方面又必须通过现实化了的德性、德性生活去实现人及其生活的指归。

德性、德性生活的综合和中介属性揭示了道德在生活中的综合和中介作用。道德作为一种价值体系和规范体系既是兽性、神性，物质生活、精神生活的综合和平衡，具有调节人性与生活的实用功能，又是由兽性而神性、由物质生活而精神生活的中介，具有人性与生活的提升功能。道德的实用功能使人过现实性的道德生活，而提升功能则使人的德性生活的实质得以实现。只强调实用功能或提升功能，或者只强调道德生活所中介的两个方面的任何一个方面，都会导致对道德生活和人类社会的破坏。故关于人性及道德生活、道德教育本质可以做这样的概括：人性固然是生物性与精神性的统一，但人的本质却是对于生命质量或意义等精神性的企求。道德生活与道德教育有多方面的功能，但其本质或本质功能却只有一个，那就是对于人的生活意义的求索和生存质量的提升。

20 世纪 90 年代初，在中国德育理论界曾经展开过关于道德教育之"超越性"和"适应性"的争论。在笔者看来，道德及道德教育的适应性和超越性根本不应构成对立的双方。问题出在方法论的僭越上。适应论者着眼于道德及德育的实用性功能、适应现实的性质并不错，然而这一功能和性质只能说明道德生活和教育的基础而不能说明其本质。超越论者本没有否认这一基础，只不过在承认此基础和前提的情况下将重心放在对道德生活和道德教育的本质的阐释上而已。所以有人说"对话的语境还未形成"①，可谓一语中的。

三、对德育本质的解释及其意义

以上是笔者对德育本质的一孔之见。实际上关于德育本质的研讨一直

---

① 吴亚林. 漫议与鲁洁教授对话 [J]. 教育研究与实验, 1995 (4).

是中外德育理论讨论的焦点之一。因此，基本上每一位德育理论家或教育家都会有各自的观点。以下评述两种关于德育本质的解释。

一是从社会与个人的关系角度讨论德育的本质。这是一种最传统的讨论。人是一种社会性的存在。道德是维持社会性存在的重要基石。因此，道德教育的本质在于使个人完成道德上的社会化。柏拉图说："人若是接受了正确的教育，受幸运的资质的恩惠，就会成为至高无上的上帝的动物；倘若未接受充分的教育，未能完美地成长起来，就会成为地上最狂暴的动物。"① 康德也说："人只有靠教育才能成为人。"② 文化学派将教育的本质视为社会客观文化与个体文化之间的一种互动，因而道德教育也就是社会伦理与个体精神的相互影响。我国许多学者也较多地从社会及其发展对人的需要的角度去论述德育的本质。这一角度的讨论主要是德育作用的本质讨论，有利于我们正确认识德育在社会发展与个人生活中的意义。但是由于德育作用的讨论有可能陷入社会本位和个人本位的论争之中，许多德育本质的讨论往往会因偏于社会或个人本位从而使人误解德育的本质。

二是从本质的形成的角度讨论德育的本质。这是一种存在主义的研讨。存在主义的基本命题是"存在先于本质"。就是说本质不是当然存在的东西，而是人在实践中通过活动不断形成的东西。所以"教育是先存在了，然后同时逐渐形成其本质……教育本质探研的真正目的，应该不仅止于描述现况的本质，而且要构想其理想的本质"③。道德教育的本质如果从这一角度看，也是在不断形成之中的、需要有所构想的。这一角度的讨论使我们避免了机械地讨论德育的本质，同时也使我们看到了德育本质与德育目标、内容与方法等的逻辑上的联系。当然道德教育本质的讨论还是应该实现实然与应然的统一，以免流于相对主义和唯心主义。

道德教育的本质讨论还有一个在教育内部与其他教育形态相比较的本质探讨维度。这主要表现为德育目标、内容、方法与过程等与智育、体育、美育等方面的质的不同。例如，台湾学者詹栋梁认为"道德教育的本质，就是教导学生对于善与义务能知又能行"④。这一角度对学校德育在观念、措施上的正确抉择意义重大。不过这一点可以做先在的讨论，也

---

① 转引自：钟启泉，黄志成．西方德育原理 [M]．西安：陕西人民教育出版社，1998：5.
② 康德．康德教育论 [M]．瞿菊农，译．上海：商务印书馆，1930：5.
③ 陈迺臣．教育哲学 [M]．台北：心理出版社，1990：218.
④ 詹栋梁．德育原理 [M]．台北：五南图书出版公司，1997：13.

可以通过德育过程的具体阐释去完成。本书采取后一种处理方式。

2
德育的功能

一、德育功能的概念及其认识

对德育功能的理解影响对德育存在的价值和意义的认识。正确地理解德育功能有助于理解德育的重要性，也有助于理解德育概念本身。

那么，什么是德育的功能？有人认为德育功能即德育所要完成的任务、目标等；也有人将德育功能与德育的客观效果或发挥出来的能量等相混同。其实都不对。德育的目的、任务只是人们对德育活动的一种主观期待和设定，属于"想要德育干什么"的问题，与德育本来的功能属两个范畴。德育的客观效果与能量虽然揭示了功能的"客观"性因而具有一定的合理性，但是已然的效果和能力往往并不等于事物本身所具有的全部能量。德育的效果有高有低，因具体的德育实践而异，但德育功能却有一定的稳定性的规定。故客观效果和能量只是反映了"德育实际上干了什么"的问题，而德育功能则须反映这样一个问题——"德育（本来）能够干些什么"。

将德育功能与德育目标、任务以及德育的实效区别开来并不是一个纯粹的理论问题。德育功能与德育目标、任务以及德育的实效既有区别又有联系。这种相关性决定了对于德育功能的认识亦即确立正确的德育功能观必然具有重要的实践意义。

首先，正确的德育功能观有助于德育目标的确定。教育主管部门及学校德育系统都会在宏观和微观上设定德育工作的目标、任务等。对于德育功能认识上的偏差会对这一设定产生十分明显的副作用：设定的目标或任务大大高于或低于德育功能所能允许的阈限。前者的结局是德育的"力不从心"，德育目标是虚妄的，实践当然会落空；后者则是对德育功能的潜力认识与发掘不够，德育的形象受损，德育实践亦将流于琐碎。故正确的德育功能观的实践意义之一就在于它有助于我们合理地确定具体德育实践的任务和目标体系。

其次，正确的德育功能观有助于适度、适当的德育评价的形成。"想要德育干什么"与"德育能够干什么"总是有差距的。在中国，人们普遍抱有一种对于学校德育系统的高期望。人们期望学校德育：给学生以"好"的政治立场、世界观、人生观；给学生一个良好的道德品质、心理品质、全面的人格；给学生以一个中国人的文化性、民族自豪感，以及作为世界公民的全球意识、正确的自然观（环保意识）……人们总是用"应是"的眼光去看德育，人为地制造许多"德育神话"。而由于常以"神话"的眼光去看德育现实，人们对德育的评价多为"实效太低"。德育的健康发展需要社会和教育系统本身用"实是"的眼光来看德育。因为只有正确的评价，才谈得上正确的理解和支持！

最后，正确的德育功能观有助于适当适度的德育实践。德育期望和评价问题不仅发生在德育系统外部，而且发生在每一个德育实际工作者身上。只有正确的功能观才能使德育工作者做他该做而且能做的事情，既不盲目僭越，也不妄自菲薄。一些纯粹属于政府职能、社会行为、私生活范围的事应该让政府、社会和个人去完成，学校德育只能在其本来能够有所作为的领域去恪尽职守。

德育功能认识对德育实际的上述影响（或意义）不仅是一种理论分析，而且已经成为中国德育理论与实践的当代历史线索之一。下面的表 1 从史实的角度描述了这一历史线索。

表 1　德育功能观及其变迁

时　间	德育功能观	德育实践	评　价
"昨天"	单一（政治）功能观	简单的政治宣传	单一功能观：政治功利主义；非德育
"今天"	多元（虚妄）功能观	无所适从和遵从惯性	功能观的无度、无序；泛德育
"明天"	现实（本来）功能观	扎实的德育实践	功能观的适度、分层与中介；落实的德育

"昨天"的极端形式指"文革"时期。所谓单一功能观，指的是将德育等同于政治宣传，认为德育只有一个单一的政治甚或专政的功能，仅仅是阶级斗争的工具。"文革"中这种政治功利主义导致的是一种"非德育"，甚至是一种"非教育"、"反教育"，其后果人所共知。"今天"指改革开放以来。这一时期人们已克服了单一（政治）功能观的"左"的片面性，对德育的经济、文化、个体发展功能等都有了全面而深入的认识。但是新的片面性又已产生。《德育信息》1994 年第 2 期王文元的《我国德育功能研究综述》一文曾列举了理论界说明过的德育功能，总数已达二十多项，从德育的政治功能、经济功能、文化功能到民族性格功能、性格优化功能、认知发展功能等，不一而足。面对这样一种混杂局面，人们不禁要问：德育当真有这么多的功能吗？这些功能之间有没有一定的层次或逻辑联系？所以今天人们对于德育功能的认识有无度（即无限罗列）和无序（无层次划分、无中介环节）的缺点。这种无边际的功能观显然是虚妄的，它给德育实践带来的影响之一是德育工作者无所适从，不知道应该干些什么。在这种情形之下，一些学校又回到"文革"时期简单的做法上去了。这就是所谓的"遵从惯性"。无度无序的德育功能观带来的是泛化因而无力的德育实践。德育要做一切事，然而它又做不了一切事，其结果可能是一事无成。所以"泛德育"亦是一种"非德育"。"明天"即理想的也是相对科学和全面的功能观的实现之日。它应是否定之否定的结果，应当使德育工作者了解德育功能的本来面目，从事扎实有效的德育实践。这一功能观的特征应当有：①适度，即不能无限罗列；②分层，即不能无序排列；③中介，即必须认识功能实现的中介环节。

二、德育的主要功能

依据以上认识，可以将德育功能理解为以下三个主要的方面。

（一）德育的社会性功能

德育的社会性功能指的是学校德育能够在何种程度上对社会发挥何种性质的作用。功能应当有正有负，近年来中国德育理论界也探讨到了德育的"负功能"，但一般人仍将德育的功能理解为德育对社会发展等方面的促进作用（正功能）。德育的社会性功能主要指德育对社会政治、经济、文化以及生态环境等发生影响的政治功能、经济功能、文化功能、生态功能等。

　　古代中国是一个特别重视道德教化的国度。德育一直是统治者"齐风俗，一民心"、"齐家治国平天下"的工具。所以在中国，人们较早也较多地关注了德育的社会性功能。不过，我们在理解德育的社会性功能时往往较为片面、直接，缺乏中间环节的说明。所以，今天我们对于这一功能的认识必须注意以下几点。

　　第一，必须树立全面的德育（社会性）功能观。何谓"全面"的功能观？其一指学校德育不仅为政治服务，而且对社会的经济、文化发展和生态平衡等均有重要的作用。政治功能须与经济功能、文化功能等一起构成德育社会性功能的完整构架。一味强调社会性功能的任一因素均有片面性，这不仅表现在片面强调德育的政治功能上。"文革"结束后，随着国家工作重心的转移，理论界曾较多地关心过德育促进生产力、商品经济、市场经济发展的经济功能。但是一时间德育一下子从政治工具转为经济工具的看法同样对德育实践产生了片面的影响。"全面"的社会性功能观的第二个特征是要求对每一项具体的德育功能必须有全面的理解。如德育的政治功能，它不仅指在阶级社会中为阶级斗争服务，而且也有为国家的政治法律制度的民主化、完善与改革服务的一面。学校德育所要造就的德育对象既应具有对现存政治体制的理解、协同的能力，也应具备理性思考与批判的能力，以期具有未来政体改造的智慧。政治功能如此，其他社会性功能的理解也应如此。

　　第二，要充分注意德育社会性功能实现的间接性。学校德育功能从其作用的形态上看，可分为显性功能和隐性功能；从其作用方式上看，则可分为直接功能和间接功能。教育实践中关注较多的往往仍是显性和直接的一面，对隐性和间接的一面关心不够。其实谈政治、经济功能等决不意味着学校德育对学校发展要起完全的和直接参与的作用。社会性功能的实现首要的中介环节在于学校德育通过系统本身影响、塑造好德育对象的品德或道德人格。学校主要通过德才兼备的"产品"去影响社会的方方面面。相反，那种实现直接和显性的社会性功能的活动不会也不宜在学校德育中占据过高的比重，强力为之，则会殃及正向德育社会性功能的有效实现。

　　第三，文化功能是学校德育功能中的中介。德育文化功能指的是学校德育在社会文化发展历程中的作用（即对于文化选择、文化传播、文化融合、文化变迁等方面的作用）和学校德育在不同文化形态中所起的作用

（即教育在文化传统、文化构成中所起的作用）。前者为历时态功能，后者为共时态（结构）功能。学校德育本身也是一个文化的因子，而且是具有动力或"造血"机制的文化因子。学校德育的核心功能在于传播伦理文化，使德育对象完成伦理、政治等方面的社会化，同时使之具有伦理、政治文化等的创生能力。学校德育的政治、经济、生态诸功能均赖其文化功能的实现而实现。故所谓德育功能实现的中介不仅要在德育之个体性功能实现中去寻找，而且在社会性功能体系之中，亦有这样一个层次。认清学校德育之文化功能对于其全部社会性功能实现的中介性，有利于德育理论和实践克服急功近利的功利主义倾向。学校德育要追求社会性功能的真正实现，要有一个平和务实的心态，其中就包括通过文化功能的实现去达成其他社会性功能目标。

关于德育的社会性功能及其实现的思考，还有一个相关问题就是所谓的"适应性"功能问题。德育要"适应"四个现代化的需要，德育要"适应"发展社会主义商品经济、市场经济的需要等提法都有一个共同的取向，那就是要求学校德育在立足于社会现实的同时也对社会现实发挥积极的影响，这是完全正确的。但是"适应"的要求太多太滥，德育似乎就仅仅是一种从属物了；而且，尽管中国的德育理论与实践一直忙于"适应"这、"适应"那，但仍然免不了人们对学校德育脱离实际、不能"适应"现实发展的需要的诘难。其原因是什么呢？主要症结之一在于人们对"适应"二字的理解。

首先，"适应"并非一对一的"尾随"。学校德育对于现实在时间序列上的"适应"应是对社会现实继往的回顾，对未来的前瞻，并据此对当前现实的合乎实际的分析判断三者相统一的结果，任何只取一端的做法都是错误的。回顾、前瞻、当前分析，涉及德育系统与其要适应的现实两个方面。从德育的角度看，适应现实离不开自己民族传统的肩膀。否认伦理政治文化和德育的传统就会使学校德育失去现实文化的根基，无继承性的伦理规范亦将因失去相对稳定性而走向虚无。同样，谈德育对现实的适应性，也离不开对于现实的超越，德育只有传授与当前现实需要相一致的道德与文化才有生命力，但如果这种一致不考虑未来发展，则这一生命力就会很快衰竭。学校德育既要继承传统道德文化的精华，又必须前瞻，吸取未来道德文化的朝气，倡导属于未来但合乎历史潮流的伦理精神。只有在兼顾上述两个方面的前提下再谈如何"适应"现实的需要，"适应"才是真实和有效的。

其次，学校德育对于社会现实的"适应"还有一个空间维，那就是德育要适应"谁"的需要的问题。粗放地描述，学校德育起码要适应四种现实的需要：一是适应作为类的一员的人的共同性需要；二是适应特定社会发展的需要；三是适应个体发展的特殊需要；四是适应与学校教育其他平行子系统协同的需要。学校德育不可只对适应做一个层次上的思考，适应应是一种系统而全面的运作。我们常犯的错误在于，谈对社会发展适应性功能时不考虑类及个体发展的需要、学校教育自身特点及条件等。对于这种"适应"，学校德育系统是勉强的，而社会现实则是冷淡的。

总之，学校德育对于社会现实的适应，必须从时间和空间两大序列出发做全方位和系统的思考。现实性的适应之路在于学校德育对于自身和社会现实的双重审视，在于学校德育对于德育对象品德与人格的具体塑造，而这又涉及学校德育的另一大领域——学校德育的个体性功能及其实现。

（二）德育的个体性功能

德育的社会性功能是指德育对社会发展所能发挥的客观作用，德育的个体性功能则是指德育对德育对象个体发展能够产生的实际影响。德育的社会性功能和个体性功能分析起来是两个领域，但从德育的事实上看却是一体的。个体性功能的实现不能脱离社会性功能去空谈，社会性功能也需以个体性功能为其实现的中介。由于中国社会中社会本位的传统影响，也由于现代社会对人的个性发展的时代要求，中国教育应当对德育个体性功能的发挥予以高度关注。

德育的个体性功能内涵丰富，不同的理论对此有不同的界定。德育的个体性功能可以描述为德育对个体生存、发展、享用发生影响的三个方面。其中享用性功能是德育个体性功能的本质体现与最高境界。

人类个体要生存首先要服从生存的原则。所有的生命个体要存活都要服从客观规律，遵循与环境交换的"经济原则"，即以最小的代价换取最大的报酬。经济原则实际上渗透在人类生活的所有领域。心理学证明，即使是直觉、情感、潜意识活动之中，这种经济原则都是潜在地存在的。人固然要超越自然生命，但人又必须生活在自然生命的具体之中。这是人的现实之一。德育必须直面这一现实。道德教育对于个体生存的贡献是什么呢？道德教育的核心任务是要赋予每一个个体以科学的价值观、道德原则和行为规范等。这些观念、原则、规范看起来似乎是约束个体的异己的东西，然而正是这些异己的东西才能够使个体在社会性（即现实性）的生活中生存下去，同时也由于具有充分的社会性，个体才能秉承社会所给予他的力量，才能最大限度地实现特定任务。伦理、规范等其实是一代代人在人际关系调整方面智慧的积淀，是人类文明的宝贵遗产的一部分。拒绝它就是拒绝生存的经济原则。所以从类的角度看，伦理规范乃是人自己为自己立法，是内在而非外在的东西。只有使个体作为类的主体站在与类同一的角度，德育才能使其顽强的疏远性得以克服。讳言功利、只讲片面的牺牲与奉献是德育的病态。如果否定"德福一致"的总体原则，道德规范等如果被教授为纯粹的牺牲，对个体的生存一无贡献，这种德育的内容就和整个德育模式一样是虚幻的。当然，讲德育促进个体生存的功能或"德福一致"的原则并不是要否定道德的超功利本质。道德就其本质而言是对于个体无限欲望及其可能导致的全面人际紧张的一种超越性的价值系统和规范体系。道德的本质是利他的。但是客观上、总概率上，伦理、政治智慧又的确是有利于个体的生存及其质量提高的。否定德育的超越性本质，德育将是非道德的；无视德育的生存价值既违背事实，也将扼杀德育的生动性，有违德育规律。

如果生存性功能是"德—得"关系的体现，则发展功能是德育对个体品德现状与发展（"静—动"关系）作用的体现。德育的个体生存价值或功能是一种德育效果的评价。仅仅或过分关注这一功能就会误入反道德、反德育的泥淖。道德教育的本质乃是对个体社会人格的塑造或对个体道德人格发展的推动。因此，德育个体性功能的第二个方面是德育的个体发展功能。

个体的社会人格是一个综合概念，一个成熟的人类个体的生成不仅要靠德育，而且要靠全社会文化资源的调动。在"文化化人"过程中，德育所要做和所能做的是塑造社会人格中的品德结构这个核心。德育之个体发展功能主要指的是对个体品德结构的发展所起作用的功能。个体品德是一个结构系统。它首先包括品德内容、形式、能力三大维度，然后每一维度之中又包括若干因素。品德内容中含有价值真理、道德原则、行为规范等；品德形式指个体道德认知、情感、信念、理想等方面；品德能力指道德判断力、决策能力、践行策略等。由于人类总体社会实践的作用，实际上人类个体从 0 岁开始就已负载了社会性遗传所赋予的品德的"先验性"的心理"图式"，但这一图式在最初只是潜在的、原始的、简单的和开放的。道德的任务就是要依据这一潜能来开发、创设道德学习的情境，从而使个体不仅在自然生命上成长，而且在品德图式（即结构）上不断同化、异化（指质变），形成更高质量、更具丰富性的个体道德人格。德育对个体人格的这种促进功能即是所谓的德育之个体发展功能的实质。

个体发展功能的发挥应注意两个问题：一是必须充分尊重道德学习个体的主体性，否则就会阻抑这一功能的正常发挥；二是品德发展实质上是人的文明化或社会化，所以，必要的规范学习与价值、道德原则的学习相结合以形成社会理性，乃是个体发展功能发挥的重要内容。

规范往往表现为一种道德他律，社会理性则表现为一种自律。但是他律、自律的道德仍然是共具一种外在性。稍稍品味一下"义务"、"良心"这两个词，就会发现，前者是一种外在的责任，后者仍然有一个社会理性转化而来的超我（客体性的我）在命令道德主体。"凭良心做事"，良心的命令中主体仍然是不自由的。真正的道德应该是自由的，而自由的道德发自"本心"而非"良心"。何谓人的本心？孟子说的"人皆有恻隐之心"是也。人作为社会动物，其社会性遗传使即便是婴儿的个体也具有向善、求善的本能，这就是所谓的道德的精神需求，当我们讲道德的生存价值时，侧重的是其客观效果的维度，一旦以偏概全，认为道德的功利效果就是它的本性，那就是对道德需求精神性的抹杀。正是这种道德需求的精神性才使得许多人在日常生活中感到做奉献就是一种幸福人生，而不觉得是"牺牲"。正是这种道德需求的精神性才能使人把做人的价值放在自然生命的价值之上，做到"杀身成仁"而不"存身以害仁"……道德人格的崇高或壮美由是而生。故"德育对每一个个体来说，除具发展的功能外，还具有一种享用功能。所谓德育的享用功能，即是说，可使每一个个体实现某种需要、愿望（主要是精神方面的），从中体验满足、快乐、幸福，获得一种精神上的享受"①。如果德育的个体生存性功能是"德—得"关系的体现，发展功能是德育对个体品德"静—动"关系的体现，则德育享用性功能就是德育过程中个体"苦—乐"关系的体现。

个体享用性功能的实质是让个体在道德学习与生活中阅读、领会并体验道德人生的幸福、崇高，人格的尊严与优越，因而具有审美的性质，同时践行道德从这一角度看亦可谓道德人生的立美创造。所以，个体享用性

---

① 鲁洁. 论德育的个体享用性功能 [J]. 教育研究，1994（6）.

的发挥要求建立一种审美和立美的德育模式。当个体享用性功能实现时，德育过程中教与学的双方的乐教与乐学就实质上实现了。所以，德育之个体享用性功能的实现是与最高的德育境界联系在一起的。

（三）德育的教育性功能

德育的教育性功能有两大含义。一是指德育的"教育"或价值属性，二是指德育作为教育子系统对平行系统的作用。

何谓德育的教育性？赫尔巴特曾经指出："我不承认有任何'无教育的教学'"，"教学如果没有进行道德教育，只是一种没有目的的手段"[①]。这里的教育和教学的区别十分明显。"教学"指的是传授具体的知识和技能等，着眼点在于帮助学生完成一定的课业；"教育"则主要指对于学生价值追求的引导。所谓德育的教育性，就是德育的价值教育属性。知识、技能固然重要，但是与做人的方向、价值观相比，就不能不具有工具的性质。现代教育的弊病之一就是赫尔巴特所指斥的"无教育的教学"。所以，德育的教育性功能的实现实质上是整个教育活动精神本质的实现。直接德育还是间接德育，或者说专设德育课程体系还是将德育内容寓于所有课程之中，一直是教育史及世界各国教育界人士不断探索和反复的问题，包括中国在内的许多国家最终仍然选择了直接德育（即专设德育课），其道理就在于专门的德育课程能够在一定意义上保证教育所应具有的教育性。

陈迺臣博士在他的《教育哲学》中曾经指出："教育是应该包含有教导和学习的因素在内，但反过来说并不一定为真。亦即有教有学的行为或活动，不见得就是教育。这是因为教育本身也是一种价值的活动。"[②] 故从教人做人的教育概念出发，本无完全脱离教育价值的教学，更无没有德育任务的智育、体育和美育。德、智、体、美四育的划分实际上是理论分析的需要和产物。在教育实践上也许有工作重点和分工的必要，但教育活动的价值全息性质意味着德、智、体、美诸育本应是相互融通的一体。从这种一体性质再来看工作分工之下的德育子系统和智、体、美育子系统的关系，就会明显地看出德育的第二种"教育性"功能——德育对智育、体育和美育的促进作用。而这第二种教育性功能乃是第一种教育性功能的体现和落实（中介）。

---

① 张焕庭. 西方资产阶级教育论著选 [M]. 北京：人民教育出版社，1964：257.
② 陈迺臣. 教育哲学 [M]. 台北：心理出版社，1990：223—224.

德育对智、体、美诸育的促进功能就其共性来看主要有三点：一是动机作用；二是方向作用；三是习惯和方法上的支持。

在动机方面，智、体、美育都需要道德情感等来启动和放大学习动机，同时，学习动机也需要借助德育改进其方向性、强度和持久性等质量特征。马克思写《资本论》历 40 年之久，司马迁写《史记》也用了 18年时间，倘无持久的动机推动，这些伟业和成就是难以想象的。任何一种学习都需要高质量的动机，而动机的高质量与个人的社会责任感、品德素养直接关联。

所谓方向作用，是指德育可以为个体提供价值的方向。科技的发展使人类的创造能力和毁灭能力都同时得到了空前提高，因此，科技的学习和掌握、体能的提高、艺术创造等都史无前例地面临着一个十分严峻的课题：人类向何处去？个人的发展以何种价值作为向导？德育虽然无法独立完成这一任务，但却是解决上述课题的有力武器之一。

最后是习惯和方法问题。杜威说过："我们'在学习方法'的标题下讨论的关于心的种种特征，实质上无一不是道德的特征。例如，虚心，诚实，真心，远见卓识，一丝不苟，承担起赋予的社会使命——凡此种种，都是道德的特征。"[①] 这就说明良好的道德教育不仅可以对智、体、美育贡献动机和方向，而且可以提供良好行为习惯和学习方式、方法上的直接支持。

美国学者埃齐奥尼（A. Etzioni）等人（1984）通过实证研究发现：学生在自律、价值学习方面的得分高，其学业成就测验得分也高。[②] 应该说这一结果可以视为德育的教育性功能的一个证明。

综上所述，所谓德育的教育性功能，是指德育在完成教人做人的总目标和支持智、体、美诸育具体任务的完成这两个方面的实际作用。

德育的教育性功能与其社会性功能、个体性功能有密切的联系，但却不是从同一个维度观照的结果。比如我们讲德育为个体的学习提供方向与德育的政治功能等有一致之处，但前者重在学习动机与目标，后者重在成品化之后的德育对象的实际政治作用。再如讲德育个体发展功能时，我们自然会想到德对智、体、美诸方面发展的促进，但德育的教育性功能重在

---

① 转引自：筑波大学教育学研究会. 现代教育学基础 [M]. 钟启泉，译. 上海：上海教育出版社，1986：365.

② 参见：罗石. 现代西方德育理论综述 [J]. 比较教育研究，1999（1）：43.

说明德育对智、体、美育的促进，重在育的效果而不在育的内容。因此，要完整地描述德育的功能，坚持社会、个体和教育性三大维度是实事求是的。

德育的教育性功能要予以具体落实，必须注意两个方面的问题。

首先是德育系统本身教育功能发挥的自觉意识的确立。教师须以健全人格的塑造为己任，做扎实的工作，为教育对象奠定为人的根本，使之具有安身立命的前提。同时教师还应将道德动机和学习动机的激发，道德践行和实际能力的培养等环节联系起来，使"道"与"技"相互支持相得益彰，避免"无事袖手谈心性，临危一死报君王"的片面和虚幻的道德人格的形成。

其次是打破教育与教学、"人师"与"经师"的阻隔，使德育与其他各育的关系复归其统一的原本。由于没有无教育的教学，所以也就没有无德育的教育，没有不是德育教师的纯粹的教学人员（经师）。所有课程的教学活动都必须注意进行显性或隐性的道德教育，使德育的教育性功能发挥渗透在每一个教学活动的环节之中。而要实现这一目标，又有两个重要的问题必须解决：一是如何提高教师的人师性质，要为人师，必须有可以做人格师表的起码道德和精神品位；二是对教育对象的塑造，要求其实现"经学"和"人学"的统一，学习目标和修养目标的统一。目前中国的情况是，"学而优则仕"的传统和"学而优则商"的现实决定了"经师易遭，人师难逢"仍然是教育事业所要面临的一大现实问题。这一问题尚需社会和教师两个方面的努力方能彻底解决。至于学习主体之学习目标和修养目标的统一的实现，除了教育者的人格垂范之外，通过教育目的、教育内容、教育方法以及教育活动本身为这一目标的落实创造实现条件乃是十分重要的。

习题

1. 如何理解人的本质以及道德生活与道德教育的本质？
2. 理解德育本质的不同角度和各自利弊是什么？
3. 什么是德育的功能？正确理解德育功能的意义何在？
4. 如何理解德育的社会性功能、个体性功能和教育性功能？
5. 怎样理解德育个体享用性功能的内涵与意义？

本章参考文献

1. 胡守棻 . 德育原理 ［M］. 北京：北京师范大学出版社，1989：第 2 章 .

2. 鲁洁 . 超越与创新 ［M］. 北京：人民教育出版社，2001.

3. 檀传宝 . 信仰教育与道德教育 ［M］. 北京：教育科学出版社，1998：第 2 章，第 8 章 .

4. 陈迺臣 . 教育哲学 ［M］. 台北：心理出版社，1990：第 7 章 .

5. 詹栋梁 . 德育原理 ［M］. 台北：五南图书出版公司，1997：第 1 章 .

6. 王文元 . 我国德育功能研究综述 ［J］. 德育信息，1994（2）.

7. 成有信 . 教育原理 ［M］. 广州：广东高等教育出版社，2000：第 6 章 .

德育对象

德育对象是德育过程所有因素作用的焦点。一切教育活动若是不从教育对象出发，一是不人道，二是不科学。不人道将丧失现代教育最根本的属性，不科学则将丧失教育应有的效果。所以在研究完德育范畴、德育的本质与功能之后，我们首先要关注的应当是学校德育的对象命题。

1

道德教育的可能性

道德教育的可能性即是问"德育何以可能？"这实际上包含三个问题。第一，"道德"或"德性"是可教（可以通过教而学会）的吗？第二，何谓"教"？第三，"道德"为何可以教给儿童（或者，德育对象为什么可能接受道德教育）？

一、"道德"是可教的吗

"道德"是可以教的吗？众所周知，早在古希腊时期美诺就已向苏格拉底提出过这一问题。①

　　我们知道，苏格拉底是以"美德即知识"的命题而闻名的。在苏格拉底看来，没有人喜欢或追求恶，作恶的主要原因是对善的无知。科学的真知和道德的真知都是智慧或知识。道德的知识不过是知识的一部分。一个真正有知识的人，他的灵魂一定是智慧的。一个拥有真正智慧的人，他的灵魂就一定会将他引向正确的行动。有善的灵魂就不会做出不道德的事。相反则可能纯系偶然、伪善或好心办坏事。自然，苏格拉底的结论是：道德是可教的。

　　如果道德的确如苏格拉底所言是一种"知识"，是一种知识或者知识体系，那么从学科教学的角度去看，道德就是可以传授的。诸如正义、勇敢、节制等的德目知识可以通过概念的界定去明了和学习。但是道德又不仅仅是知识，它是一种人们践行道德的"识见"，不可能通过德目的说教与学习去获得，需要道德主体通过"无知的觉悟"才能彻底领悟。因此从反对诡辩家们用灌输主观臆见的方式教授道德的立场出发，在《普罗泰戈拉篇》中苏格拉底又得出了"德是不可教的"的结论。

　　关于道德不可教的结论，应当转换为到底何为"道德"，以及何为道德教育之"教"的内涵的讨论。显然，道德教育是有别于一般学科教学的教育。

　　道德不仅是知识，还是情感、意志与行动。所以单靠讲授与听讲是不能完成道德学习的全部任务的。杜威曾经提醒我们注意区别作为品性一部分的"道德观念"和作为纯粹道德知识的"关于道德的观念"："关于道德的观念，关于诚实、纯洁或仁慈的见解，在性质上是不能自动地使这些观念变为好的品性或好的行为的。"② 但是，道德品性的个体生成又是在一定的价值情境或价值影响中完成。事实上，即使是道德直觉之类的道德素质也不是一成不变、不受教育和环境的影响的。道德教育之"教"，如果理解为直接的道德教育和间接的道德教育的统一，教授、学习与实践的统一，道德之知、情、意学习的统一，则道德是可以"教"的。如果这样理解道德教育，我们就应当认为，道德是可以教的。

　　"道德是可教的"基本上是所有教育家的基本假定。中国德育也一直

①　苗力田. 古希腊哲学［M］. 北京：中国人民大学出版社，1989：239.
②　杜威. 杜威教育论著选［M］. 赵祥麟，王承绪，编译. 上海：华东师范大学出版社，1981：97.

有肯定的回答。《大学》中开宗明义就说："大学之道在明明德，在亲民，在止于至善。"王夫之则言："天无所不继，故善不穷；人有所不继，则恶兴焉。"（《周易外传》卷五）"教者皆性，而性必有教，体用不可得而分也。"（《读四书大全说》卷三）这些都是我国德育坚持正面德育传统的重要依据。

道德可教，那么接下来的问题就是：从受教育者角度言之，德育对象有接受道德教育的可能性吗？

二、"新性善论"是现代德育的理论基础

概括地讲，现代德育首先是讲主体性的德育。虽然"德育主体性"概念的内涵与"教育主体性"一样丰富多彩，因而难以予以完全、准确的界定，但主体教育思想在德育中落实的最根本的要求，是德育对象道德价值与规范学习之主体性的充分发挥。而德育对象主体性发挥的根本前提是，承认德育对象是道德生活与学习的主体。所以，我们不能不考虑德育对象有没有接受道德教育的可能的问题。关于德育主体性，我们需要问的问题有：第一，学生是不是道德生活的主体，如果是，那么学生是从什么时候开始"成为"道德生活的主体的？第二，德育对象与"外在"的道德价值和规范体系之间是一种什么样的关系？

有一种观点认为，德育对象一开始没有或没有多少主体性，主体性是到一定年龄后才慢慢具有的。也就是说，儿童一开始并不是道德生活的主体，只是到了某一天他突然成了道德生活的主体。但是，这种观点有一个致命的逻辑问题，那就是：从零里是长不出任何东西的。此外，他们也无法回答儿童从什么时候开始成为道德生活的主体这样一个问题。

事实上道德生活的起点并不是零，儿童从一开始就是道德生活的主体。简而言之：由于人类整体社会实践的作用，祖先们无数次的道德操作实践会在文化心理的道德形式方面有所遗传，形成孟子所讲的不思而虑的"良知"和不学而能的"良能"或"善端"。这种先天的心理图式的存在决定了即使是 0 岁的婴儿也不等于道德上的"白板"，德育对象一直是道德生活的主体，一直以自己的方式生活于道德之中，理解、掌握、运用着道德规范。不能说儿童在什么时候突然变成了道德生活的主体。因此，教育工作者必须承认儿童具有先天的道德禀赋，德育过程或价值引导情境中

儿童的道德学习并不是由外而内，而主要是由内而外的过程。换言之，道德教育有表象或形态上的"转化"问题，但本质上却是内发和生长或建构的过程。道德教育的原点或对于德育对象而言道德教育的可能性即是对这一道德学习个体"生长"、"生成"或"建构"过程本质的承认。当然，我们应当同时说明的是，文化心理的遗传只解决了道德心理的形式方面。一个具体的道德学习过程必须使这一心理形式与特定的道德文化相结合，即实现道德学习主体对特定价值环境的操作，以完成其道德心理的真正"建构"。

何谓"新性善论"？这是笔者提出的一个概念。新性善论就是用辩证唯物主义解释的性善论。孟子说："人皆有不忍人之心。""今人乍见孺子将入于井，皆有怵惕恻隐之心……无恻隐之心，非人也。"（《孟子·公孙丑上》）过去我们认为这是唯心主义、先验论。但是时代发展到了今天，儿童具有先天性道德禀赋的事实实际上已经得到了许多心理学理论的证实。认知学派说的图式、格式塔学派讲的格式塔、马斯洛讲的超越性需要都具有某种先天性。移情实验也证明儿童有先天的社会移情能力。[①] 所以我们必须对性善论做出新的解释：由于人类整体社会实际的作用，人类个体已经先天地拥有某种对个体来说是先验但对人类整体实践来说是后天的社会性文化心理结构的遗传存在。这一社会性遗传不是说道德教育不重要，而是说它提供了道德教育的可能性。正是由于先天的道德禀赋存在，道德教育才能有发掘、发扬光大这一禀赋的可能。当然，这也是我们从一开始就必须尊重教育对象的重要理由之一。这就是笔者所谓的"新性善论"。

"新性善论"是德育对象主体性发挥的前提之一。因为我们一旦承认道德教育的对象一开始就是道德生活的主体，我们就可以比较轻松地回答第二个问题——德育对象与"外在"的道德价值和规范体系之间的关系，就只能是一个主宰与工具、生长着的主体与其生长环境之间的关系。德育所能做的事情其实很有限，它只能提供一种有利于道德生长的价值引导环境而已。

从表面看，任何人都不会否定德育对象主体性发挥的重要性，但德育

---

① Carroll J L, Rest J. Moral development［M］//Wolman B B. Handbook of developmental psychology. N J：Prentice-Hall, 1982；Sagi A, Hoffman M L. Empathic distress in the newborn［J］. Developmental Psychology, 1976, 12：175-176；Simner M L. Newborn's response to the cry of another infant［J］. Developmental Psychology, 1971, 5：136-150.

对象主体性发挥的前提乃是首先承认他是一个"主体"。所以中国德育尚须在德育过程观上实现从"转化"理论到"生长"或"建构"理论的范式变革。在这一前提下，我们要做的主要工作有两个方面。第一，作为道德生活的主体，儿童道德生活及其发展的具体内容是什么？对此我们必须有透彻的理解。从皮亚杰到科尔伯格的主要贡献在于将道德教育的原则建立在儿童道德认知或道德判断的发展水平之上，这种贡献意义重大但又远远不够。如果道德生活不只是认知，那么道德的教与学就不能止于道德认知。了解不同年龄段学生作为道德生活主体的生动特性乃是因材施教、发挥其主体性的最大前提。第二，我们必须努力清除"转化"或宽泛意义上的"灌输"理论留下的障碍。这些障碍首先包括：①内容上，必须对德育内容进行清理，清除那些没有任何证据的"教条"，还德育对象一个开放因而可以自由选择的价值空间；②方法上，摒弃强迫和反理性的教育方式，让德育对象依据自己的理性做判断，而不是越俎代庖代做结论和排斥学生的道德批判，以"消灭异端"为快。

本章我们主要关注的是德育对象的道德发展问题。

2

道德发展与道德教育

一、几种关于道德发展的理论

关于道德发展，西方心理学的研究很多。影响最大的，概括地讲，主要有三大流派：情感发展方面的精神分析理论、行为发展方面的社会学习理论和认知发展方面的道德认知发展理论。

（一）精神分析理论

精神分析理论的典型代表人物之一是弗洛伊德（S. Freud, 1856—1939）。弗洛伊德认为，人格中有本我（id）、自我（ego）和超我（superego）三个层面。新生儿只有本我。本我主要由无意识的性本能和攻击本能组成，按照快乐原则行事，其核心是即时的个人满足。在生命的头两年中，本我中逐渐分离出自我。自我努力满足本我的需要，但它与本我不同的是，它行事时会把周围环境的现实状况纳入考虑范围，即按现实原则行事。超我大约出现在5岁时，超我合并了社会的价值观念与标准，这些标准通常由父母传达给儿童。超我由良心和自我理想两部分构成，它抑制本我的冲动，使自我采取较新道德标准。人的一切行为都是三个层面之间的矛盾冲突的结果。道德是通过超我的发展而获得的，就是说儿童是借助于父母、教师等力量，通过"自居作用"、"纳入"机制将社会伦理规范加以内化而形成的。在不道德的动机形成时，个体会由于超我也就是良心的压力而产生情感上的不安。

弗洛伊德将人格发展分为口唇阶段（1岁前）、肛门阶段（2—3岁）、男性生殖器崇拜阶段（3—6岁）、潜伏阶段（6—12岁）、生殖阶段（成人阶段）。① 每一个阶段都有一个动欲区与之相联系，解决方式的不同会影响人格的形成。例如停留在口唇阶段的人易于上当，因为他"吞咽"所有的东西；也可能形成挖苦、讽刺等特征。肛门阶段会使人或者慷慨大方或者吝啬、小气。男性生殖器崇拜阶段可能出现恋父情结和恋母情结等，停留在这一阶段的男性表现出父亲的特征如鲁莽、男子气概等，女性则可能乱交、勾引男性，或者相反，表现出使男性苦恼、受伤害和欺骗男性的特征。处于潜伏阶段的儿童的性欲权利被移置为一些替代性活动如学习、体育、同辈团体的活动等。生殖阶段儿童可能由一个自私的、追求快感的孩子转变为一个导向选择配偶、享受性爱、抚养子女的现实和社会化的成人，但条件是通过精神分析疏浚掉早期经验残余或解决所谓的固结（fixation）问题。口唇阶段、肛门阶段、男性生殖器崇拜阶段被弗洛伊德称为前生殖阶段（pre genital stages），成人性格基本上是这三个阶段结束时形成的。

精神分析理论关注的主要是情感方面。这一理论的突出之处在于强调父母对儿童的感情影响，以父母为榜样意味着继承父母的道德情感。所以幼时父母的行为方式、赏罚方式会极大地制约儿童的人格与道德发展。但

---

① 新精神分析理论的代表人物埃里克森（E. Erikson）后来将人格发展解释为以下八个阶段：基本信任与不信任阶段；自主与羞怯、疑虑阶段；首创与内疚阶段；勤奋与自卑阶段；同一性与角色混乱阶段；亲密与孤独阶段；繁殖与停滞阶段；自我完整与失望阶段。

是正如已有的对于精神分析理论尤其是对弗洛伊德的批评所揭示的那样，精神分析理论对人格与道德发展的分析过于武断和简单——尽管它是有强烈的启发性的。

（二）社会学习理论

社会学习理论是一个受行为主义影响但又有所发展的心理学派，所以有人称之为新行为主义学派。班杜拉（A. Bandura）是这一学派的代表。

社会学习理论的主要观点是，儿童只需通过观察学习（observational learning）就可以获得大部分的新行为。这一过程实质上是一种"替代强化"（vicarious reinforcement）。儿童可以通过替代强化去习得道德行为。环境、社会文化以及成人榜样直接影响儿童的道德形成和发展。如果充分利用这样一些条件和方法，鼓励儿童的正确行为，抑制其不良习惯，将有利于学生的道德成长。

社会学习理论为了证实自己的观点曾经做过大量有说服力的实验。这里只列举两个。

一是班杜拉和麦克唐纳关于模仿学习的实验（1963—1968）。他们选择了一些道德判断故事，然后经过初测选择三个等组的5—11岁儿童进行实验。第一组，当儿童对故事所做的道德判断比初测时稍有进展就予以积极强化；第二组，在儿童做道德判断时除了给予积极强化之外，还有一个成人同时做道德评价方面的榜样；第三组与第二组情况基本相同，但成人不给儿童判断以积极强化。经过一段时间的训练后，对这些儿童进行再测。结果是：初测时水平相同的儿童再测时在判断上有显著的差异。第二、三组儿童的成绩远远超过第一组，第二组略高于第三组。这一实验证明，强化的作用远不如成人榜样对儿童的影响。研究者认为，儿童道德判断不像皮亚杰等人所说的那样有那么多的年龄差异，而重要的实际上是个体差异——它来自不同的社会学习和不同的成人榜样的影响。

二是沃尔特斯等人所做的抗拒诱惑实验（1963），目的是证明抗拒诱惑的能力可以通过榜样学习而增强。实验组挑选了一些所谓下层阶级的5岁男孩进入一间放有玩具和字典的房间，让他们参观，但提醒他们"这些玩具禁止玩，但可以翻看字典"。然后将儿童分为三组。第一组儿童看一部短片，短片中男孩在玩一些被告知不准玩的玩具，不久男孩的妈妈进来，夸奖他并和他一起玩。第二组与第一组情况大体相同，但男孩的妈妈进来后严厉训斥儿童，男孩显出很害怕的样子。第三组是控制组，即不看短片。最后让儿童回到原来的房间单独待 15 分钟。通过单向显示屏观察，其结果是：第一组儿童很快就屈从于诱惑，在 80 秒后即开始玩玩具；第二组儿童抗拒诱惑时间最长，儿童可以克制自己 7 分钟，最长的能坚持 15 分钟；第三组儿童则平均坚持了 5 分钟。研究者认为：榜样的"替代强化"作用很大程度上影响了儿童对诱惑的抗拒。

社会学习理论的特点是从外在行为习得的角度研究人格与道德发展。其有说服力的实验研究对于我们正确认识和改进家长、教师的行为，以及完善、优化德育环境等，都有非常大的作用。社会学习理论的缺点是缺乏对儿童道德发展阶段性的必要关注，同时对儿童的认知结构在行为学习过程中的作用关注不够。

（三）道德认知发展理论

这一理论以皮亚杰（J. Piaget，1896—1980）、科尔伯格（L. Kohlberg，1927—1987）为代表。

皮亚杰在认知发展理论上的贡献主要有两个方面。首先是智力发展理论。他认为儿童智力的发展要经过感知运动阶段（0—2 岁）、前运算阶段（2—7 岁）、具体运算阶段（7—12 岁）和形式运算阶段（12—15 岁）。其次是道德发展阶段理论。皮亚杰认为，儿童的道德发展可以根据其对规则的理解划分为这样四个阶段。[①] 第一阶段是纯粹的"自我中心主义阶段"（0—6 岁）。儿童还不能将自己同外界区别开来，而是将自己与外界混为一谈。这时他即使能够接受规则，也不会按照规则行事。第二阶段是所谓的"权威阶段"或他律阶段（6—8 岁）。儿童的道德判断具有强烈的尊重规则的倾向，但是这些规则又都被理解为由权威人物制定因而是只能服从而不能违背的。儿童倾向于客观责任、服从的公正、抵罪性的惩罚，只看结果不问动机。第三阶段为"可逆性阶段"（8—10 岁），这一阶段的儿童开始认识到，规则并非一成不变的东西，而是由伙伴间约定，因而是可以改变的。第四阶段是所谓的"公正阶段"，这要到 10—12 岁才能达到。这一阶段的儿童开始倾向于公正、平等的道德观念，儿童体验到公正和平等还应当符合个人的特殊情况，公正感成为道德情感领域的一个核心。儿童在道德判断上开始注意主观责任、公道的公正和报应性惩罚。一句话，儿童开始认识真正意义而不是单纯意义上的规则。这一区别

---

① 主要参考：林崇德. 品德发展心理学 [M]. 上海：上海教育出版社，1989：49-50.

的实质是儿童有了真正的义务意识。皮亚杰认为促使儿童由自我中心向他律道德和自律道德转变的关键是儿童的社会交往，儿童通过社会交往和社会合作形成真正意义上的道德观念。

科尔伯格认为他律、自律阶段的划分过于简单，依据的范畴也不充分。他用两难故事法研究儿童在 30 个道德观念（维度）上的道德发展，提出了著名的三种水平六个阶段的道德发展阶段理论。以下是科尔伯格的道德发展阶段划分。

水平 I——前习俗水平（pre conventional level）

这一水平的道德观念是纯然外在的。儿童为了免受惩罚或赢得奖赏而服从权威和权威规定的规则。这一水平包括两个阶段。

阶段 1：服从和惩罚的道德定向阶段。儿童只根据后果来判断行为的好坏。他们为了免遭惩罚而听从权威人物的命令，尚未具有真正意义上的准则概念。儿童"不参与"某种行动不是因为他意识到这一行动是坏的，而是因为权威的作用；判断过错的标准不是行为本身的性质，而是遭受惩罚或造成破坏的程度。

阶段 2：朴素的享乐主义或功利主义定向阶段。这一阶段的儿童为了获得奖赏或满足自己的需要而尊重规则。假如对自己有好处，为别人服务就是"对"的。"你对我好，我就对你好"是这一阶段的指导思想。这是一种低级的、实用主义的对等观念。但儿童对过错的严重与否的判断已经开始部分地根据行为者的意向来进行了。

水平 II——习俗水平（conventional level）

这一水平的主要特点是个体着眼于社会及其希望考虑的问题，认为道德的价值在于为他人和社会尽义务，以维持社会的传统秩序。它包括阶段 3 和阶段 4 两个阶段。

阶段 3：好孩子定向阶段。处于这一阶段的儿童在进行道德评价时总是考虑到他人和社会对一个"好孩子"的期望和要求，并以此为标准展开思维和行动。

阶段 4：尊重权威和维护社会秩序定向阶段。处于这一阶段的儿童更加广泛地注意到维护普遍的社会秩序的重要性，开始强调每个社会成员都应当严格遵守全社会共同约定的某些行为规则，亦即强调对法律和权威的服从。

水平Ⅲ——后习俗水平（post conventional level）

这个水平的主要特点是个体不仅认识到尊重规则的重要，而且开始认识到法律、规则的人为和相对的性质，会在考虑到诸如全人类的正义、个人的尊严等基础上形成超越法律和规则的普遍原则。它包括阶段 5 和阶段 6 两个阶段。

阶段 5：社会契约定向阶段。这一阶段的个体不再把规则和法律看成是死板的、一成不变的教条，而是认识到规则是人为的、灵活的，是一种民主的、"契约"性的东西。只有那些经过民主程序符合公正原则的准则才是可以被接受的；强加于人的、不符合大多数人的利益的法则都是不公正因而应予拒绝的。

阶段 6：良心或普遍原则定向阶段。这一阶段个体已经认识到了社会秩序的重要性和维持社会秩序可能的弊端，因而看到了社会规则和法律的局限性。个体开始基于自己的良心或人类的普遍价值标准判断道德行为，形成自己的道德哲学。

此外，科尔伯格通过研究还提出了以下几点结论。

（1）儿童道德判断力的发展在 10 岁前大都处于水平Ⅰ；13 岁以后半数以上处于水平Ⅱ，只有极少数进入水平Ⅲ；16 岁以后 30% 进入水平Ⅲ。

（2）儿童道德发展阶段的次序是固定不变的（与思维发展有关）。但对每个人来说，时间有早有迟（与文化背景、社会交往有关）。

（3）要促进儿童的道德发展，必须让他不断接触道德环境和道德两难问题，以利于讨论和展开道德推理方面的练习。

道德认知发展理论对道德认知能力的发展及其阶段性的研究大大推进了我们对德育对象的道德发展实际的认识。但是认知只是道德发展的一个侧面。要真正了解德育对象的发展实际需要我们有更为全面的认识。

二、对道德发展的理解

对道德发展要有正确的理解，需要考虑以下几个方面的问题。

（一）应将道德发展视为一种整体发展做综合的理解

所谓整体的道德发展，就是我们应当吸收众家之长，将德育对象的道德发展的认知、情感、行为等方面作为一个活生生的整体的不同侧面去理解，不能迷信某一项研究结论。

比如对认知发展理论，主要有两种批评。第一，"公正"是唯一的道德取向吗？这是科尔伯格的博士生、心理学家吉利根（C. Gilligan）提出的疑问。吉利根通过研究证明：人类的道德取向不仅是公正，而且也包括"关怀"；人在道德发展中不仅有客观性、逻辑性、理智性的成分，而且有主观、情感和直觉的成分。厚此薄彼是错误的。第二，许多人认为通过两难故事进行道德判断的学习与在实际情境中解决道德冲突差别巨大。虽然科尔伯格对道德发展以及道德教育的贡献是划时代的，但是他始终回答不了的一个问题是："为什么惯偷明明知道偷东西不对，但他仍然行窃？"也正是由于存在上述批评，科尔伯格在 1973 年以后进行了弥补小组道德讨论模式缺陷的"公正团体"模式的实验。

事实上个体的道德发展虽然可以分为认知、情感、行为三个方面，但在现实的道德生活中并没有完全离开道德认知的情感或行为，也没有离开情感的认知或道德行为。在道德发展的心理学研究方面，实际上西方心理学家已经开始了纠偏的工作。其中一个重要代表是美国心理学家雷斯特（J. Rest）。雷斯特提出了解释道德行为的四个环节（解释情境、做出判断、道德抉择、实施行动），但与其他人不同的是，雷斯特对这些环节的解释不再仅仅是认知的，而是既有认知的，也有情感的、社会学习的分析。[①] 这一点，对于我们正确认识道德发展在方法论上应当有一定的启发。

（二）对道德发展的理解应与对道德发展"年龄歧视论"的批判理解相结合

在道德发展理论中，发展阶段实际上是一个共同的问题。对此许多心理学家都有不同的贡献。但是对发展阶段的了解也只有相对的意义。对道德发展的理解应当与对道德发展"年龄歧视论"的批判理解相结合。

所谓道德发展上的"年龄歧视论"（也称"进步偏见"、"年龄主义"），主要是指这样一种假定：道德发展有一个逐步上升的等级性的顺序，从一个水平向另一个水平不断进步，每一个高一级的阶段都代表一种较高的能力。这一假定实际上是说，在道德水平上，年长者可能高于或优

---

① 李伯黍. 品德心理研究 [M]. 上海：华东化工学院出版社，1992：106-109.

越于年轻人。弗洛伊德、皮亚杰、科尔伯格等人的道德发展阶段理论实际上都是以这一道德发展的假定为前提的。虽然许多心理学家承认发展阶段在年龄上有一定的弹性，特征上也往往是多层次的特征的结合，他们中的一些人甚至会直接否定高一级阶段在道德价值水平上也比较高级的观点，但是他们仍然会认为高级阶段更"包容"、更"成熟"、更"丰富"，等等。所以他们仍然是某种意义上的"年龄歧视论"者。"年龄歧视论"对道德发展解释的缺陷不仅在于它的不公正，而且在于它的简单化和宿命论倾向。这一缺陷可能导致的不良后果至少有两个。第一，优越感或居高临下的关系会恶化年长者和年轻人之间的关系，对教育来说就是恶化师生之间、亲子之间的关系，从而影响德育的效果。第二，由于假定某一年龄段的儿童不能胜任某种道德义务，我们往往会非常主观地抑制或放弃某些重要的道德教育的机会。

西方学者中不少人意识到了"年龄主义"的问题，于是出现了反对"年龄歧视论"的观点。早期代表可以说是卢梭——他认为儿童作为上帝的造物天性是美好的，道德上的堕落是社会环境的恶劣造成的。心理学家莱文森（D. Levinson）认为道德发展的阶段好比"季节"，因此"春天较之于冬天并不天然地是一个更好的季节。夏天较之于春天也不是"。"在每个时期或时代向下一个时期的转换过程中有收获，同样也有损失。"[①]加拿大德育理论家贝克（C. Beck）也指出："在价值上不存在一种随年龄增长而出现的总体上的提高……我不想否定有些年长者比一般的年轻人更有道德。但是我要否定的是在价值上年长者总体上优于年轻人的主张。"[②]贝克认为，年龄阶段上的变化类似于一个人从农村搬到了市区。生活方式随环境而变化，但并不意味着某一生活方式优于另一方式。人的一些能力可能随年龄增长而提高，但价值生活的能力却未必。"人们越来越总体地接近数学运算的顶峰，但是，人们并没有随年龄的增加而越来越总体地接近生活的顶峰。"[③]

因此，一方面不能否定道德发展阶段理论的贡献与成果，另一方面也不能不注意反对"年龄歧视论"的上述观点。总体上，笔者赞成这样的观点：首先，道德水平对个体来说可能有一个逐步提高或成熟的过程，正

---

① 贝克. 学会过美好生活：人的价值世界 [M]. 詹万生，等，译. 北京：中央编译出版社，1997：62.

② 同①：93.

③ 同①：94.

像数学能力可以提高一样（逻辑能力的提高至少对道德判断能力的提高有帮助）。事实上美国学者斯托林（Stalling）等人（1978）也证实过：学生学业成绩的提高对他们的独立性、坚持性、合作精神等都有正向的影响。① 因此，我们可以认为，随着相关能力的提高学生的道德水平呈现阶段性上升的趋势是可能的。其次，我们的确不能绝对肯定儿童的道德水平一定比成人在道德生活的所有方面都要低。因为一个公认的事实是，在直觉、悟性等方面成人往往不如儿童，成人反而应当向儿童学习。因此，成人以救世主的身份出现，尤其是在对儿童生活一无所知，缺乏情感关怀的情况下进行居高临下的道德说教肯定是一种错误和无效的德育活动。所以，对所有的道德发展阶段理论都应当正确、全面地去理解。同时，另外一个基本结论是：不管你对某一派道德发展阶段理论赞同与否，德育对象的年龄实际仍然是我们要努力予以全面、具体研究和了解的重大课题。

（三）对道德教育对象的道德发展阶段可以做更为概括性的说明

我国心理学家多从学校德育的阶段性出发总结学校德育对象的道德发展及其特点。例如，林崇德著《品德发展心理学》（上海教育出版社，1989）、章志光编著《学生品德形成新探》（北京师范大学出版社，1993）都是这一模式。这些研究都对我们认识德育对象的道德发展提供了具体、细致的描绘。但是这些研究具有验证西方道德发展理论的借鉴性质，而且由于概括的项目、内容过多，缺乏概括性。因此，应当在上述心理学研究的基础上有一个宏观或概括性的解释。

借鉴经典的解释，道德发展可以概括为"无律—他律—自律—自由"的过程。

所谓"无律"阶段，是指婴幼儿阶段儿童对许多道德规范尚无明确的认知和体验，所以其行为不具有严格的道德意义的阶段。许多教育家如杜威等人都告诫我们应当认识不道德和非道德的区别。实际上，无律阶段儿童的许多行为是非道德的而非不道德的。这主要是儿童对世界的认识尚处在自我中心主义阶段，对事物尚不能进行社会化判断的缘故。这里需要说明的是，前文指出儿童一开始就是道德生活和学习的主体，这里又说有一个无律阶段，命题之间是否有逻辑矛盾？笔者认为，应当这样看待这一看似矛盾的现象：第一，儿童的无律道德阶段不等于其道德心理上完全的空白。

---

① 参见：罗石. 现代西方德育理论综述［J］. 比较教育研究，1999（1）：43.

儿童仍然会以自己的方式如高兴、哭闹等表达其对事物的喜好或拒绝等，所以不妨将无律看成一个道德发展的特殊形态，而不应该理解为道德生活与心理上的绝对的"无"。第二，无律阶段的儿童道德行为的确有不能做道德评判的成分，不过这一成分是与婴幼儿的朦胧的道德意识、情感和行为并存的。不承认前者，可能放弃道德教育的可能；不承认后者，则可能忽视道德教育的对象特性。这一阶段的德育任务应当理解为家长等以恰当的方式引导儿童朝社会化的行为过渡。

所谓"他律"道德阶段，是指儿童借助于成人的权威去体认道德规范的发展阶段。在他律阶段儿童以权威人士的标准为标准去认识、判断和实施道德行为。在情感上，由于对大人的依恋与畏惧，儿童自觉或不自觉地以听从大人的方式求得心理上的平衡。儿童倾向于客观责任、服从的公正、抵罪性的惩罚，只看结果不问动机，大体相当于科尔伯格的水平 I 和水平 II。他律道德发展阶段的德育任务应当是促进学生由"基本道德"的掌握走向形成"真正的道德"。就是说应当利用他律阶段对成人世界的尊重，让儿童学习基本的道德规范，体认道德价值的重要性；同时也应当努力促进其对道德生活的反省，认识道德规则的相对性和自主性等特征。

所谓"自律"道德阶段，是指儿童（青少年）能够借助于自身的道德判断、情感等因素自觉体认道德价值与规范，实施道德行为的发展阶段。在这一阶段，儿童开始认识到：规则是共同约定的因而不是绝对的东西。儿童在道德判断上开始注意主观责任、公道的公正和报应性惩罚。一句话，儿童开始认识真正意义而不是单纯意义上的规则。这一区别的实质是儿童有了真正的义务意识或形成了所谓的"良心"。这一阶段由于良心的存在，个体自身在认知与情感上已经建立了道德判断、选择、行为约束机制。但是自律阶段如从严格意义上说仍然有一定的不自由的特点。良心对人的约束实际上是前一阶段权威影响的内化。所谓按照良心办事，在一定情况下仍然具有勉强的特征。这一阶段德育的任务除了要巩固自律道德发展的成果——掌握真正的道德之外，还应当努力提升儿童的道德境界，逐步消除其道德行为的勉强特性，朝"与天地同流"的"天地境界"（冯友兰语）过渡。

所谓道德发展的"自由"阶段，实际上是道德人生的最高境界。在这一阶段，道德主体对道德的认知已经达到了所谓的"化境"，对自我与世界、绝对与相对、道德判断与决策等的对立统一的认识都已达到炉火纯青的境界；道德情感也具有"悲天悯人"的特点，具有一种彻底的人道主义的情怀；在道德行为上则是完全"从心所欲不逾矩"的道德价值的"自然流泻"（就是具有中国古人所言的"圣贤气象"）。日本教育家小原国芳曾经讲述过这样一个故事：一个叫山伏的人想要刺杀亲鸾圣者，"山伏潜入禅室，一见亲鸾的温容慈颜，以前的怨气顿消，而且皈依了佛教"。所以，达到道德最高境界的人的道德行为就像广泽池中的月与水："月亮不是有意照水，水也不是有意映月。"① 道德自由阶段的个体及其行为具有审美的性质。应当说，每个人或多或少都可能具有自由阶段的特征，但彻底达到自由道德阶段的则往往是少数。然而，道德教育的最高和最终的追求却应当是努力朝此方向前进。中国古代思想家所说的"始乎为士，终乎为圣人"（《荀子·劝学》）的圣贤教育策略的合理性，即在于此。

以上是对道德发展阶段的一种概括性的描述，这一理解应当与对道德心理发展的具体研究成果的掌握结合起来。最后需要强调的是：一般的道德发展阶段应当与每一个体的实际发展、个性特点等结合起来理解。一般的道德发展如不与每一个活生生的德育对象的个别特征相联系，道德教育就会走向道德发展上的年龄主义和教育方式上的教条主义。

3

个性实际与道德教育

一、个性与德育

所谓个性（personality），心理学解释为"一个人的整个精神面貌，即具有一定倾向性的心理特征的总和"② 。它主要包括个体的意识倾向性

---

① 小原国芳. 小原国芳教育论著选：上卷［M］. 刘剑乔，等，译. 北京：人民出版社，1993：151.

② 朱智贤. 心理学大词典［M］. 北京：北京师范大学出版社，1989：225.

和个性心理特征两个方面的内容。

个体的意识倾向性在一定意义上是与"需要"密切联系的一种"动机性"的心理形态。它包括个体的兴趣、爱好、动机、目的、理想、信念、自我意识、人生观、世界观等。以上个体意识倾向性因素有的与道德品质是交叉概念，甚至就是道德品质的组成部分（如理想、信念、人生观等），有的与道德发展相平行，但关系密切（如兴趣、爱好、自我意识等）。从一定意义上说，个体意识倾向性因素的发展水平往往也可以理解为个体道德品质的水平指标之一。个体意识倾向性因素对道德活动的主要作用可以概括为唤起作用、定向与选择作用和强化作用等几个方面。所谓"唤起作用"，是指个体的意识倾向性具有唤醒个体道德判断、抉择、行动冲动的始动功能。"定向与选择作用"是指个体意识倾向性会使个体的行为具有一定的目的性，依据主观愿望去实施行动达到目标。"强化作用"是指由于倾向性因素的动机作用，主体可能使道德行为具有某种情绪色彩，从而能够对自己的行动进行组织与强化，使活动能够顺利完成。当然，反过来，道德学习、道德品质的提高也会对个体意识的倾向性有一定的调节作用。

个体意识倾向性因素是发展的、阶段性的。心理学的相关研究已经提供了一些有关个性发展阶段性特征的成果。以下介绍几个与道德教育关系最为密切的方面。[①]

动机方面。婴幼儿是道德动机的萌芽期，幼儿晚期到小学阶段是道德动机的形成期，而到了青少年阶段，道德动机的水平与复杂性逐步提高。总的说来，儿童与青少年的道德动机的发展趋势是：从生理性到心理性，从本能性到社会性，从缺失性到存在性，从外在到内在，从具体到抽象，从直接到长远。

理想方面。婴幼儿阶段理想、信念等尚处于朦胧期。少年期儿童的理想大多是一些具体形象，只是在特定情境中道德理想才能与一定的生活现实相联系，而到了青年初期才开始出现概括性的道德理想，与现实生活建立起经常性联系。此外，少年期心理具有动荡性特点，道德理想也较易发生变化，青年期个体的理想往往与能力、兴趣、认知水平结合在一起，具有较大的稳定性，因而不易改变。

---

① 参见：林崇德. 品德发展心理学［M］. 上海：上海教育出版社，1989：第 6 章.

　　人生观方面。人生观萌芽于少年期，形成于青年初期。小学阶段儿童开始关心人生的意义，但还不能形成真正意义上的人生观。中学阶段是学生人生观形成的关键时期。我国学者对初一到高二年级学生人生观发展的研究表明：青少年对人生意义的理解和对某些正确人生观赞成的比率随年级升高而增加。但对命运是由天命还是实践决定之类问题的回答中，高二学生赞成由天命决定的比率（30%）比其他年级都高。这不仅说明了高年级人生观教育的必要，也证明人生观的复杂程度是随年级升高而提高的。①

　　自我意识方面。幼儿自我评价主要依赖于他人对自己外部行为的评价；社会情感的自我体验已经开始，但易受暗示；在行为上已经有一定的自控能力，但处于一个较低和逐步提高的水平。到了中小学阶段，学生的自我意识的发展大体有三个上升期，即小一至小三、小五至小六、初三至高一。具体发展特点为：中小学生自我评价一直处于发展之中，速度较快；自我体验先快后慢；自我控制则因外部控制力与内部控制力的不同提高缓慢，呈现忽高忽低的特点。

　　个性心理特征是个性内容最重要的方面之一。个性心理特征主要包括能力、气质、性格三方面的内容。个体的道德行为会因心理特征的不同而具有不同的特点。由于气质是遗传因素影响个体道德发展的中介因素，从因材施教意义上说影响较大，在此予以集中讨论。

　　气质是一个反映心理活动强度、速度、灵活性和指向性等方面稳定性心理特征的概念。尽管现代心理学关于气质的研究有很多，但是古希腊医生希波克拉底的四类型说——人的气质分为胆汁质、多血质、黏液质、抑郁质——仍有很强的解释力。不同气质的人表现出不同的心理特征。一般认为胆汁质的人直率，热情，精力旺盛，情绪易于冲动，心境变化剧烈，具有外倾性。多血质者则活泼，好动，敏感，反应迅速，喜欢与人交往，注意力容易转移，兴趣容易变换，具有外倾性。黏液质者安静、稳重，反应缓慢，沉默寡言，情绪不易外露，注意力稳定、难以转移，善于忍耐，具有内倾性。抑郁质的人孤僻，行动迟缓，精神体验深刻，善于觉察别人不易觉察的细小事物，具有内倾性。

　　对于气质与道德品质和道德教育的关系，正确的理解至少应当包括以下几个方面：第一，不同气质都具有独特的优点和缺点，要用理解的态度

　　① 参见：林崇德. 品德发展心理学 [M]. 上海：上海教育出版社，1989：231-232.

对待不同气质的学生；第二，不同气质所具有的正面和负面发展的可能性与教育方式密切相关，道德教育应当注意扬长避短；第三，气质是遗传的，但气质也是可以锻炼和改造的，由于气质在儿童早期表现明显，所以及早开始对儿童进行锻炼与改造，为他们奠定形成良好品德的基础是十分必要的。

二、德育中的"因材施教"

从个性与德育的关系角度来看，德育过程中的"因材施教"至少应当包括以下几点内容。

第一，应当根据个性实际进行道德教育。首先，个体意识倾向性因素有一个逐步发展的过程。不同阶段的德育对象的个性特征可能具有阶段的共性。应当依据这些年龄阶段的个性实际去开展不同阶段的道德教育。其次，由于每一个个体的个性心理特征各不相同，应当依据不同类型的能力、气质、性格特征进行教育策略上的调整。最后，每一个德育对象都是独一无二的，是不同阶段与类型的混合，应当依据对象的综合实际，而不是按照心理学、教育学规定好的类型或阶段实际按图索骥地开展德育活动。

第二，应当对道德任务的难度做适当的安排。因材施教原则的实质是要合理安排教育内容或任务的难度。动机心理学上有所谓的耶基斯-多德森（Yerkes-Dodson）定律，即是说任务容易，增强动机效果提高，而不断增加任务的难度，最佳动机水平就会减低。[①] 所以我们既不能过高估计也不能过低估计儿童的个性发展水平，而是应当在"最近发展区"的理念指导下创造儿童道德发展的最佳条件。

第三，德育与"心育"的统一。从个性与品德的关系可以看出，个体的意识倾向性会影响个体道德判断与行为的发生，个体的个性心理特征也制约着道德行为的表现形式。此外，从对道德问题的复杂性的分析也不难看出，许多道德问题往往与心理问题尤其是个性及其发展的阶段性联系在一起。比如青少年吸烟、早恋等问题就与他们的心理发展阶段有关。这些问题的解决需要认识上的全面，也需要措施上心育与德育的结合。[②]

---

① 朱智贤. 心理学大辞典［M］. 北京：北京师范大学出版社，1989：841.
② 胡守棻. 德育原理［M］. 北京：北京师范大学出版社，1989：60-61.

第四，应当根据个体特定情境的全部个性实际去实施因材施教的德育。德育过程中的因材施教首先应当包括个性发展的阶段实际，也应当包括个性心理特征方面的实际。但是需要说明的是，以上所讲的个性主要是指心理学意义上的个性，德育过程中的个性最好应理解为德育对象道德发展过程中的全部"个体性"。这样说是因为后者可以包括更多的德育对象的实际。德育工作者应当对具体德育对象的具体的"个体性"实际有透彻的了解，并在这个基础上进行德育。

习题

1. "德性可教"如何理解？
2. "新性善论"的内涵、解释与教育意义何在？
3. 三大主要的道德发展理论的重要贡献和缺陷何在？
4. 如何理解反"年龄歧视论"的积极意义？
5. 个性与德性关系如何？
6. 从个性角度出发，怎样在学校德育中做到因材施教？

本章参考文献

1. 赫根汉. 人格心理学导论［M］. 长沙：湖南人民出版社，1986：第2章.
2. 贝克. 学会过美好生活：人的价值世界［M］. 詹万生，等，译. 北京：中央编译出版社，1997：第2部分.
3. 林崇德. 品德发展心理学［M］. 上海：上海教育出版社，1989：第2章，第3章，第6章.
4. 李伯黍，燕国材. 教育心理学［M］. 上海：华东师范大学出版社，1993：第2章.
5. 钟启泉，黄志成. 西方德育原理［M］. 西安：陕西人民教育出版社，1998：第3章.
6. 李伯黍. 品德心理研究［M］. 上海：华东化工学院出版社，1992：第1编，第2编.
7. 杜威. 杜威教育论著选［M］. 赵祥麟，王承绪，编译. 上海：华东师范大学出版社，1981：97-108.
8. 胡守棻. 德育原理［M］. 北京：北京师范大学出版社，1989：第4章，第16章.
9. 黄向阳. 德育原理［M］. 上海：华东师范大学出版社，2000：第4章，第9章.
10. 陈琦，刘儒德. 当代教育心理学［M］. 北京：北京师范大学出版社，1997：第2章，第11章.

德育目的

德育理论的基本问题之一是什么样的人才能称为在道德上受过教育的人。表面上看这是道德教育的结果的讨论，但是学校德育活动的结果是有预设性的，所以这一问题实际上可以归结为德育目的的讨论，即道德教育所要培养的人应当具有什么样的品质。

1
德育目的及其功能

一、德育目的与教育目的

人是目的性的动物。尽管近现代社会人的"机械化"使许多人自觉不自觉地陷入了"机械论"（mechanism）的可悲境地，否认或忘却了人的目的性，但目的性仍然是人与动物的分水岭。由于有了目的，人类的活动就不再是一种无反省的动物性本能，而是一种追求理想和完美的创造性实践活动。有了目的即有了活动的目标，有了目的即有了反思活动得失成败并使之趋于完善的标准。作为人类自身的再生产的教育和德育活动当然也具有各自的目的。这就是我们所要讲的教育目的与德育目的。

那么，什么是德育目的？

一般认为，教育目的是教育活动预先设定的教育结果，具体说来是教育活动所要培养的人才质量的规格与标准。那么我们也可以认为，德育目的就是德育活动预先设定的结果，是德育活动所要生成或培养的品德规格。教育目的与德育目的的关系有三重。第一，德育目的就是教育目的。比如赫尔巴特认为："道德普遍地被认为是人类的最高目的，因此也是教育的最高目的。"[①] 赫尔巴特的观点至今仍有许多人认同。第二，德育目的是教育目的的组成部分。教育目的具有整体性，需要分解为若干方面，德育目的是其中的一个重要方面。例如我国的教育方针要求教育应当实现学生德、智、体、美全面发展的教育目的，其中"德"的发展是重要的教育目的之一。[②] 第三，德育目的是教育目的的具体化。教育目的具有高度的概括性，需要予以具体化。道德发展在教育目的中只是一个概括性的项目，但在德育目的中它就必须得到较为具体的确认。这一点对于采用直接德育模式的教育来说更为明显。

德育目的作为一种对活动结果的期望与预设，应当具有以下几个规定性。

第一，德育目的具有预见性。作为德育活动结果的设定，德育目的确定时已对德育过程诸因素如教师、学生、教育内容、教育手段，以及教育过程诸环节如对道德价值与规范的认知与情感体验、道德内化、道德行为的改善等都有预先的设想。

第二，德育目的具有超越性。德育目的的超越性主要表现为两个方面。一是由于道德本身对生活的超越性，德育目的的要求应当高于德育对象的现实的道德水平。二是德育目的产生于德育活动之前，具有时间上的超前特性。关于德育目的应当高于德育对象的现有水平，科尔伯格曾经有

---

① 张焕庭. 西方资产阶级教育论著选 [M]. 北京：人民教育出版社，1964：250.
② 《中华人民共和国宪法》（1982）规定："国家培养青年、少年、儿童在品德、智力、体质等方面全面发展。"《中华人民共和国义务教育法》（2006）规定："义务教育必须贯彻国家的教育方针，实施素质教育，提高教育质量，使适龄儿童、少年在品德、智力、体质等方面全面发展，为培养有理想、有道德、有文化、有纪律的社会主义建设者和接班人奠定基础。"《中华人民共和国教育法》（1995）也规定"培养德、智、体等方面全面发展的社会主义事业的建设者和接班人"为我国的教育目的。以上教育目的中都有关于德育目的的内容。

过卓越的论述。他说："不管是以阶段 5 还是以阶段 6 来规定学校道德教育应达到的水平，都不要紧。但可以肯定地说，不能以比这两个阶段低的阶段的道德概念去规定道德教育的目的。"① 对具体的教育对象而言，虽然科尔伯格认为"儿童极少能理解超过其所属阶段一个以上的信息"，但是他仍然坚持，"对于年幼的儿童，我们在传授道德信息时确实可能会犯水平过高或水平过低的错误，而犯水平过低的错误比犯水平过高的错误更糟糕，这是因为，在信息水平过低的情况下，儿童会失去对所传递的信息的尊重"②。

第三，德育目的具有可能性。即德育目的的制定不仅应具有超越和超前的特点，还应当考虑到社会发展及德育对象的道德发展两个方面的实际，具有实现的可能。德育目的是一种对德育对象影响的预期。德育影响作为德育主体道德建构的价值环境能否有效实现，要害在于环境的设计能否与主体的接受状态联系起来。不进入主体接受的阈限，德育目的就是妄想。此外，长远或超越性的德育目的既要有现实性，又要有实现它的具体方式，比如将目的、目标进行分解、分层等工作。

此外，由于德育活动具有强烈的价值或意识形态色彩，德育目的也具有全人类的普遍性和历史性、民族性和阶级性。

教育目的是全部教育活动的主题和灵魂。英国教育学家怀特（J. White）曾经指出："除非教育工作者对这些教育目的一清二楚，否则他们培养出来的人才质量肯定会受损失。"③ 所以，教育目的对于具体教育活动意义重大。作为教育目的的一个主要的组成部分，德育目的的意义当然也是十分重大的。这一是因为德育目的在某种意义上就是教育目的，是教育目的的组成部分和具体化；二是因为下面我们要专门研究的德育目的对德育过程的重要功能。

二、德育目的的功能

德育目的有何功能？主要是对教育过程的作用和对德育对象的品德成长的作用这两个方面，可以分别称之为德育目的的教育功能和道德功能。

---

① 转引自：瞿葆奎. 教育学文集·德育 ［M］. 北京：人民教育出版社，1989：540.
② 同①：540-541.
③ 怀特. 再论教育目的 ［M］. 李永宏，等，译. 北京：教育科学出版社，1997：3.

首先，德育目的之教育功能。

具体说来，德育目的对教育过程的作用主要表现为以下三点。

一是导向功能。德育目的规定了道德教育活动所应培养的人的道德品质，实际上就是规定了道德教育活动的最大方向，对具体德育活动具有引导和激励的功能。学校道德教育活动是一个系统工程。一方面，它表现为有关教育制度的建立、教育规划的确定，以及教育活动内容、形式及教育方法的选择，等等；另一方面，它又必须是各个年龄段教育的合成，是学校、家庭和社会教育的结合。无论是空间维度还是时间维度，都必须朝向道德教育目的所指明的方向。道德教育制度的建立、教育内容的确定，以及教育活动形式及教育方法的选择等都必须以道德教育目的为最高准则；同时，学前、小学、中学、大学、大学后的道德教育，以及学校、家庭和社会教育等也都应互相配合，以整体道德教育目的的达成为最高的目标。因此，作为这一整体活动方向的德育目的是全部德育活动的灵魂。

二是调控功能。从宏观上说，德育目的对教育规划和教育结构的确立与调整等具有指导、协调的作用；从微观上说，德育目的对具体道德教育内容的安排，对教育活动形式及教育手段、方法和技术的选择等，有支配、协调和控制、调节的作用。在正确理解和掌握德育目的的条件下，德育主体（教师等）在制定教育规划与政策以及设计和实施德育活动的大小方案时，都会自觉地按照道德教育目的的要求行事，以克服具体德育活动的盲目性；当教育政策或德育活动偏离德育目的所规定的方向时，教育工作者也会自觉地反思并予以纠正。

三是评价功能。德育活动既然以德育目的为出发点和归宿，那么，检验德育活动成功与否的最根本标准，也应是德育目的（具体说就是德育目标）。评价教育规划与政策及道德教育过程是否有效，教师德育工作成绩的高低，以及在道德教育活动中学生品德成长的状况如何，虽然还必须有非常细致的具体评价标准，但是所有细化的评价标准的最高价值预设都来源于德育目的。德育目的是整合所有具体的道德教育评价标准的精神内核，也是德育评价的最高准则。当具体评价标准有违德育目的时，就需要对具体评价标准做出修正。

其次，德育目的之道德功能。

由于德育目的是道德教育所要生成的道德人格的规格，所以它不仅对教师的道德教育而且对学生的道德学习有一定的作用。其主要作用或功能有二。

一是引导性功能。德育目的对德育对象来说实际上就是一种人生的奋斗目标。德育目的所描绘的品德就是学生应当努力达成的理想人格，所以必然会对德育对象起引导、提升的作用。引导性功能实际的作用主要表现为两个方面：第一，它具有意向性作用，即诱发学习个体的道德动机；第二，它具有意志性作用，即能够促进个体在实施道德行为时有明确的目标因而具有克服困难的勇气与毅力。德育目的的引导性功能作为正面的道德教育功能是十分重要的，它是道德教育理应追求的主要方向。

二是规范性功能。所谓规范性功能，指的是德育目的可以对德育对象的道德行为起规范的作用。这一作用主要表现为两个方面。首先是预防，其次是禁止。德育目的有对个体品德的正面规定，当然也就提示受教育者拒绝道德错误的方向，有防患于未然的功用。道德机制的作用一是抑恶，二是扬善。道德教育的目的实际上也就含有禁止个体从事恶行的意味。认识德育目的对德育对象的规范性功能是非常重要的。这是因为：第一，防止错误与恶行本身属于德育目的的内容，也是个体终身道德修养的目标；第二，对于特定阶段的学校德育来说，意义更大。例如在幼儿阶段，儿童对许多善恶的判断并不成熟，在其不明事理亦不能明事理的情况下，落实德育目的的规范性功能，告知一些对与错的概念，禁止他们做一些事情是良好行为习惯培养的重要任务。在青少年阶段，规范性功能让学生远离道德污染的环境，对其道德成长也是十分有益的。

在讲德育目的的道德功能时有一点需要特别说明的是，德育目的的上述功能主要是隐含性、观念性的，直接发挥的作用是非常有限的，更多的功能实现需要德育目的的落实，也就是需要具体的德育过程去完成。否则就会夸大德育目的的作用，流于纸上谈兵的可笑境地。

德育目的的功能可以说是德育目的的意义构成部分之一。不过，德育目的的重要还因为德育目的的具体确认并不容易。原因是：第一，德育目的可以从不同角度理解，有不同的类型与层次，全面正确地理解需要一定的智慧；第二，德育目的的确定涉及的因素很多，正确或科学的德育目的来之不易。

2
德育目的的类型与结构

一、德育目的的类型

由于德育目的是德育理念的根本，意义重大，所以几乎所有的德育家或教育家都会有自己的理解。同时德育目的的设定具有很大的价值色彩，不同的价值取向、不同的理解会形成不同的德育目的观念。如果我们认真考察，就会发现德育目的实际上有不同的类型。综合起来我们可以将形形色色的德育目的做以下三个不同角度的分类。

（一）社会本位的德育目的和个人本位的德育目的

社会本位的德育目的之主要特征是从社会利益出发界定德育目的。古代社会由于人身依附关系的维持的需要，一般说来社会本位的德育目的观念占主导地位。在中国，修身的目的主要被导引到"齐家治国平天下"的宏大目标上去；在西方，则多采取神学目的论的立场。虽然不同教育思想家的侧重点会有区别，但是从总体上看，神学目的论实际上是社会本位目的论的一种表现形式。

近现代教育史上持社会本位的德育理论很多，代表人物有法国教育社会学家涂尔干和德国教育家凯兴斯泰纳等人。涂尔干就说："道德的目的即是社会的目的。合乎道德地行动就是为着集体的利益去行动……道德的出发点正是社会的出发点。""没有社会，道德就没有目的。"① 涂尔干认为，道德既不是为自己也不是为他人的行为，道德生活的目的只能是社会利益。从这一观点出发，涂尔干认为学校是"国家的教会"，而教师相当于"社会的牧师"。道德教育的唯一目的就是使个体实现社会化。凯兴斯

---

① Durkheim E. Moral education: a study in the theory and application of sociology of education [M]. New York: Free Press, 1961: 59-60, 52.

泰纳是以国民教育理论著称于世的。他认为 "文明与法制国家从道德集体的含义来说，是最高的外在财富。为了我们个人的道德最切身的利益，即最高的内在财富，我们必须为之奋斗" [①]。"国家公立学校的目的——也就是一切教育的目的——是教育有用的国家公民。" [②] 社会本位的德育目的理论的合理性是确认了道德教育的重要使命之一是个体的道德社会化。但是很显然，社会本位目的论的缺陷是十分明显的。首先，社会本位论者对社会的看法过于浪漫、天真；其次，社会本位的德育目的论容易导致在道德教育过程中对个体的强制。

个人本位的德育目的论与社会本位的出发点是相反的。个人本位目的论认为，德育应当从受教育者的道德本性和需要出发，强调个人价值的重要，道德教育的目的在于提升个体的生存价值和生命质量，使之成为自主、自由的道德主体。卢梭、裴斯泰洛齐、第斯多惠、杜威以及许多现当代教育家都持个人本位的立场。卢梭认为，德育的目的在于使人成为自主自治的人，"我的目的是：只要他处在社会生活的旋流中，不至于被种种欲念或人的偏见拖进旋涡里去就行了；只要他能够用他自己的眼睛去看，用他自己的心去想，而且，除了他自己的理智以外，不为其他的权威所控制就行了" [③]。第斯多惠认为："教育的最高目标就是激发主动性，培养独立性。" [④] 杜威认为："进步教育强调学习者参加确立目的，用来指导他在学习中的活动，没有比这种观点更恰当的了。同样，传统教育不能使学生在确立其学习目的时具有积极的合作，也没有比这种缺点更大的了。" [⑤] 存在主义教育理论认为德育目的应该 "为每一个具体的个人服务"，教育者 "不应当违反学生的意愿而勉强他去参加任何俱乐部、小队或团体活动，因为自我实现远比社会适应要真实得多" [⑥]。个人本位的德育目的论具有反对道德教育上的强制灌输的积极意义。但是在德育目的上对个人强调过多会引起德育中的相对主义，有降低甚至取消德育影响的可能。道德

---

① 凯兴斯泰纳. 凯兴斯泰纳教育论著选 [M]. 郑惠卿，选译. 北京：人民教育出版社，1993：236.

② 王天一，等. 外国教育史：下 [M]. 北京：北京师范大学出版社，1993：242.

③ 卢梭. 爱弥儿 [M]. 李平沤，译. 北京：商务印书馆，1978：306.

④ 第斯多惠. 德国教师培养指南 [M]. 袁一安，译. 北京：人民教育出版社，1990：85.

⑤ 杜威. 我们怎样思维·经验与教育 [M]. 姜文闵，译. 北京：人民教育出版社，1991：285.

⑥ 陈友松. 当代西方教育哲学 [M]. 北京：教育科学出版社，1992：103.

教育的目的应当反映个人价值的重要，但脱离社会谈个人就无法谈道德教育。

（二）内在的德育目的与外在的德育目的

内在的德育目的论强调的是德性修养本身，外在的德育目的论往往强调道德教育的外在功利的结果。

《大学》中说："自天子以至庶人，一是以修身为本。"蔡元培说，"圣人之道德，自其德之方面言之，曰'仁'；自其行之方面言之，曰'孝'；自其方法之方面言之，曰'忠恕'"，其道德教育的目的在于培育"仁人"①。这是从内在目的论立场出发的结论。但是，道德教育的目的不能仅仅局限于内在的目的。因为修身的最终目的在于正确处理人际关系，有其贡献社会与他人的一面。中国古代教育在强调修身的同时始终强调"治国平天下"的目标。一些教育家还特别注意到德育的生活目的。例如清代教育思想家王筠就说："功名、学问、德行，本三事也。今人以功名为学问，几几并以为德行。教子者当别出手眼。应对进退事事教之，孝悌忠信，时时教之……设命中无功名，则所学无可以自娱，无可以教子，不能使乡里称善人，友士称博学。当此时而回想数十年之功，何学不就，何德不成？今虽悔恨而无及矣！"（《教童子法》）追求所谓"乡里称善人"等实际上是着眼于外在的评价。道德教育之外在目的论思想实际上一直延续至今。许多国家的德育目的往往都是从国家对公民的道德要求出发确定的。从国家社会的立场出发似乎未可厚非，但是如果道德教育只有外在的目的，这一目的往往很难实现，而且有导致道德功利主义的危险。这一危险在中国的表现是许多人可以讲许多政治上的大道理，但是基本为人却为人所不齿，这显然是道德教育的病态。

（三）理想的德育目的和现实的德育目的

如前所述，所有的德育目的论都有超越的性质。但是在超越的程度上却是有区别的。这样在德育目的的界定上就出现了理想的德育目的论和现实的德育目的论的相对分野。

日本教育学家小原国芳曾经指出："所谓善，就是要无保留地服从全人格的命令。造就服从统一命令的人必须成为道德教学的目的。"② 而他

---

① 蔡元培. 中国伦理学史［M］. 北京：东方出版社，1996：11.

② 小原国芳. 小原国芳教育论著选：下卷［M］. 刘剑乔，等，译. 北京：人民教育出版社，1993：183.

所谓的服从统一命令的全人格的人，其"道德的纯洁性如雪一样白而又白"①。毫无疑问，正像他在整体上认为道德教育的终极是宗教一样，其德育目的的最终指向也就是趋近于神的理想人格。中国古代的道德教育一直以圣贤人格的养成为最终的目的。朱熹说："人须当以尧舜为法，如射之于的。箭箭皆欲其中，其不中者，其技艺未精也。"（《朱子语类》卷五十五；《孟子·滕文公上》）这也是一种理想的德育目的逻辑。理想的德育目的论往往具有提升人格的重要作用，但是理想的德育目的如果不与具体、现实的德育目的结合，往往容易导致要求过高从而无法在道德教育的实际中落实。

现实的目的论倾向于较为接近生活现实的德育目的。法国思想家爱尔维修认为："优秀的爱国者始终是很少的，始终正直的公民是很少的。"所以"道德科学的根本原则"应当"归结到肉体的感受性这个简单的事实"。他主张德育目的就是要"给予青年人一些明确的、健全的道德观念"②。德国教育家裴斯泰洛齐也认为道德教育的目的在于养成独立、自主、善行、牺牲、慈爱等基本德性。当代德国教育学家鲍勒诺夫（O. F. Bollnow）有感于"二战"后德国社会的精神危机，将道德划分为"高尚道德"和"朴素道德"，主张从现实社会出发设定道德教育的目标，并在此基础上追求高尚的道德。现实目的论有利于纠正道德教育过高的要求所导致的弊端，一些教育学家如鲍勒诺夫实际上也注意到理想目的与现实目的的辩证关系，但是如果我们过分强调德育目的的现实性，也会导致道德教育庸俗化的结果。

以上三类德育目的论的划分实际上是从价值取向上所做的逻辑的分析。也有人从德育发展史的角度将德育目的分为神学目的论、社会本位目的论、个人本位目的论及实践目的论等③。不过基于价值取向的划分具有更大的教育目的认识上的反思意义。我们研究不同的德育目的论的目标在于正确确定以及理解现实的学校德育目的。而具体德育目的的确定的前提之一是取得不同价值取向之间的平衡。

---

① 小原国芳. 小原国芳教育论著选：下卷 [M]. 刘剑乔，等，译. 北京：人民教育出版社，1993：184.
② 张焕庭. 西方资产阶级教育论著选 [M]. 北京：人民教育出版社，1964：160-162.
③ 戚万学，杜时忠. 现代德育论 [M]. 济南：山东教育出版社，1997：第 5 章.

二、德育目的的结构

德育目的的结构就是德育目的的组成部分及其关系。德育目的的结构实际上有两类含义。首先是德育目的的组成，其次是德育目的的层次。

我们知道，道德教育的目的简单地说就是培养人的品德。但是，何谓"品德"？不同的教育理论往往有不同的解释。这里介绍两种相关理论。第一种是班华教授关于品德的"三维结构说"①。班华认为，品德是由品德心理形式维（道德认知、情感、意志等）、品德心理内容维（道德立场、观点等）、品德心理能力维（道德能力、策略等）所构成的。第二种是林崇德教授的"三子系统说"②。林崇德认为，人的品德结构主要包括三个子系统：一是品德的深层结构与表层结构系统，即道德动机和道德行为方式系统；二是品德的心理过程与行为活动的关系系统，即知情意行品德心理特征系统；三是品德的心理活动和外部活动的关系及其组织系统，即定向操作与反馈系统。

应该说以上对于品德或德育目的的理解都有一定的合理性，但是从逻辑上看仍有交叉的地方。因此，道德教育的目的组成不妨借鉴最古老的解释，理解为道德的知、情、信、意、行五个方面。所谓"知"，即道德价值与规范的认知学习；所谓"情"，即道德情感的培育；所谓"信"，是指道德信念的形成；所谓"意"，是指道德追求的执着、坚持道德行为的意志；所谓"行"，就是道德行为的策略、能力等。有了道德的真正的认知与情感，就有可能形成道德的信念；有了道德信念，就容易形成道德的意志；有了道德认知、情感、信念与意志，加上道德行为的策略与能力的培养，就可能形成一个完整的道德人格。因此，道德教育的目的实际上就是要形成道德上的知、情、信、意、行五个方面构成的个体的品德或"德性"。当然，在知、情、信、意、行五要素中，最基本的还是中外教育学家们强调最多的三个基本要素：知、情、行。③

---

① 班华. 思想品德结构与新时期德育任务［J］. 华东师范大学学报：教育科学版：1986（2）.

② 林崇德. 论品德的结构［J］. 北京师范大学学报：社会科学版：1988（1）.

③ 参见：里可纳. 美式课堂：品质教育学校方略［M］. 刘冰，等，译. 海口：海南出版社，2001：49；哈什，等. 德育模式［M］. 刘秋木，吕正雄，译. 台北：五南图书出版公司，1991：1-2.

　　上述几种解释都要面对一个共同的课题，那就是要解决普遍的道德原则和具体的道德实践的关系问题。道德教育应当努力使学生掌握那些时间、空间上适应性强的道德原理与道德原则。这是所谓的"普遍的道德教育的目的"。但是道德的普遍原则往往会与道德情境发生矛盾。于是产生所谓"律法主义"、"反律法主义"和"境遇伦理学"（Situation Ethics）的观点。美国伦理学家弗莱彻（J. Fletcher）认为除了上帝之爱以外，"其他一切律法、准则、原则、典范和规范，毫无例外都是有条件的，只有当它们在某一境遇下恰好符合爱时，它们才是正当的"[①]。虽然境遇伦理学有道德相对主义之嫌，但是对一般道德原则加上境遇的条件的思想，对于道德教育是十分重要的。就德育目的的思考来说，我们所应当考虑的是，应当依据具体的德育情境将道德教育的目的具体化、层次化，在一般的德育目的的指引之下形成具体的德育目标以及细化的德育目标的体系——这是"具体的道德教育的目的"。一般的德育目的到具体、细化的德育目标的存在形成德育目的的层次结构。

　　德育目的是各级各类教育培养人的品德的总的质量标准和规格要求，而德育目标则是不同性质、不同层次和不同专业学校教育所要完成的具体德育任务，甚至可以是每一个具体德育活动的具体目标。德育目的必须集中反映时代和社会的要求，是德育的最高理想的体现，具有一定的终极性；德育目标则是教育活动的具体努力方向，因学校与专业性质的不同而不同，因教育阶段、对象的不同而不同，也因课程的不同而不同。也就是说，具体德育目标的制定既要考虑教育目的、德育目的的总要求，又要考虑具体学校教育的任务和特点，考虑具体的德育内容，考虑特定教育对象的身心特点和知识水平。任何终极性的德育目的都必须转化为一系列具体的德育目标才能避免流于空泛；而若每一个具体的德育目标不与其他平行的德育目标及其上位德育目标联系起来，并且最终与德育目的、教育目的相联系，则一个个具体的德育目标也会因失去整体性而流于琐碎，失去其意义和存在的价值。英国教育哲学家彼得斯（R. S. Peters）认为，教育理论上许多有关教育目的的论争其实不是目的本身的论争，而是程序原理（principles of procedure）之争。他进而指出：细究起来，思想家们那些抽象的终极目的往往大同小异，不同之处实际上只在于实现这些目的的程序

　　① 弗莱彻. 境遇伦理学［M］. 程立显，译. 北京：中国社会科学出版社，1989：21.

和方法。因此，教育家们真正应当关切的是如何达成教育目的的程序原理。在这里，我们不妨认为：注意德育目的在德育目标上的落实是重要的"程序原理"之一。当然，这决不意味着德育目标可以取代德育目的。

3

德育目的的决定

一、德育目的的决定

（一）德育目的的决定因素

德育目的具有强烈的主观性，德育目的的确定首先要反映一定的价值取向和教育理想。同时德育目的的主观性又以客观性为存在的前提，恰当的德育目的的确定又必须考虑到社会发展的现实和要求，依据受教育者身心发展的规律。确定德育目的的基本依据因此可以概括为以下主观和客观两个方面。

1. 确定德育目的的主观依据

人们在考虑德育目的时往往会非常直接地受到其形而上的理念、人性假设和理想人格等观念和价值取向的影响。德育目的就其实质而言首先是一种教育活动中人的价值选择。

人是一种天生的形而上的动物。一方面人都有追问世界的根本的兴趣；另一方面自觉或不自觉的形而上的理念会对人的一切活动产生影响。形而上的理念对于教育活动的影响最重大的莫过于对于教育目的、德育目的的设定的影响。比如柏拉图认为，一切感官所得都属于现象，宇宙的根本是绝对理念。所以，个体如欲追求真理就不能诉诸感官的体验而应当依赖理性，而理性能力与生俱来，不假外求。教育的目的不在灌输知识，而在启发理性，认识绝对理念。故理性之培养就不能不成为柏拉图教育和德育目的论的核心。相反，经验主义者洛克、爱尔维修等认为，先有外物的存在，后才有感觉经验。所以一切知识均来源于后天，都要通过感觉经验。教育的目的应当是培养人对外在环境的兴趣，包括接受人与人之间的影响，所以他们特别强调"道德科学的根本原则"应当"归结到肉体的感受性这个简单的事实"。中国古代教育思想家们的教育目的论也往往建立在他们对宇宙之根本如"天"、"道"、"理"、"性"等问题看法的基础上，认为德育的根本目的就在于教学生领悟宇宙和人生的根本，从而从根本上修身养性。因此，德育目的的确定肯定会受到不同世界观或形而上的理念的影响。

教育目的的确定还要受到思想家们或制定教育目的者的人性假设的影响。中国古代的性善论者孟子认为，人皆有恻隐之心、羞恶之心、辞让之心和是非之心，这四心乃是仁、义、礼、智四种美德的发端。所以"学问之道无他，求其放心而已"（《孟子·告子上》）。德育目的无非是要让人将失掉的善心找回来，恢复人的本性并且发扬光大。主张性恶论的荀子认为，"目好色，耳好声，口好味，心好利，骨体肤理好愉逸"（《荀子·性恶》），故人性皆恶，其善者"伪"。所以道德教育应当使人去性而起伪，"积礼义而为君子"（《荀子·儒效》）。董仲舒和韩愈都将人性分为上、中、下三类，上智与下愚不移。德育所能和所要做到的是使"中民之性"或"中品"之性得到可能的改造，与圣贤趋齐。与此相似，古代基督教教育思想家们曾经由原罪说引申出必须对儿童采取严厉的态度，以去除他们身上的"撒旦"的结论。相反，卢梭却认为"出自造物主之手的东西都是好的，而一到人的手里，就全变坏了"，教育、德育的根本目的在于求得儿童顺其自然的发展。由此可知，德育目的的设定一定会受到教育主体对于人性的基本假定的影响。一般说来，性善论者往往相信人性的善良，更多地倾向于内在的德育目的；性恶论者由于其对人性的悲观，往往以防范为德育之本，更倾向于外在的德育目的。

人总是用理想提升自己，道德教育的要义之一是要用理想的道德人格塑造自身。德育目的既然是对培养对象品德规格的设计，就不能不与人格理想相联系。故德育目的的设定会受到教育主体有关理想人格之观念的影响，且这一影响具有最为直接的性质。在中国古代思想史上，几乎所有的学派都有其对于理想人格的共同追求。从大的文化系统看，佛教倡导与世无争的佛陀人格，道教塑造了长生久视的神仙世界，儒家则大力倡导成仁取义的圣贤人格。以作为主流文化的儒家言之，一方面，儒家设计了一种非常完美的人格形象，认为"圣人之于民，出乎其类，拔乎其萃"（《孟子·公孙丑上》），"圣人为人之精"（薛瑄：《读书录》卷四《物理》）。另一方面，儒家又认为"圣人与众人一般，只是尽得众人的道理"（吕坤：《呻吟语》卷四《圣贤》），"涂之百姓，积善而全尽，谓之圣人"（《荀子·儒效》）。所以，对于中国古代的学者而言，其修身或学问的总目标就只能是成圣成贤。孟子说"乃所愿，则学孔子也"（《孟子·公孙丑上》）。荀子说学者应"始乎为士，终乎为圣人"。所以儒家实以圣贤人格的培养为其道德教育的根本目的。在西方，卢梭所主张的自然发展的人，洛克的"绅士"，杜威所谓的民主社会的公民等，也都寄托了他们对于理想人格的向往，这些理想人格也就自然成为他们所理解的教育与德育目的的重要组成部分。当然，也有人认为"优秀的爱国者始终是很少的，始终正直的公民是很少的"。所以理想人格实际上应当具有足够的现实性，从这样的立场出发，德育目的就会具有更大的现实色彩。

2. 确定德育目的的客观依据

确定德育目的的客观依据首先是指德育目的的确定必须考虑到一定的社会历史条件。与价值取向相比，社会历史条件对德育目的的制约更具有基础和决定的性质。德育目的的确定受一定社会历史条件的制约，主要是指受生产力与科技发展以及社会经济政治制度的制约，受历史发展进程和文化传统的制约。此外，教育对象的身心发展实际及规律也是德育目的确定的重要制约因素。

第一，德育目的的确定受社会生产力和科学技术发展水平的制约。

生产力和科技发展的状况是确定一定历史时期德育目的的物质基础。生产力和科学技术的发展水平不同，社会对受教育者的品德质量标准和规格要求也就不同。在古代社会，由于生产力和科技水平的低下，不允许全体社会成员都接受学校教育，教育与受教育的权利都控制在极少数统治阶级的手中。同时，由于社会生产的科技含量水平较低，劳动者也无须经过学校教育的专门培训。所以，古代学校德育目的只有一条，那就是培养有一定品德素养的统治者——神职人员和政治、军事、法律等方面的"治才"。机器大工业时代的到来，使社会生产对普通劳动者的科技文化素养提出了更高的要求。在现代社会，无论是在资本主义制度下还是社会主义社会里，劳动者不具备一定的科技、文化和品德素养，就无法适应现代化的社会生产。因此机器大工业出现之后，资本主义国家普遍实施了强制性的国民义务教育，学校德育开始具有全民性、民主性。信息时代和知识经济时代将不仅对全体社会成员的文化与科技素养提出更高的要求，而且由于信息资源的剧增，社会价值多元已成为现实，道德教育目的中必须加大培养道德价值的批判与选择能力的成分。

第二，德育目的的确定受一定社会经济和政治制度的制约。

生产力对教育目的的影响还表现在由生产力所决定的教育资源控制与分配方式对教育目的的制约上。这就必然与一定社会经济政治制度相联系。马克思和恩格斯曾经指出："一个阶级是社会上占统治地位的物质力量，同时也是社会上占统治地位的精神力量。支配着物质生产资料的阶级，同时也支配着精神生产的资料。因此，那些没有精神生产资料的人的思想，一般是受统治阶级支配的。占统治地位的思想不过是统治地位的物质关系在观念上的表现，不过是以思想的形式表现出来的占统治地位的物质关系。"① 在阶级社会，统治阶级一方面会利用其经济和政治上的统治权制定出符合本阶级需要的德育目的，为巩固这一统治服务；另一方面还会利用自己在经济、政治上的权力维护本阶级在教育资源占有上的特权，并保证这一德育目的的实现。所以，德育目的的制定会体现一定社会经济、政治的要求，在阶级社会中具有鲜明的阶级性。经济政治制度对德育目的的影响不仅表现为阶级性的影响，而且还表现在经济、政治制度的其他维度上。例如由于"和平宪法"等因素的制约，20 世纪 90 年代日本的学校德育就特别强调要培养"生存于国际社会的民主和平国家·社会的形成者所应有的公民资质"②。

第三，德育目的的确定必须考虑历史发展的进程。

在德育目的理解上，一个重要的分歧表现在社会发展和个性发展的关系上。如前所述，社会本位的教育家往往强调教育的使命在于为社会培养合格的成员，德育目的的核心是使教育对象社会化，形成一定的社会人格。个人本位的思想家往往强调个人价值，认为德育目的应当从人的本性出发，求得个性的自由发展、个人价值的充分实现。实际上，社会人格的培养和个性发展之间，也可以说是社会发展与个人发展之间，是一种历史的辩证的关系。首先，社会发展与个人发展之间在社会历史发展的总的进程上是统一的。一方面，社会进步是个人发展的先决条件，由于生产力、

---

① 马克思 . 马克思恩格斯选集：第 1 卷 [M] . 北京：人民出版社，1974：52.
② 松尾正幸 . 日本小学社会科教育的目的 [J] . 课程·教材·教法，1999（2）.

科技发展的制约，也由于一定社会经济政治制度的制约，一定历史阶段社会发展的程度决定了社会对个性发展需要或允许的幅度。因此，不能脱离历史的发展抽象地谈论人的个性发展，也不能脱离人的社会性的培养而片面地谈对个性的培育。另一方面，个人又是社会生活的主体，发展个性，实现个人价值对整个社会的进步具有重要意义；教育要促进社会的进步，这不仅是社会发展的需要，也是作为社会生活主体的人对其自身发展的一种主观愿望。所以，判断德育目的是否合理的重要依据是看在一定的社会经济条件等许可的范围内是否提供了个性自由和全面发展的最大空间。现代社会与古代社会的重要区别之一是，现代社会所要求的社会人格必须具有更多的个性特征；现代教育与古代教育的重大区别也在于，现代教育能够而且应该为个体合乎本性的自由和全面发展提供前所未有的条件。其次，社会发展和个人发展、社会人格和个性发展之间又有矛盾的一面。社会发展对个人发展有规范和制约的一面，社会总是要求人的个性朝合乎社会发展需要的方向发展；在相当长的历史时期，不同个体在个性发展上机会并不均等，在阶级社会中人的个性发展甚至会以阶级对抗的形式，即用牺牲一部分人的发展的方式来求得另外一部分人的发展。就中国而言，人的个性发展应当受到前所未有的关注，教育活动应当注意教育对象的个性发展，充分发挥人的主体性。但是，个性发展与人格的社会性培养之间，实质上是个人发展与社会发展之间的矛盾依然存在。学校教育和德育应当引导教育对象的个性的自由发展朝向社会发展的需要，努力实现个性发展与社会人格培养的统一，在全面提高学生的文化素养的同时又使之具有一定的专业和实践技能，为国家的现代化建设事业服务。这是我国制定德育目的必须考虑的一个至关重要的方面。所以，人的个性发展应当在与社会进步的统一中正确地理解。单纯的社会本位和个人本位的德育目的论都是对这一历史的辩证关系的曲解。

第四，德育目的的确定还会受到文化传统的影响。

例如德国人认为："虔敬上帝，尊重人的尊严，唤起肩负社会使命的准备"① 是教育或德育的主要目的。而美国人往往强调要培养学生有民主精神，敢于开拓，以做美国人为自豪等品质。这种德育目的的区别很大程

---

① 转引自：筑波大学教育学研究会. 现代教育学基础 [M]. 钟启泉，译. 上海：上海教育出版社，1986：135.

度上缘于两种文化传统的区别。就是说，德意志是一个传统与文化积累较为厚重的民族，其德育目的精神的含量也较高；美国是一个移民的国家，实用主义盛行，所以德育目的具有更多的实用主义色彩。

第五，德育目的的确定一定要依据受教育者身心发展的规律。

德育活动是一种对象性的活动。德育目的既然是教育主体对培养对象品德质量和规格的设计，就不能不依据受教育者身心发展的规律。教育对象的身心特点及发展规律虽不对德育目的的社会性质和方向起决定作用，但仍然对德育目的的内容和程度有十分重要的制约作用。前面谈到的从转化理论到建构理论的转变，也要求我们在确定德育目的时必须树立从德育对象的实际出发确定德育目的的基本观念。苏联心理学家鲁宾斯坦说："教育的主要方面恰恰在于，使人同生活发生千丝万缕的联系，从各个方面向他提出对他有重大意义的、富有吸引力的任务，因而被他看做自己的、必须亲自解决的任务。"① 德育目的须以各级各类教育的品德培养目标为基础，集中概括各级各类德育的培养目标，同时德育目的还要通过具体的德育目标去落实，因而德育目的需要反映不同学段教育对象的共同与特殊的道德发展的规律。完全不考虑受教育者的身心实际及发展规律的德育目的不仅是错误的，而且注定是无效的。

（二）德育目的的具体化

德育目的的具体化实际上就是由德育目的落实为德育目标，并实现德育目标的层次化、序列化——也就是实现目标分类的过程。

德育目的的具体化的首要任务是要实现由德育目的向德育目标的转化。这是一个将德育目的层次化的过程。具体说就是由反映教育的一般本质和社会对教育的总需求的德育（总）目的向各级各类学校教育的品德培养目标过渡。以日本的社会科为例②，其教育目的为培养"民主和平国家·社会的形成者所应有的公民的资质"，但是各个学段的德育目标是有区别的。其小学德育的目标是"谋求对社会生活的理解，教育学生理解和热爱我国的国土和历史，以养成作为生存于国际社会的民主和平国家·社会的形成者所应有的公民资质"。初中社会科的培养目标是"确立广阔的视野，加深对我国国土和历史的理解，培养公民的基础教养，以育成作

---

① 转引自：马里延科. 德育过程原理［M］. 牟正秋，王明辉，译. 北京：人民教育出版社，1985：65.

② 日本的中小学道德教育单独设课，但道德教育仍然通过社会科教学进行。

为生存于国际社会的民主和平国家·社会的形成者所应有的公民资质的基础"。高中的德育目标为"加深对我国及世界历史的形成过程，以及生活·文化的地域特色的理解和认识，培养公民的基础教养，以育成作为生存且能主动适应于国际社会的民主和平国家·社会的一分子所应有的公民资质的基础"（地理历史科）。"确立广阔的视野，既要加深对现代社会的理解，又要培养追求人类理想生活方式的自觉，以育成作为生存于国际社会的民主和平国家·社会的有为的形成者所应有的公民资质的基础"（公民科）。① 实际上，中国的德育目的也有一个根据学段不同而具体化为不同德育目标的过程。这一点会在后面专门讨论。除了学段的考虑之外，德育目标还应具体层次化到某一年级、学期、单元的德育目标。此外，上述例证主要是纵向的（针对学段和年级的），实际上教育的不同层次还应有横向的（教育性质和课程上的）考虑，例如是普通教育还是职业教育，是基础教育还是成人教育，等等。在德育目的转化中必须注意这一性质的不同。比如职业教育的德育目标中必然会有职业道德培养上的要求。

德育目标实际上有两个层次。一是上面谈到的某一类教育体系中的德育目标；二是依据这一目标进行进一步分解所形成的操作化的具体德育目标——布卢姆（B. S. Bloom）等人所言的"教育目标分类"（Classification of Educational Goals）。目标分类的过程实际上是德育目标的序列化过程。

布卢姆等人在《教育目标分类学》中曾经讨论过教育目标分类的意义。他们认为，学校的时间和资源有限，"如果不想在不甚重要的事情上浪费时间和精力，如果要使学校工作受到某种计划的指导，那么明确地认定学校或教学单元的主要目标是至关重要的"②。所以目标分类对课程安排和测评都有重要意义。此外，使用教育目标分类学"有助于人们对特定的教育计划所强调的某些行为有正确的看法。因此，当教师在对一个教学单元的目的进行分类时，也许会发现这些目的都局限在知识记忆或回忆这一分类学的类别之内。如果注意到分类学的类别，也许会对这位教师有所启示。譬如说，他可能包括一些有关知识运用的目的，同时也包括一些

---

① 松尾正幸. 日本小学社会科教育的目的 [J]. 课程·教材·教法，1999（2）.
② 布卢姆，等. 教育目标分类学：第1分册 [M]. 罗黎辉，等，译. 上海：华东师范大学出版社，1986：25-26.

有关对知识运用的情境进行分析的目的"①。布卢姆等人进一步指出："教育目标如果要指导学习过程，并确定在评估学习经验的效果时所用的证据的性质，那就必须使用清晰而又有意义的术语。"②

德育目标的分类可以有不同的方式。有从德育内容的角度进行的分类，如美国全国教育协会教育政策委员会关于教育一般目标的分类（1938），曾经是"自我实现"、"人际关系"、"经济效率"和"公民责任"四个方面。其"公民责任"目标又进一步分解为社会正义、社会活动、社会了解、审慎的判断、容忍、维护公共资源、科学的社会应用、世界公民、遵守法律、经济知识、政治责任、笃信民主等12项具体目标。③有的分类是从德育途径角度做出的，如将德育目标划分为教学中的德育目标、社会活动中的德育目标、劳动中的德育目标、课外活动中的德育目标等。也有从品德心理的角度进行的分类，如将德育目标划分为道德认知目标、道德情感目标、道德意志目标和道德行为目标等。不同的分类方便我们从不同角度理解德育目标，有利于德育工作实效的提高。

在《教育目标分类学》第2分册④中，克拉斯沃尔和布卢姆等人从受教育者由价值接受、认同到内化为自己的品德结构的过程出发进行的德育目标分类⑤，为我们提供了一个较好的德育目标分类的样板。他们的具体做法是，首先，将德育目标分为这样五个大的步骤——接受、反应、价值的评价、组织、由价值或价值复合体形成的性格化。其次，对于每一个大的步骤都进一步划分出若干较具体的目标。"接受"分为觉察、愿意接受、有控制或有选择的注意；"反应"分为默认的反应、愿意的反应和满意的反应；"价值的评价"分为价值的接受、对某一价值的偏好、信奉；"组织"分为价值的概念化、价值体系的组织；"由价值或价值复合体形成的性格化"分为泛化心向、性格化等。最后，对于某一具体目标再设

　　① 布卢姆，等. 教育目标分类学：第1分册［M］. 罗黎辉，等，译. 上海：华东师范大学出版社，1986：4.
　　② 克拉斯沃尔，布卢姆，等. 教育目标分类学：第2分册［M］. 施良方，张云高，译. 上海：华东师范大学出版社，1989：3.
　　③ 瞿葆奎. 教育学文集·教育目的［M］. 北京：人民教育出版社，1993：663；张秀雄. 各国公民教育［M］. 台北：师大书苑，1996：155-156.
　　④ 克拉斯沃尔，布卢姆，等. 教育目标分类学：第2分册［M］. 施良方，张云高，译. 上海：华东师范大学出版社，1989.
　　⑤ 克拉斯沃尔和布卢姆等人所做的工作实际上是情感领域的教育目标分类，但这一分类基本上属于德育目标的分类。

计出若干检测目标与试题以便进行检测，推断学生情感或道德学习的水平，进而设定具体教育目标。

以上几种分类方式各有优势和问题。我们的任务应当是寻找切合中国德育实际的分类方式。在这一点上我们还处在起步阶段。①

二、我国的德育目的

（一）我国现行的德育目的

1988 年 12 月 25 日《中共中央关于改革和加强中小学德育工作的通知》指出："现在的中小学生是二十一世纪社会主义建设的主力军。他们的思想道德和科学文化素质状况，不仅是当前社会文明程度的重要体现之一，而且对我国未来的社会风貌、民族精神有着决定性的影响。从现在起，就必须努力把他们培养成为有理想、有道德、有文化、有纪律的一代新人。"②"有理想、有道德、有文化、有纪律的一代新人"总体上反映了我国的德育目的。其中"有道德"的主要内涵包括中华民族的传统美德、社会公德、职业道德和社会主义、共产主义道德等内容。上述德育目的又是具体体现在中小学德育目标上的。以下是我国中小学的德育目标。

我国《小学德育大纲》（1993）规定小学德育的培养目标是："培养学生初步具有爱国家、爱劳动、爱科学、爱社会主义的思想情感和良好品德；遵守社会公德的意识和文明行为习惯；良好的意志、品格和活泼开朗的性格；自己管理自己、帮助别人、为集体服务和辨别是非的能力，为使他们成为德、智、体全面发展的社会主义建设者和接班人，打下初步的良好的思想品德基础。"③

《中学德育大纲》（1995）规定中学德育的总目标是："把全体学生培养成为热爱社会主义祖国的具有社会公德、文明行为习惯的遵纪守法的公民。在这个基础上，引导他们逐步树立科学的人生观、世界观，并不断提高社会主义思想觉悟，使他们中的优秀分子将来能够成为共产主义者。"

---

① 我国"六五"教育科研规划重点课题"我国学校政治思想道德教育大纲研究"北京师范大学课题组曾经对幼儿园到大学的德育目标进行过序列研究。可参见《学校政治道德教育大纲》，北京师范大学出版社，1986。

② 教育部基础教育司. 中小学德育工作文献规章要览［M］. 北京：人民教育出版社，1998：20.

③ 同②：63.

其中初中阶段的德育目标为："热爱祖国，具有民族自尊心、自信心、自豪感，立志为祖国的社会主义现代化努力学习；初步树立公民的国家观念、道德观念、法制观念；具有良好的道德品质、劳动习惯和文明行为习惯；遵纪守法，懂得用法律保护自己；讲科学，不迷信；具有自尊自爱、诚实正直、积极进取、不怕苦难等心理品质和一定的分辨是非、抵制不良影响的能力。"高中阶段的德育目标是："热爱祖国，具有报效祖国的精神，拥护党在社会主义初级阶段的基本路线；初步树立为建设有中国特色的社会主义现代化事业奋斗的理想志向和正确的人生观，具有公民的责任感；自觉遵守社会公德和宪法、法律；养成良好的劳动习惯、健康文明的生活方式和科学的思想方法，具有自尊自爱、自立自强、开拓进取、坚毅勇敢等心理品质和一定的道德评价能力、自我教育能力。"①

（二）对我国德育目的的正确理解

理解我国现行德育目的和德育目标是做好现阶段学校德育工作的重要前提之一。我们应当注意进行正反两个方面的思考。

首先，我国现行德育目的和德育目标是新中国成立以后德育目的和德育目标的延续。纵向比较，其进展方面主要表现为：①较为充分地反映了我国社会主义国家体制以及改革开放的进程，对基础道德和文明习惯方面的教育有了比以前更多的强调；②注意到了德育的层次性，有了基本要求和较高要求两个层次，注意到了德育目标分类的必要；③注意到了社会要求与个人发展的统一，对个体道德观念、责任感和道德批判能力等的培养问题有了初步的强调；④注意到了德育目的和德育目标的相对稳定性，在继承以往德育目的、目标的基础上反映了改革开放的现实和未来社会发展对学校德育的新的要求。

其次，与对德育目的和德育目标的科学化界定相比较，我们还必须思考和解决如下问题。①德育目的是由谁决定的？与教师、学生有关吗？我国的德育目的、德育目标目前基本上是以国家决定和颁布的方式确定的。虽然国家作为教育主体之一有决定和颁布德育目的、德育目标的权力和必要，但是如果国家的德育目的的制定没有具体德育工作者和学生的积极与实际的参与，那么可以想见它的效果肯定会大打折扣。②目前的德育目的较多体现了国家主导的意识形态。但是过多地强调意识形态，会导致德育

---

① 教育部基础教育司. 中小学德育工作文献规章要览［M］. 北京：人民教育出版社，1998：76.

和道德教育的政治化，而强调基础道德建设的目的及其实现也会受到一定的负面影响。实践已经证明，这样的德育目的难以取得应有的德育实效。③总体上看，我国德育目的、德育目标对个人生活幸福与德育的关系强调得不够，仍然是以社会本位为主的德育目的和目标体系。如果在道德教育的目标体系中完全没有个人存在，这一目标就很难讲是"现代"的。④对独立的价值思考和批判能力的强调仍然不够。没有道德批判能力的个体就只能是无反省的道德主体，同样不符合现代社会的基本要求。我们的任务是要在自由选择中求得真实的价值真理。目前的问题是我们已经习惯于沿着固定的标准培养类似于工业产品的"标准件"那样的机械划一的道德人格。对于一个日益开放、全球化，因而价值多元化色彩日益明显的世界来说，这一德育目的和德育目标的不适应性将日益明显。

对待德育目的和目标的正确态度除了理性思考，逐步参与改进我国的德育目的和德育目标体系之外，在目前的德育工作中我们可以考虑的选择只能是树立正确的德育目的观，尽量将对现行的德育目的和德育目标的理解加入符合教育规律和时代潮流的内涵，注意在德育工作中减少由德育目的、目标界定或片面理解可能导致的失误。

习题

1. 什么是德育目的？德育目的与教育目的的关系如何？
2. 德育目的的特性与功能各有哪些？
3. 德育目标分类有何意义？应当注意些什么？
4. 尝试做一个年级的德育目标的分类工作。
5. 如何正确理解我国现行的德育目的？

本章参考文献

1. 胡守棻. 德育原理 [M]. 北京：北京师范大学出版社，1989：第5章.

2. 鲁洁，王逢贤. 德育新论 [M]. 南京：江苏教育出版社，2000：第6章.

3. 钟启泉，黄志成. 西方德育原理 [M]. 西安：陕西人民教育出版社，1998：第1章.

4. 教育部基础教育司. 中小学德育工作文献规章要览 [M]. 北京：人民教育出版社，1998.

5. 戚万学，杜时忠．现代德育论［M］．济南：山东教育出版社，1997：第5章．

6. 欧阳教．德育原理［M］．台北：文景出版社，1998：第10章．

7. 黄向阳．德育原理［M］．上海：华东师范大学出版社，2000：第2章．

8. 詹栋梁．德育原理［M］．台北：五南图书出版公司，1997：第8章．

9. 檀传宝．信仰教育与道德教育［M］．北京：教育科学出版社，1999．

德育过程

德育过程即德育活动的客观程序与工作流程。德育过程理论是对德育活动程序及其规律性的认识，也是一个关系德育全局的领域。关于德育过程的阶段，有人从学段角度考虑，认为德育过程是不同学段德育过程的总和；也有人从单个德育任务从开始到完成的历程的角度加以界定。前者属于广义的德育过程，后者属于狭义的德育过程。而我们在德育原理中要重点研究的应当是后者。

1
德育过程的特点

每一个教育家关于德育过程特点的认识都不可能完全一致。但是，德育过程仍然有一些共识性的特点。德育过程的特点可以从德育过程与一般社会影响、其他教育过程和个体品德发展过程的不同三个角度来予以界定。德育过程的特点至少有以下几个方面的内容。

一、计划性与正面性

德育过程与一般社会影响的区别主要表现在计划性和正面性两个方面。

所谓"计划性"，是指学校道德教育不像一般社会影响那样处于自然、无序状态，难以控制。学校德育作为人的最具教育自觉的一部分活动，总是有目的、有计划、有组织的影响过程。学校德育的使命在于精心组织最有利于学生的品德成长的影响内容、环境去自觉地影响学生。所以它更有可控性、针对性，也更有效率。当然，学校德育的计划性是以尊重道德学习主体的需要、品德发展的实际等道德学习主体性及其特征为前提的。同时为了实现这一尊重，计划性应当与灵活性相结合。

所谓"正面性"是与计划性密切相关的。这是因为我们所计划的德育影响在价值选择上不可能不考虑选择积极的价值内容和最有利于德育对象品德发展的教育方式。因此，德育过程的正面性特征的内涵主要有二：第一，德育价值的正面性；第二，德育方式的正面性。

关于德育价值的正面选择，应该说是有一定的困难的。因为价值真理具有相对性，道德教育中所谓正面的价值往往有相当大的成人主观特征，因而极易导致道德教育上的"灌输"。但是如果从价值真理的相对与绝对相统一的立场出发，我们仍然可以发现在道德教育内容上是存在既有利于社会发展又有利于个人生活幸福的积极价值内容体系的。美国当代教育家波伊尔（E. L. Boyer）就认为学校德育应当教会学生诚实、尊重、负责、同情、自律、坚忍、奉献等七项美德。① 像波伊尔那样寻找积极或正面的道德价值是可能的，而且迄今为止的道德教育也一直在这样做。

所谓德育方式的正面性，首先是指德育方式本身应有正面教育意义，是一种优质的隐性课程，其次是指在一定条件下道德教育宜较多采用正面教育的方式。关于道德教育方式的正面性，苏联教育学家曾经有许多卓越的论述。例如马里延科就曾经在讨论如何对"难教的学生"进行道德教育时指出："在某些教育理论著作中，不知为什么认为道德教育问题，只

---

① 波伊尔．基础学校：一个学习化的社区大家庭［M］．王晓平，等，译．北京：人民教育出版社，1998：151-152．

要研究儿童不道德行为产生的原因就够了。要知道儿童不道德行为的现状和动向，不仅取决于产生与滋长这种行为的原因，而且取决于与之相对抗和敌对的原因。"① "有时候，革除旧的观念，并不一定从阐明什么不好，为什么不好开始，而是从安排另一种生活实践开始，让学生接触另一些人们的行为……"② 苏联和中国的教育家们一直强调正面进行道德教育，应该说是具有一定的真理性的。当然，正如德育过程的计划性应当与灵活性相结合一样，德育过程的正面性理解也应当包括培养学生对负面的道德影响的分析、批判、抵制能力在内。

20 世纪 20 年代苏联教育家舒里金曾经认为，社会生活对学生的影响远远大于学校教育，因此提出过所谓的"学校消亡论"③。舒里金的理论曾经导致苏联一段时间认识和实践的混乱。就其对社会影响的强调来说，舒里金的一些观点意义重大。但是从以上分析不难看出，学校消亡论忽视了一般社会影响与学校教育的差别。现代社会，教育与社会在道德价值上的影响已经比过去更为复杂地交织在一起，我们既要对这一影响的复杂关系有清醒的认识，寻求学校德育与社会影响的协同，同时也绝对不能忽视学校德育过程与社会影响的质的不同，以免重蹈覆辙。

二、复杂性与多端性

许多德育著作在讲德育过程的特点时常常将"德育过程"与"教学过程"相比较来讨论德育过程的特点。但是由于教学本来也是道德教育的一个具体途径，这一对比在逻辑上就有巨大的漏洞。如果要讨论德育过程与平行的教育过程相区别的特点的话，只能是将德育过程与智育、体育、美育等教育过程相比较。

与智育、体育、美育等教育过程相比较，德育过程的首要特征是它的复杂性。相对来说，智育、体育、美育等教育过程较为单纯，而德育过程较为复杂。其主要原因是，道德教育所要完成的任务往往是对个体利益的

---

① 马里延科. 德育过程原理 [M]. 牟正秋，王明辉，译. 北京：人民教育出版社，1985：56.

② 同①：58.

③ 20 世纪五六十年代，西方学者伊利奇等人也有类似理论，称为"非学校论"。参见：顾明远. 教育大辞典 [M]. 上海：上海教育出版社，1998：1835；伊利奇. 非学校社会 [M]. 吴康宁，译. 台北：桂冠图书公司，1994.

调整、态度的改变和行为的约束。

苏联教育学家曾经列举过决定教育过程复杂性的因素。这些因素是："对儿童各种各样影响的汇合（学校、家庭、街道以及各种非正式组织的影响）；儿童的某些已形成的观点、志向、习惯、爱好；揭示学生内心状况的困难（学生常常是自己也不知道造成自己状况的原因）；同一教育活动所得到的不同的结果；儿童个性的好动性。"① 应当说这一描述基本上表现了德育过程中影响因素、影响过程、影响结果的复杂性。由于德育过程复杂性的存在，道德教育就不可能是一蹴而就的，它需要包括教育者和受教育者在多方面的协同，需要实现教育与再教育、自我教育的统一。

复杂性的另外一个重要表现是道德教育过程的多端性。所谓"多端性"，是指道德教育过程可以从知、情、意、行任何一个心理环节开始。一般而论，智育主要从认知出发，美育主要从情感出发，体育主要从行为出发开始教育过程。但是道德教育则不然。道德教育可以从知、情、意、行任何一端开始进行。德育过程之所以有多端性主要原因在于，第一，"知、情、意、行具有相对独立性和相互渗透作用……这就为每一具体的过程的多种开端提供了可能性"②。第二，"教育实践中的大量事实表明，受教育者每一种思想品德的形成，其知、情、意、行的发展的方向和水平，是经常处于不平衡状态的……这就需要在德育过程中充分利用这种多种开端的规律，开辟多种渠道，有的放矢地使受教育者在知、情、意、行几方面都得到相应的发展"③。

三、引导性与整合性

道德教育是一种非注重发挥德育对象主体性而不能具有实质性效果的教育形态。从前文讨论过的"新性善论"命题出发，德育过程也应当充分注意实现道德学习主体的道德建构与道德教育主体之价值引导的统一。但是，假如将道德教育与个体品德发展过程本身相比较，则不能不承认"（道德）价值引导"存在与否乃是德育过程与个体品德发展过程的区别所在。这就是所谓的德育过程的"引导性"特征。

① 巴拉诺夫，等．教育学 [M]．李子卓，等，译．北京：人民教育出版社，1983：195.
② 王逢贤．学校德育过程特点初探 [J]．教育研究，1979（3）.
③ 同②.

由于引导性特征的存在，我们在谈道德教育和道德学习的主体性时就不能仅仅着眼于德育对象个体的主体性，而应关注教与学双方的"双主体性"与"交互主体性"。所谓"双主体性"，是说在德育过程中存在教师和学生两个主体，必须发挥两个活动主体的主体性。虽然教师的主体性发挥的出发点和最终目的永远都是学生学习主体性的发挥，但是学生的道德建构所需要的最佳价值环境却需要教师去精心组织和安排，舍此就不能称为道德"教育"。所谓"交互主体性"，是指主体之间的关系。它既包括师生之间，也包括道德学习个体与其他人例如同学之间的关系。同时这种关系不是物理性质的关系，而是一种渗透灵魂的深层次的精神交往关系。从这一意义上说，德育过程中的双主体性和交互主体性的关系特性也就是"整合性"的特征。就是说，道德教育过程实际上应当是师生双方或多方精神交往关系的整合，价值引导与自主建构过程的统一。

道德教育过程的引导性与整合性特征都关系到道德教育中的一个非常重要的命题：教育与发展的关系。教育与发展的关系不仅要考虑到教育对象的整体道德发展水平，既不做发展的尾巴，也不提出超越发展实际的德育任务。而且，由于每个学生的品德形成和发展过程都是不同的，道德教育过程的引导性与整合性实际上要求的是实现对每一个个体的精神关照，实现教育与再教育、教育与自我教育的统一。

2

两类德育过程模式述评

德育过程应当划分为哪几个阶段？这些阶段之间是一个什么样的关系？这是所谓德育过程的模式问题。

在教学过程的理解上，许多人认为赫尔巴特和杜威代表了传统与现代两种基本的过程模式，这就是赫尔巴特的"四阶段说"和杜威的"五阶段说"。

赫尔巴特是从兴趣入手谈教学的。他认为，兴趣可以分为注意、期待、探究和行动四个阶段，因此教学过程也可以分为相应的四步：明了、联想、系统和方法。后来赫尔巴特的追随者们将这四步教学模式改造为著名的"五步教学法",亦即五个教学阶段的理论,五个教学阶段分别是预备、提示、联想、概括、应用。

杜威是从对思维的分析入手谈教育过程的。杜威认为,思维一般包括五个阶段:疑难的情境;疑难的确定;提出解决疑难的假设;推断每个假设可能导致的结果;试验、证实或证伪原来的假设。依据思维的历程,教育过程可分为这样五个阶段:情境、疑问、假设、推断、验证。杜威认为,这不仅是教学和学习的方法,也是改造经验和改造社会的基本方法。

借鉴对教学过程的理解,粗线条地看,形形色色的德育过程模式可以概括为以下两种。

一、传统的德育过程模式

传统道德教育过程理论的一个代表是康德。康德认为,儿童接受教育的过程是:①"管束"——抑制人天生的野性;②"教化"——让儿童学会礼貌和智慧;③"陶冶"——使儿童明辨是非,走向道德自律。[①] 这是一种宏观德育过程的描述。但其中透出的关于具体德育过程的传统气息是显而易见的 。

苏联学者(1976)曾经将儿童个性的形成划分为五个基本阶段,也可以视为德育过程的传统模式。这五个阶段是:①刺激(外部作用);②动机(内部动力);③行为纲领和行为形式的选择;④动机成为行为和行为转变成习惯;⑤习惯的行为形式转变为个性。[②] 之所以说这一过程模式是"传统"的,主要是因为虽然它是从"儿童个性形成"的角度看教育过程,但是它仍然认为外部作用是形成过程或教育过程的出发点。换言之,德育过程仍然被视为"教师→学生"这样一个影响和被影响的授受关系,德育对象的主体性只能在有限的框架之内得以反映。

比较一下康德、赫尔巴特和上述苏联教育学家的德育过程模式不难看出,他们在强调教师的"教化"作用方面有相同的特征。传统德育过程模式的问题在于夸大了这一教化在德育过程中的作用,相对忽视了学习主体的主体性。在中国,德育过程的传统模式至今仍然在德育实践中影响甚

---

① 参见:袁桂林. 当代西方道德教育理论 [M]. 福州:福建教育出版社,1994:7-8.
② 巴拉诺夫,等. 教育学 [M]. 李子卓,等,译. 北京:人民教育出版社,1983:204-205.

大。如前所述，中国德育过程观需要一个从转化理论向生成或建构理论的
转变。

二、现代的德育过程模式

这一模式我们可以拉斯思等人的价值澄清理论①为例。价值澄清理论
认为，价值接受过程实际上就是从选择、评价到行动的过程。这一过程分
为以下七个分过程：①自由地选择；②从各种可供选择的项目中进行选
择；③在仔细考虑后果之后进行选择；④赞同与珍视；⑤确认；⑥依据选
择行动；⑦重复该行动。②"价值澄清理论与其说涉及的是一个人信仰什
么，不如说涉及的是他怎样去信仰。"③ 在价值澄清过程中，我们不难发
现其最大的特色在于道德价值的学习者始终是活动的主角。这与前述传统
的过程模式是完全相反的。

我们还可以科尔伯格的两难故事德育过程为例。科尔伯格将两难故事
的教学过程描述为以下几个步骤：①面对一个两难问题；②陈述对一个假
设的见解；③检验推理；④反思个人的见解。这一过程的特色不在达到统
一的结论，而在于用一种开放的格局求得学生思考各自的见解。显然，这
也是一个以发挥学生道德推理能力为核心，而且学生的活动始终是教育过
程的中心的案例。比较一下科尔伯格、拉斯思和杜威等人对德育过程的理
解，不难看出，他们的最大相同点在于德育过程的出发点是学生而不是教
师。教育影响只是隐含的、工具性的条件。

"传统"的和"现代"的德育过程观的上述区别不仅是形式上的，在
两种过程观的背后实际上隐含着两种不同的道德教育基本理念。一种理念
认为道德价值基本上是靠成人对儿童的传授或教化去完成的，道德教育意
味着一定意义上的"灌输"；另一种理念认为有效的道德教育不可能通过
灌输去完成，唯一有效的途径只能是学生的道德建构。总的来说，道德教
育的现代理论更深入地把握了德育过程的本质，也与时代发展的脉搏相一
致。但是，由于现代德育理论往往过分强调价值及其掌握的个人相对性，

---

① 价值澄清理论是 20 世纪 60 年代在美国兴起的一个道德教育流派，代表人物为拉斯思
（L. Raths）、西蒙（S. Simon）和哈明（M. Harmin）等。

② 哈什，等. 道德教育模式 [M]. 傅维利，等，译. 北京：学术期刊出版社，1989：83.

③ 同②：82.

其对价值引导的重要性往往估计不足。这不仅无视了教育事实的存在，而且也导致了价值相对主义，从而影响了德育的效果。真正有效的德育过程应当是道德价值引导和道德自主建构的统一。

20 世纪 80 年代以来西方兴起的品德教育理论等实际上已经开始了这一统一的尝试。例如美国教育学家里可纳等人就是既强调尊重学生的人格，培养其道德反思能力，又强调教师的作用，以及直接的道德教育和道德纪律的作用。应该说这也是一种过程理论的综合。另外的一种综合化努力来自苏联教育学家。巴班斯基等人曾经依据最优化理论提出过这样一种"教导过程"（包括教育过程与教学过程）的设计，其中也隐含了对于道德教育过程的设想。其教导过程的主要阶段及内容如表 2 所示。

表 2　巴班斯基的教导过程设计

准备阶段	过程的组织和实施阶段	分析结果阶段
了解共同的目的和任务	教师的活动／学生的活动	分析和自我分析教养、教育和发展的结果
提出教导的目的	布置任务／接受任务	
详细了解过程借以进行的系统	引起学生活动的兴趣／产生活动动机	
考虑到系统的特点来使目的和任务具体化	组织教导影响和受教育者的活动／开展活动，参加反馈的过程	了解结果偏离既定任务的情况
创造必要的校内条件	保证反馈／进行有效的自我检查	分析和自我分析产生这些偏离的原因
选择规定教导过程内容、方法、手段和组织形式的最佳方案	进行有效的检查／对活动进行自我调节	计划由教师和受教育者在以后的过程系列中排除这些原因的措施

资料来源：巴班斯基. 教育学［M］. 李子卓，等，译. 北京：人民教育出版社，1986：101.

上述西方和苏联学者的综合努力值得我们借鉴。

3

德育过程的矛盾与德育过程的组织

一、德育过程的矛盾及其解决

一般认为，学校道德教育过程中的基本矛盾主要有三个方面。从过程之外到过程之内，这三个矛盾依次是：①学校道德教育影响与一般社会道德影响之间的矛盾；②德育目标要求同学生的道德发展实际的矛盾；③学生的道德认知、道德理想与道德实践之间的矛盾。其中第二个矛盾常常被认为是德育过程的主要矛盾。

"学校道德教育影响与一般社会道德影响之间的矛盾"是道德教育系统之外的社会价值环境与学校德育价值系统的矛盾。这一矛盾的表现主要是同质矛盾和异质矛盾两个方面。所谓同质矛盾，是指社会正面价值观念与学校道德教育之间的矛盾。社会正面的价值观念是学校德育内容的基础，社会价值的变化会影响到学校德育的目标建构和内容安排。但是社会正面的价值观念实际上是多种多样的，有不同的层次和维度。只有那些合乎教育对象发展实际的价值内容才能进入学校德育的范围。如何处理这一矛盾是学校德育目标制定和内容选择的重要任务。所谓异质矛盾，是指同学校德育价值相冲突的价值观念与学校德育系统的矛盾。这一矛盾在价值多元的现代社会表现得日益突出。学校德育除了要注意参与社会价值环境的建设与改造之外，还应当在学校德育活动中注意培养学生的独立分析、批判能力，安排抵制和防范不良价值影响的训练。

"德育目标要求同学生的道德发展实际的矛盾"是学校德育过程中的主要矛盾。这一矛盾最终需通过如何将德育目标转化为德育内容与方法等中介环节从而实现这一目标的方式予以解决。因而这一矛盾可以从两个维度予以分析。一个维度是教育者与德育内容、德育方法之间的矛盾；另一个维度是受教育者与德育内容和德育方法之间的矛盾。① 这两个矛盾实际上是一个问题的两个方面。因为如果第一个维度的矛盾得以解决，其起码的要求必然是德育内容与方法的设计完全符合道德学习主体的精神需要和发展实际。而一旦这一要求得以实现，则第二个维度的矛盾就已经基本解决。问题的关键是我们如何做到依据学生的需要和实际可能去安排道德教育。正如鲁宾斯坦曾经指出的："教育的主要方面恰恰在于，使人同生活发生千丝万缕的联系，从各个方面向他提出对他有重大意义的、富有吸引力的任务，因而被他看做自己的、必须亲自解决的任务。这比什么都重要，因为道德上的一切缺陷，一切越轨行为的主要源泉，都是因人们的精神空虚而造成，当他们对周围生活漠不关心、冷眼旁观的时候，他们对一切都会满不在乎。"② 因为 "在个性发展中的任何东西都无法直接从外部引申出来"③。

"学生的道德认知、道德理想与道德实践之间的矛盾"是道德教育过程中一个关键性的矛盾。我们知道，当 "德育目标要求同学生的道德发展实际的矛盾" 在教育中基本解决后，常常会遇到学生能知而不能行、愿意行动而行动效果不佳的情况。这一情况出现的原因主要有两个方面。第一，学生的道德认知与道德情感缺乏紧密的联系；第二，学生缺乏道德行动的策略训练因而行为乏力。解决这一矛盾的关键是：第一，加强道德教育中的情感培育，使道德认知成为为情感所真正接纳的道德信念；第二，注意在道德教育中对学生进行意志的培育和实践技能的培养。这就要求不能将道德教育仅仅理解为某种 "教学"，而应当理解为道德交往与实践。让学生在交往、实践中不断体认道德价值的情感方面、意志方面，并且在道德实践中使自己的道德实践策略水平得以提升，实现从道德认知到道德情感、道德信念、道德意志和道德行动的转化。

二、德育过程的组织

德育过程的组织应当建立在对德育过程的基本阶段、基本矛盾及其运

① 胡守棻 . 德育原理 [M]. 北京：北京师范大学出版社，1989：109.
② 转引自：马里延科 . 德育过程原理 [M]. 牟正秋，王明辉，译 . 北京：人民教育出版社，1985：65.
③ 同②：68.

动等问题的正确理解的基础之上。德育过程组织的基本环节如下。

1. 德育活动的准备

德育活动的准备因为具体活动要求不一而具有不同的特点和内容。但是，所有不同准备的核心是道德学习动机的发动。许多道德教育过程的组织理论往往从教师如何设计教育活动开始，也有过程组织理论将学生的学习准备作为德育过程的开端。这两种似乎对立的观点的共同性在于它们都必须考虑到道德学习主体的学习动机。不管我们如何安排德育过程，出发点都应是道德学习动机的发动。

2. 德育活动的开展

道德教育的动机发动过程实际上已经属于广义的活动开展的一部分。这里的"德育活动的开展"是指直接进行的活动过程，包括课堂教授与学习、课外活动、道德实践等。整体上说，这一环节的任务是要实现道德认知到道德行动的转化，由品德心理建构的偶然实现到道德品质的个性化（或物质化）。如前所述，道德教育过程有一个多端性的问题。单个的德育过程可以知、情、信、意、行任何一个环节的道德素养培养作为活动的主要任务，但是多端性并不意味着一次德育活动只能进行一项道德训练。多端性的每一端之间是相互关联的，德育过程应当尽量求得学生在知、情、信、意、行方面的综合提升。

3. 德育活动的评价

德育活动的评价是指用一定的评价手段与技术对德育活动及其结果进行检测与判断。德育评价涉及德育活动过程及其主体的方方面面，但其中最重要的一个方面应当是对学生进行的品德评定。

品德评定是对德育过程最终成果的评定，也是德育过程最后的但十分重要的一个环节。评定有阶段性评定和总结性评定、终结性评定和形成性评定等不同的类别。品德评定作为德育过程的一个环节主要要求是应当使评定具有道德教育意义。要做到这一点，必须注意：第一，阶段性评定和终结性评定的统一，使道德教育与修养的结果成为德育的手段；第二，品德评定要以形成性评定为主，使评定成为激励、诊断、调整和提高的手段，同时尽量避免下绝对的结论；第三，坚持运用教师对学生的评定和学生自评、学生集体评定等多种手段，发掘评定方面的道德教育资源。

道德教育过程组织的基本原则有以下几点。

1. 保持教育与发展矛盾双方之间必要的张力

"保持教育与发展矛盾双方之间必要的张力"实际上就是要使教师的有计划、有组织的价值引导与学生的自主建构之间保持一定的张力。所谓张力，意思是道德教育的要求要适当超越学生目前的接受能力，有道德水平提升的可能，同时这一超越又不能高到学生经过努力也难以达到的高度。道德教育过程的设计应当努力把握学生道德发展的"最近发展区"，依据这一"最近发展区"安排教育内容，选择教育方法。

2. 注意学校德育的物质和精神文化条件的建设

我们知道，道德教育过程的有效性在相当程度上取决于我们能否找到和建设好由德育影响源向德育影响的中介环节。德育过程的中介环节主要是两个方面，一个是德育影响环境的建设，另一个是活动与交往的安排。德育影响的校内环境建设的一个关键是学校德育的物质和精神文化条件的建设。所谓物质环境，指的是适合道德生活、道德教育要求的校园、教室、活动场所、图书资料和必要的经费支持等。所谓精神环境，主要指校风、班风、人际关系等。学校环境一方面不能与世隔绝，另一方面也必须注意校园环境的相对净化，从而通过隐性或间接的途径加强正面的价值引导。

3. 注意"教育性的活动与交往"的安排

马克思认为："个人的真正的精神财富完全取决于他的现实关系的财富。"[①] 道德教育实际上就是一种在人际关系中对道德关系处理的教育。而关系的教育离开活动、交往等实践环节是很难实现的。如前所述，活动和交往是德育过程的中介环节。道德认知、道德情感、道德行为等都只能在学生的道德活动与交往中得以训练。但是教育工作者应当清楚的是，并不是所有的交往与活动都具有价值性和道德教育的意义。德育过程所说的活动与交往是一种能够引发价值思考、体验道德情感、锻炼道德意志、优化道德行为模式的交往与活动。

在交往问题上，我们过去较重视正式交往，对非正式交往则往往持反对态度，认为会导致小团体主义。实际上社会心理学已经证实，非正规团体往往对成员更具吸引力，价值影响也最大。所以正确的做法是引导非正式的交往而不是杜绝这一交往形式。

---

① 马克思. 德意志意识形态 [M] //马克思恩格斯全集：第 3 卷. 北京：人民出版社，1960：42.

4. 坚持教育与再教育、自我教育的统一

道德教育的一大特点和难点就是它的复杂性和反复性。道德教育一方面要进行正面的价值引导，另一方面要纠正错误的价值认知和行为习惯。这两方面的任务都是一个需要长期坚持和反复的教育过程，所以要坚持教育与再教育的统一。同时任何价值观念的教育的根本都在于学习对象自身的价值建构，道德教育的真正和最大的功效也在于学生的自我道德判断、道德评价、道德抉择，道德教育的持久的机制在于学生自我教育或修养能力的提高。所以在德育过程中应当坚持教育与自我教育的统一，培养学生自我分析、自我评价、自我激励、自我禁约、自我训练、自我检查等方面的能力。

习题

1. 德育过程的特点有哪些？

2. 如何理解现代与传统德育过程模式的不同和综合化模式？查资料找出其他有代表性的过程理论并进行上述分类。

3. 德育过程的基本矛盾和主要矛盾是什么？如何解决这些矛盾？

4. 德育过程组织的基本环节和基本原则有哪些？

本章参考文献

1. 马里延科. 德育过程原理［M］. 牟正秋，王明辉，译，北京：人民教育出版社，1985.

2. 巴班斯基. 教育学［M］. 李子卓，等，译. 北京：人民教育出版社，1986：第4章，第13章.

3. 巴拉诺夫，等. 教育学［M］. 李子卓，等，译. 北京：人民教育出版社，1983：第12章.

4. 胡守棻. 德育原理［M］. 北京：北京师范大学出版社，1989：第6章.

5. 鲁洁，王逢贤. 德育新论［M］. 南京：江苏教育出版社，2000：第8章.

6. 班华. 现代德育论［M］. 合肥：安徽人民出版社，1996：第2章.

7. 储培君，等. 德育论［M］. 福州：福建教育出版社，1997：第5章.

8. 但昭伟. 道德教育：理论、实践与限制［M］. 台北：五南图书出版公司，2002：第4章.

9. 檀传宝. 德育教学观［M］. 北京：教育科学出版社，2006.

德育内容

1

学校德育内容及其决定因素

一、学校德育的内容

德育内容是指德育活动所要传授的具体道德价值与道德规范及其体系。由于历史与文化条件的不同，不同历史时期和不同国家、不同文化的德育内容是各不相同的。

从历史的角度看，原始社会、古代社会和现代社会的德育内容有不同的特点。在原始社会，道德教育内容的特点是：第一，由于人类生存的需要，以血缘关系为基础的（氏族、部落中的）原始的集体主义是道德教育内容的核心，维护氏族、部落存在所需要的忠诚、勇敢、勤劳、复仇等道德法则成为德育内容的重点；第二，原始的集体主义、平等、民主等道德原则局限于一定的氏族、部落之内；第三，在学校德育产生之前，原始社会的德育内容与整个德育系统一样是与生活、劳动融为一体的，德育属于生活教育、民俗教育的范畴，这就决定了原始社会的德育内容在呈示形式上具有非专门、不自觉的特点。

而与当时的社会发展和意识形态相关联，古代学校德育内容最主要的特点有三。第一，道德法则本身具有浓厚的等级色彩。比如战国时期，秦国的商鞅曾经处罚过歌颂变法的百姓，原因是他们没有议论朝政的资格。无独有偶，斯巴达的执政者也曾经下令屠杀了两千多个用自己的勇敢拯救了国家的奴隶，理由是他们违背了奴隶不得参加保卫国家的行动、具有勇敢精神的禁令。由于学校德育的从教者、受教者大都是统治阶级成员，德育目的也是培养"治才"，所以学校德育内容中充斥着类似于君君、臣臣、父父、子子等等级制度及其维护方面的道德内容。第二，由于教育目的是培养"劳心者"，所以古代德育内容中存在鄙视体力劳动的倾向。《论语》中就有弟子向孔子问稼而遭到夫子的冷遇的故事。原因很简单，因为根据当时的制度，王公的职责是"坐而论道"，士大夫的责任是"作而行之"，只有百工、商旅、农夫和妇功主要是进行体力劳动的，而后者是所谓的"劳力者"、下等人。第三，道德教育内容本身的等级性导致了内容呈示形式上的绝对灌输的特色。道德教育的内容就是宗教与古典文献的记诵和刻板的"规矩"（行为规范，如洒扫、应对、进退、衣服冠履、言语步趋等）的训练。与学校德育相平行的是生活德育形态。普通劳动者主要通过劳动与生活实践接受统治阶级意识形态的影响，同时也形成符合自己阶级要求的一些道德内容，例如中国古代农民阶级的平均主义、勤劳、节俭、厚道等道德观念。

现代社会（资本主义，尤其是机器大工业产生以来）给学校德育内容带来的显著变化有以下几点。第一，自由、平等、博爱等反映资产阶级反对等级制度要求的道德观念进入学校德育内容。尽管资本主义社会并未实现真正的平等，但是以"平等"、"公正"、个性自由为特色的道德教育内容成为近现代学校德育的特点仍然是事实。第二，由于商品经济、市场经济的需要，道德教育中出现了对自强、诚信、效率、开放与宽容等价值观念的强调。第三，随着学校德育由对灌输模式的批判走向对自主道德、理性能力等的强调，德育内容的呈示形式方面开始出现许多尊重道德学习主体性的努力。当然，现代德育实际上包含着资本主义和社会主义两种性质对立的学校德育形态，这两种形态在德育内容上也有巨大的差别。比如对集体主义的看法、对共产主义道德体系以及公民道德教育内容的看法，等等。不过如果我们将它们与古代社会的学校德育相比，其共同性还是很多的。

除了历史因素外，各国文化的不同也影响到学校德育内容的不同。这一不同主要表现在以下几个方面。第一，价值取向上的差别。这一差别首先表现为体系上的不同。例如受儒家影响较大的东方民族对家庭、集体、国家一般采取的是集体主义的立场，而欧美诸国的个人主义传统决定着他们更强调个人的权利与自由。价值取向上的差别还表现在具体价值范畴的理解上。比如对"谦虚"、"节俭"等美德的理解，中国人与西方人的差异很大。道德价值体系和具体理解上的不同当然会直接影响学校德育内容。第二，存在方式上的差别。许多宗教传统较为浓厚的国家，例如亚洲的泰国、印度，欧洲的德国、英国，德育课就是宗教课，或者两者之间有较密切的联系，其道德教育的内容与宗教教育的内容联系在一起。而中国、法国、日本等国家的学校德育虽然不能说与宗教无关，但至少在学校教育范围内没有直接的联系。第三，呈示形式上的差别。我们注意到，东方国家采取直接道德教育模式的较多，德育内容是直接呈示的；而西方国家采取间接德育模式的较多，强调德育内容呈示的隐蔽性。主要原因在于受儒学影响较大的东方民族认为学校教育的主要责任之一是道德教育，向学生传授正面的价值观念是完全必要的；而西方人认为道德教育的主要责任并不在学校，而是在教堂和家庭，道德教育不能够采取灌输的方式。

在当代社会，尽管历史与文化的不同导致了世界各国德育内容的千差万别，但是德育内容在发展的趋势上仍然有一些趋同。这表现在以下几方面。

第一，对"全球伦理"（global ethic）的确认。所谓"全球伦理"，"指的是对一些有约束性的价值观、一些不可取消的标准和人格态度的一种基本共识。没有这样一种在伦理上的基本共识，社会或迟或早都会受到混乱或独裁的威胁，而个人或迟或早也会感到绝望"[1]。这一点是对学校教育内外广泛存在的价值相对主义予以批判、反思的结果，同时也是世界

---

[1] 孔汉思，库舍尔. 全球伦理：世界宗教议会宣言 [M]. 何光沪，译. 成都：四川人民出版社，1997：12.

各国面临的许多道德问题（如生态伦理、人口、发展、人权、消灭贫困、战争与和平问题等）越来越具有全球性的联系的结果。目前学校德育中如何看待生命、如何保护环境以及如何使学生掌握人类生活所需要的普遍和基本的价值规范等内容，已经成为各国学校德育的时髦追求。香港教育署于 1996 年印发的《学校公民教育指引》就已建议，将人类的普遍价值（普效性价值）作为"核心价值"，设计其公民（道德）教育课程。①

应当说明的是，"在传统上，道德教育是根据生活在同一国家的民族和共同体的准则进行组织的。向当代世界需求的开放是新近的现象"②。同时，与道德教育内容的全球化趋势并行的是对道德教育民族性的强调。世界各民族的学校德育没有不珍视本民族的优秀道德传统并视之为财富，在学校德育中加以强调的。

第二，对综合道德能力培养的共识。基于两个原因，现当代学校德育较为重视道德判断能力的提高。这两个原因一是全球化导致的道德价值多元化需要个体的鉴别和选择能力，一是个体道德自由与对社会和集体的道德责任之间的平衡也需要个体的辩证决断能力。但是仅仅靠判断力的培养是难以解决道德教育的所有问题的，现当代德育内容中对实践及其他综合的道德能力的强调亦已成为趋势。以雅克·德洛尔为主席的国际 21 世纪教育委员会向联合国教科文组织提交的报告（1996）中谈到公民教育时指出：公民教育"所追求的目的并不是以刻板的规约形式去教授一些戒律，而是使学校成为民主实践的典范，以便使孩子们结合具体问题了解自己有哪些权利和义务，以及自己的自由怎样受到他人行使权利和自由的限制。一整套经过实验的做法可以加强学校内的民主学习，如制订学校社区宪章、设立学生议会、开展民主制度运作的模拟游戏、办校刊和开展以非暴力方式解决冲突的练习活动"③。应当说当代学校道德教育在内容安排上也具有与公民教育相同的特点。

第三，道德教育内容结构上的共同理解。从内容构成角度看，道德教育应当包括哪些内容，一直是现当代德育理论和实践探索的问题。英国莱

① 香港课程发展议会. 学校公民教育指引 [I]. 香港：香港教育署，1996：9.

② 拉塞克，维迪努. 从现在到 2000 年教育内容的全球展望 [M]. 马胜利，等，译. 北京：教育科学出版社，1996：156.

③ 联合国教科文组织国际 21 世纪教育委员会. 教育：财富蕴藏其中 [M]. 联合国教科文组织总部中文科，译. 北京：教育科学出版社，1996：47-48.

斯特大学"社会道德教育研究中心"的莱特教授认为，学校德育要通过六个关系的处理来安排道德教育的内容。这六个关系是：与最亲近的人的关系，与社会的关系，与人类的关系，与我们自己（同辈人及自己）的关系，与非人类（自然环境）的关系，与上帝的关系。① 日本政府颁布的中学道德课教学大纲（1977）中规定了以下 16 项中学德育内容。①尊重生命，谋求增进身心健康，过有节制、协调的生活。②在日常生活中，具有一定良好的生活习惯。③积极对待事情，具有踏实地坚持到底的意志。④具有人应有的觉悟，经常独立思考，自己决断，并对其结果负责。⑤对与自己不同的观点和立场也能尊重，理解各种见解和想法，具有向他人学习的宽阔心胸。⑥在认识勤劳的重要性的同时，追求真正幸福和充实的生活。⑦热爱真理，追求真实，朝着理想的实现去开拓自己的人生。⑧寻求人生的喜悦，具有温暖的人类爱的精神。⑨热爱自然，富有美感，具有对崇高东西的虔诚心。⑩理解友情的可贵，拥有衷心信赖的朋友，谋求相互的上进。⑪男女之间要互相尊重对方的人格，保持健全的异性观。⑫有作为家庭和地区社会中的一员的觉悟，相互合作，谋求充实，共同生活。⑬理解自己所属团体的意义，相互合作，以谋求提升团体生活。⑭明辨公私，重视公共福利，具有与社会联系的觉悟，为实现理想的社会而努力。⑮理解法律的精神和权利以及义务的意义，不断加强社会纪律。⑯具有日本人所应有的觉悟，热爱祖国，在为国家的发展尽力的同时，也要增进人类的福利。② 1980 年 16 个国家国际道德教育会议的报告中归纳出了各国道德教育计划共同强调的四类内容：①社会价值标准，如合作、正直、社会责任、人类尊严等；②有关个人的价值标准，如忠厚、诚实、宽容、守纪律等；③有关国家和世界的价值标准，如爱国主义、民族意识、国际理解、人类友爱等；④认识过程的价值标准，如追求真理、慎于判断等。③

从以上三例可以看出，从构成角度看，现代德育内容的基本层次可以归纳为以下四个方面：文明习惯、基本道德(美德)、公民道德、信仰道德。

---

① 冯增俊. 当代西方学校道德教育［M］. 广州：广东教育出版社，1993：149.

② 瞿葆奎. 教育学文集·德育［M］. 北京：人民教育出版社，1989：191-193. 又：1989年日本政府公布的小学道德教学大纲（见《课程·教材·教法》1989 年第 10 期）从与自身、他人、大自然和崇高之物、集体和社会的关系四个角度规定了目前日本小学道德教育的内容。

③ 拉塞克，维迪努. 从现在到 2000 年教育内容的全球展望［M］.马胜利，等，译. 北京：教育科学出版社，1996：158.

二、学校德育内容的决定因素

学校德育内容的最终决定因素应当归结到社会发展等宏观因素上。生产力、生产关系、上层建筑等及其历史进程，科技发展、生活富裕、人口流动、城市化等对德育内容都产生了巨大的影响。但是我们这里只探索几个直接影响道德教育内容的教育性因素。上述宏观的社会因素实际上也是通过教育自身的因素的中介作用而决定或影响学校德育内容的。影响学校德育内容的教育因素主要有以下几个方面。

一是对道德可教性的理解。对道德可教性的理解与德育内容的性质、难度和容量的确定有密切的联系。哪些道德内容可以通过"教授"或认知学习的方式进行传授？哪些道德价值主要应当通过情感体验和道德实践去解决？这些都是德育内容安排必须考虑的问题。过去我们常常将道德教育等同于道德认知的教育，所以道德教育内容中逻辑推演与论证成为重点。考虑到道德情感、道德实践的关键作用，今后的德育内容可能应当安排更多的道德情感体验和道德策略学习的内容。现当代德育对综合的道德能力培养的重视导致了对道德教育内容设计的综合化。

二是德育目的、目标及其序列化。德育内容就是德育活动所要传授的道德价值与道德规范。而这些价值与规范的选择和安排直接服务于德育目的、目标的达成。德育目标有一个层次化、系列化的过程，德育内容的安排也有相应的层次化、系列化过程。之所以要依据德育目标及其序列化实现德育内容的序列化，主要是因为学生道德发展的阶段性规律和德育内容本身所具有的层次性。[①] 此外德育内容的层次化、系列化也有利于德育内容的全面布局，防止偏于一隅的内容安排。中国德育实践中很早就注意到了道德教育内容的层次化和序列化问题。例如朱熹就说过："小学者，学其事；大学者学其所学之事之所以（即他说的'发明此事之理'）。"（《朱子语类》卷七）"君子教人有序，先传以小者近者，而后教以远者大者。"（《朱子语类》卷八）以朱熹之见，小学（大约 15 岁以前）阶段德育内容主要应当是具体规范的学习，例如学习有关洒扫、应对、进退、衣服冠履、言语步趋等细杂事宜，而后在大学阶段再去"穷理"，建立自觉的纲

---

① 参见：胡守棻. 德育原理 [M]. 北京：北京师范大学出版社，1989：153-154.

常伦理。在当代社会，世界各国德育内容的安排大都遵循了层次化、序列化的要求。上海市实验学校曾经在其整体性德育实验中进行过"'爱'的系列教育"，具体内容和时间安排是：一年级"爱父母"教育；二年级"爱老师"教育；三年级"爱同学、爱集体"教育；四年级"爱学习"教育。每一个爱的主题都细化为若干具体内容项目，取得了很好的效果。①

　　三是德育过程观。德育过程观对德育内容的影响主要表现在德育内容的处理方式（或呈现形式）上，这是下一章（德育课程）要着重研讨的问题。当我们将德育过程理解为向学生的价值灌输时，道德教育的内容可能表现为一种教条和教条式的呈现形式；相反，当我们将道德教育过程理解为学生在教师的价值引导之下的道德自主建构的过程时，道德教育的内容就不过是一种价值环境的组成部分，是一种待操作和待开发的价值学习的材料。② 德育内容实际上就是价值引导的内容。价值引导不能离开德育对象主体建构的可能性。所以德育内容的选择及其组织都不能不从德育对象的品德实际、心理特点等前提出发。

　　四是偶发因素。除了一些常规的德育内容之外，在学校德育中还可能有一些偶发因素制约着道德教育内容的安排。例如社会巨变的突然发生，家庭破裂、父母离异、亲人死亡及本人的意外事件，等等。学校德育应当根据具体情况进行个别教育。由于偶发事件本身具有不可控的性质，这一德育内容总体上只能因时、因地、因人制宜地进行。在西方，随着社会变化的速度加快和规模增大，一些学校已经将偶发事件的处理作为学校教育的内容，形成了"精神关照和个人与社会教育"（Pastoral Care and Personal-Social Education）③ 等教育范畴。这些内容有的属于心理咨询，有的属于道德教育。中国的德育内容中除了因时、因地、因人制宜地进行相关教育之外，也可以考虑将上述内容列入正式的课程，使学生有备无患地面对突发事件的影响。

---

　　① 恽昭世. 走向未来的学校：中小学教育模式探讨［M］. 北京：人民教育出版社，1993：82-92.

　　② 一个有趣的比方是：在中国大陆，人们更愿意看《参考消息》而不是《人民日报》。原因是前者只是"参考"，而后者往往代表执政党的决定。道德教育的内容如果要有效，必须借鉴《参考消息》的影响方式。

　　③ Best R，Lang P，Lodge C，Watkins C. Pastoral care and personal-social education［M］. London：Cassell，1995.

2
我国学校德育的主要内容

一、我国政府对学校德育内容的规定

我国政府对中小学的德育内容有统一的规定，这一规定目前主要体现在分别于 1993 年和 1995 年由国家教育委员会正式颁布的《小学德育纲要》和《中学德育大纲》①上。

《小学德育纲要》规定德育内容主要有以下 10 条：①热爱祖国的教育；②热爱中国共产党的教育；③热爱人民的教育；④热爱集体的教育；⑤热爱劳动、艰苦奋斗的教育；⑥努力学习、热爱科学的教育；⑦文明礼貌、遵守纪律的教育；⑧民主与法制观念的启蒙教育；⑨良好的意志、品格教育；⑩辩证唯物主义观点的启蒙教育。

《小学德育纲要》规定的 10 条内容中，最后一条属于思想教育的内容，第②、⑧两条属于政治教育的内容。其余 7 条基本上属于道德教育。这样的内容安排基本体现了道德教育的基础性作用。但是对于一些较为抽象的教育内容，如何在教育过程中找到适合小学生以具体和形象思维为主的心理实际的教育方式，尚需进一步探究。

《中学德育大纲》对中学德育内容的规定是分学段进行的。但初、高中的内容要点大致相同。主要内容如下：①爱国主义教育；②集体主义教育；③社会主义教育（高中是"马克思主义常识和社会主义教育"）；④理想教育；⑤道德教育；⑥劳动教育（高中是"劳动和社会实践教育"）；⑦社会主义民主和遵纪守法教育；⑧良好的个性心理品质教育。

---

① 教育部基础教育司．中小学德育工作文献规章要览［M］．北京：人民教育出版社，1998：63-90．

《中学德育大纲》对中学德育内容的规定遵循了循序渐进的教育原则，注意到了初中和高中学段学生的不同特点及与各科学习内容的实际配合。这不仅体现在一些提法的差异上，而且也反映在具体内容的说明上。但是，同其他先进国家相比，目前在我国对中学德育内容的规定中也有不足之处。主要表现在：第一，意识形态教育比重过高，道德教育的内容仍然强调不够；第二，教育对象的批判和省思能力的培养没有引起足够的重视。其中第二点最令人忧虑。我国的教育内容基本上是以绝对真理的形式呈现出来的，这无疑会对学生的价值批判能力和创造性人格的培养起相当大的抑制作用。这一点需要引起教育部门和教育工作者们的关注，尽可能予以补救。

二、对我国学校德育内容及其重点课题的思考

依据现当代德育内容结构的一般趋势，从最基本的道德教育开始，学校德育内容应当包括四个主要的层次：一是基本文明习惯和行为规范的教育；二是基本道德品质的教育；三是公民道德或政治道德品质的教育；四是较高层次的道德理想教育即"信仰道德"（信德）的教育。依据这几个层次，我国学校德育工作的重点应当包括或强调以下几个方面。

（一）基本文明习惯和行为规范的教育

对学生进行文明行为和行为规范的教育，培养学生文明行为习惯，是中小学教育经常的重要的内容之一。学生在学校、家庭和公共场所，都应遵守文明行为规范。"文明行为习惯"的内容广泛，涉及人们生活的各个方面，看起来似乎全是日常小事，但却是一个有教养的人的文化修养和精神内涵的标志或表现。习惯和规范培养是"从小到大"，建设更高道德品质的基础；同时基本文明习惯的养成还可为"下学上达"（朱熹：《续近思录》卷二）、由"事"到"理"，或者"以小见大"，在规范掌握的基础上进一步体认道德价值创造必要的条件。

文明行为教育的具体内容是很多的。诸如：在社会公共生活中，礼貌待人，保护儿童，尊重妇女，尊敬老人，关心帮助鳏寡孤独和残疾人，维护公共秩序，爱护公共财物，保护环境和资源，等等。在学校，则应尊敬师长，爱护同学；遵守纪律，维护秩序；拾金不昧，不拿别人一针一线；勤俭节约，乐于奉献；讲卫生，爱清洁，不随地吐痰，不随地乱扔纸屑果

皮；礼貌、谦逊、热情、诚恳，不慕虚荣，不出风头，等等。在家庭中，则表现为乐于承担家庭责任，孝顺和赡养老人，爱护和平等对待家庭成员，等等。

中小学的"学生守则"和"日常行为规范"① 是中小学生必须遵守的基本行为准则。它是对学生进行文明行为及其他道德品质教育的基本要求，学校应当教育学生坚持不懈地、严格切实地遵照执行。学校也可以根据实际情况制定自己学校和班级的学生守则、行为规范。总之，实施学生守则和日常行为规范，对中小学生养成良好道德风尚具有重要意义。

当然，文明行为不只是一个人的行为的外部表现，重要的是这些外部行为应反映出一个人的内部心灵或性格的特征。否则，一些人即使做到了衣着考究、"彬彬有礼"，给人一种很有"教养"的印象，但实际上他仍可能是虚伪、狭隘、自私而粗鲁的人。所以文明行为教育应当同对个体的精神培育结合起来。此外还需要特别注意的是：所有行为规范均是人为的准则，都具有一定的相对性。应当让学生积极主动地参与到有关规范的制定、修改和执行中去，让学生做规范的主人而非奴隶。

（二）基本道德品质的教育

基本道德是个体生活的基础性道德要求。基本道德往往是历史上传承下来为人类社会广泛接受的道德规范。美国教育学者阿迪斯·惠特曼（A. Whitman）说，不管时代如何变化，我们总将有着和我们祖先同样的需要。那就是，愉快、勇敢地度过我们的一生，和周围的人友好相处，保持那些指导我们更好成长的品质。这些品质是欢乐、爱、诚实、勇敢、信心等。② 美国当代教育家波伊尔也建议"基础学校"的道德教育应当教会学生诚实、尊重、负责、同情、自律、坚忍、奉献等七项美德。③ 在亚洲，1987 年成立了以联合国教科文组织和日本国立教育研究所为后援的"亚洲国家道德教育研究会"，其宗旨也是寻找"普遍的道德价值"，用于

① 现行《中学生守则》和《小学生守则》是教育部于 1981 年颁布的，现行《中学生日常行为规范》和《小学生日常行为规范》则是教育部（原国家教委）分别于 1994 年和 1991 年颁布的。具体内容请参见：教育部基础教育司. 中小学德育工作文献规章要览 [M]. 北京：人民教育出版社，1998：91-103.
② 商继宗. 中小学比较教育 [M]. 北京：人民教育出版社，1989：195-196.
③ 波伊尔. 基础学校：一个学习化的社区大家庭 [M]. 王晓平，等，译. 北京：人民教育出版社，1998：151-152.

改进参与国的道德教育。①

德育的基础正是要教会学生做人。所以诸如公平、正直、诚实、勤劳、勇敢、仁爱等德目应当成为中小学德育的奠基性内容。在基本道德教育方面，中国大陆曾经有过极"左"的思维，用道德的时代性、阶级性、民族性等完全否定道德的历史继承性和全人类的共性。其结果是基本道德情感的消失和起码的道德规范的丧失。极端的例子是"文革"时期，打、砸、抢反而成为合乎道德的"正义"行动。这一历史教训在今天的道德教育中决不可以轻易忘记。

关于基础道德教育的内容，一般认为是世界上大多数人认可的基本道德法则。但是英国德育学家威尔逊（J. B. Wilson）曾经指出，除非我们能够搞清包括洞穴人在内的所有人的道德价值，否则"大多数人"永远都是"某些人"。此外，即使我们能够确认大多数人的选择，但是大多数人的选择也未必正确——历史上"大多数人"曾经赞同过奴隶制，对妇女的歧视，以及宗教、种族的迫害等。② 所以，即使是进行最基本的道德品质培育，我们仍然不能忘记道德批判能力的培养。

（三）家庭美德教育

家庭道德关系处理始终是个体人生的第一议题。家庭伦理方面的道德教育既关系个人的幸福，也关系社会的稳定与风尚。从教育学意义上说，家庭美德教育实际上是学生实现完全的道德社会化的起点和前提。苏霍姆林斯基就曾明确指出："爱国主义的神圣情感来自母亲。"③ 所以家庭美德教育应当得到较大的强调。

目前，我国政府颁布的中小学生日常行为规范中对学生承担家务、生活节俭、尊重和体贴父母、关心照顾长辈和兄弟姐妹等均做出了较详细的规定。但是我国学校德育实际的教育内容中对家庭美德教育的重视程度还很不够。这可以从德育课教科书中家庭道德教育的比例中看到。

中国是一个十分注重家庭伦理的国度。从传统意义上说，中国文化是一个伦理的文化，而中国传统伦理体系的核心是家庭伦理。中国人始终相

① 钟启泉，黄志成. 西方德育原理［M］. 西安：陕西人民教育出版社，1998.

② Wilson J B. General introduction［M］// Wilson J B, Williams N, Sugarman B N. Introduction to moral education［M］. Harmondsworth：Penguin Books，1967.

③ 苏霍姆林斯基. 给教师的一百条建议［M］. 周蕖，等，译. 天津：天津人民出版社，1981.

信"齐家"是"治国平天下"的基础。家庭美德教育曾经也应当继续成为中国德育理论和实践奉献世界的特殊文化财富。应当从这一高度去看待和加强家庭美德的教育。同时，随着改革开放的深入，我国传统的家庭价值观念正在受到越来越大的挑战。离婚率上升也已成为学校德育的不利因素之一。从这一意义上说，我们也应当未雨绸缪，在学校德育中加强家庭伦理教育。

（四）集体主义教育

集体主义教育是社会主义道德教育的最重要的内容之一。在社会主义社会里，集体主义是人们相互关系的基本原则，也是人们对集体、对国家的基本行为准则。以集体主义精神教育青年一代就是培养他们具有为人民服务的思想感情，培养他们善于在集体中生活和工作的习惯，在集体中努力实现个人的价值，这是学校德育的重要使命。

如前所述，集体主义教育是社会主义道德教育对世界德育的一大贡献。但是片面的集体主义教育也曾经导致了妨碍个性自由、窒息个人创造性的弊端。在市场经济和改革开放的形势下，集体主义教育应当加以严格界定，使之建立在理性的基础之上。集体主义教育需要有历史和现实的反思。

从历史的角度言之，人类的"集体"大体会经历三种历史形态。第一种形态是古代形态，它包括原始社会人对氏族、部落的归属，也包括奴隶社会、封建社会中存在的"人的依附关系"基础上建立的人的群体关系。在这种形态的集体中个人完全隶属于群体，毫无独立性可言，进而产生中国古代社会所说的愚忠、愚孝的道德关系。现代社会的集体也容易走向泯灭个性的极端，形成古代的集体主义，这是一种虚假的集体和集体主义。第二种形态是指未来社会，比如共产主义社会中，个人利益与集体利益完全统一，人与人的关系在个性自由和个人创造性得到完全发挥情况下形成的"自由人的联合体"。这一形态是一种理想化的集体形态。我们今天所言的集体主义之"集体"实际上是介于二者之间的一种中介形态。一方面，由于历史的发展，我们已经扬弃了泯灭个性的虚假集体的存在；另一方面，由于社会条件的制约，我们的集体利益并不能做到个人与集体的完全统一。在这一情况下集体主义意味着常常会出现要求个体牺牲局部利益以求得与个人长远利益和集体、国家、社会整体利益相一致的决断。这是所谓的集体主义的现实形态。所以我们今天的集体主义道德教育应当建立在现实的集体主义原则基础之上。

从现实的角度言之，集体主义教育意味着这样两个基本要求。第一，集体主义意味着适当的个人权益的承认。这一要求主要是因为真实的集体需要有活力的个人参与，同时这也是市场经济对个人权利承认的一种落实。过去我们常常用集体主义"消灭"个人的合理权益、合理需求，导致集体活力的丧失，更有甚者，甚至导致个别人假借集体名义满足自己的一己之私。对个人权益的承认是今天的集体主义有别于古代社会"人的依附关系"基础上建立的人的群体关系的集中表现。第二，集体主义意味着在上述基础上个人利益对集体利益的服从。在个人权益得到适当肯定的条件下，集体利益具有至上性。这一要求的理由是，在现实条件之下社会完全满足个人的利益需求仍然有很大的困难，在许多情况下只有牺牲个人利益才能求得集体利益的最优化发展；同时集体利益也在某种程度上与个人利益具有趋同的关系。实际上正是因为集体与个人既有可能实现整体上的一致又有某种矛盾，集体主义道德原则才是必需的。

学校道德教育中集体主义教育的开展必须建立在上述理性思考的基础之上。为此，学校德育应当注意的是：第一，教会学生采取一种积极的集体主义立场。所谓积极的立场，指的是个人要怀着积极关心、参与建设的立场，为创造一个真实的集体、实现真正的集体利益积极奉献个人的积极性、创造性。在集体主义教育中要特别注意的一个问题是防止用片面理解的集体主义去扼杀个性、侵害个人的合法权利。集体主义教育应当与对个性、个人的尊重辩证地和有机地结合起来。第二，应当注意在个人利益与集体利益矛盾时采取集体至上的原则。在学校环境之中，要注意养成学生善于在集体中生活的习惯。使学生能够关心集体，关心同学，愿为集体和同学服务；对集体有责任感与荣誉感；发展同学间的友谊，促进同学间的团结。此外，进行集体主义教育与批判个人利己主义是一致的。社会主义道德反对一切损人利己、损公肥私、金钱至上、以权谋私、欺诈勒索的思想和行为。要教育学生唾弃只关心自己而不顾别人的利己主义选择，并能与损害集体利益的极端个人主义行为进行斗争。

（五）爱国主义教育

爱国主义是人类一种最古老的感情，是千百年来巩固起来的人们对祖国的一种最深厚的情感，也是对祖国在历史和现实中所起的进步作用的正确理解，力图使祖国更富强、更强大，为世界和平与人类进步做出更大贡献的一种坚定的志向。但是爱国主义以及爱国主义教育也都应该建立在理性思考的基础之上。具体说来，我们应当注意处理以下几种关系。

第一，爱"祖国"与爱"国家"（或政府）。爱国之爱首先是祖国之爱。人们对自己的祖国之爱的确是"千百年来巩固起来的人们对祖国的一种最深厚的情感"。这是一种朴素的、无条件的道德义务。原因在于祖国是人们生存的时间和空间的根本。但是"国家"是一个政治概念，具体讲它是指某一政权形式。国家可以与祖国发展以及人民的福祉相一致，也有可能不一致。所以爱国家不是一个绝对的、无条件的法则。爱国家与爱祖国相统一只能建立在对国家民主和法制建设的反思、参与与改革、建设的基础之上。

所以，爱国主义教育既有一般的对于祖国的向往、爱恋之情，也有对于具体的祖国的热爱与奉献的冲动。在我国现阶段，爱国主义教育应当同爱社会主义、积极准备为国家建设贡献力量结合起来。爱国主义应当与爱社会主义制度一致。同时爱国也应当同积极投身反对腐败、反对落后，使国家朝健康、民主方向发展结合起来。"既要强调民族的自豪感、荣誉感，也要强调责任感、危机感。"①

第二，"爱国"与"爱人类"。爱国主义不是一个狭隘的民族主义的概念。哲学家罗素曾经指出："把爱国主义作为一种宗教是不能令人满意的，因为它缺乏普遍性。它所注重的利益不过是本民族的利益。"② 日本历史学家池田大作也说："在国家主义的影响下，不知有多少青年的纯真的爱国心被歪曲、被利用、被践踏——因此，本来对自己生存社会的纯真的爱，却变成了对其他国家国民的深恶痛绝。"③④ 这一点只要看一看两次世界大战中军国主义给全人类和加害国人民本身带来的深重灾难就可以找到有力的佐证。所以爱国主义一定要与"爱人类"的情感结合起来，爱国主义应当同爱护世界和平、维护全人类的福祉相结合。在改革开放的今天，我们已经越来越清楚地看到，整个世界已经变成了一个地球村，中国的发展进步是世界发展进步的一部分。当今世界的许多问题也只有从全球

---

① 戚万学，杜时忠. 现代德育论 [M]. 济南：山东教育出版社，1997：273.

② 罗素. 社会改造原理 [M]. 张师竹，译. 上海：上海人民出版社，1959：87.

③ 池田大作. 展望二十一世纪 [M]. 苟春生，等，译. 北京：国际文化出版公司，1985：226-227.

④ 《参考消息》2001 年 4 月 24 日刊载西方谚语云："爱国是流氓的庇护所"，可做池田大作先生论述的注脚。

的大局出发才有可能解决。加强各民族之间的理解与合作是世界进步和国家发展的重要条件。所以今天的爱国主义教育应当与"爱人类"情感的培育紧密结合起来。

在社会主义道德体系中，这一结合就是爱国主义与国际主义的统一。马克思主义认为：国际主义是全世界无产阶级和劳动人民，不分民族和国家，在为共产主义理想而斗争时所表现出来的团结一致、互相支持的精神。因此，各国无产者在处理彼此之间的关系时，形成了彼此都应该遵守的行为准则。其中包括在帝国主义发动战争时，每个国家的无产阶级都要使民族利益服从阶级利益，反对民族利己主义和大国沙文主义；在国家之间，要一律平等，反对以大欺小、以强凌弱的霸权主义行为；在共产主义的兄弟党派之间，也要相互支持、相互尊重，反对干涉别党的内部事务；在整个国际事务中，加强无产阶级的团结，为全人类的解放和社会的进步而共同奋斗。

第三，爱国与改革开放。爱国不等于爱国家传统和现实中的糟粕。对当代中国来说，当前的爱国主义还必须同改革开放的选择结合起来。爱国主义与虚心学习外国先进文化是一致的。近代世界各国和中国的历史表明，拒绝接受外国的先进科学文化，任何国家任何民族要发展进步都是不可能的。闭关自守只能停滞落后。我们应当教育学生具有民族自尊与自信，摒弃资本主义的一切丑恶腐朽的东西，但是我们也必须下决心用大力气，把当代世界各国包括资本主义发达国家的先进的科学技术，具有普遍适用性的经济的、政治的管理经验和其他有益文化学到手，并在实践中加以检验和发展。不这样做就是愚昧，就不能实现现代化。对外开放作为一项基本国策，不仅适用于经济建设，而且也适用于精神文明建设。

第四，爱国情感与爱国行动。爱国主义首先表现为一种爱国的情感。有学者指出："忘记了培养民族主义（爱国主义）感情去教授'公民'科，其教育只能是枯燥乏味的。"[1] 但是，爱国又不能止于情感的培育，应当引导学生将爱国之情变为爱国的行动。这就要求爱国主义教育从小事、身边的事情做起。詹万生曾经将爱国主义教育内容划分为对三种实体的热爱[2]，值得我们注意。对三种实体的热爱的内容是：①自然实体维

---

① 钟启泉，黄志成. 西方德育原理 [M]. 西安：陕西人民教育出版社，1998：452.
② 詹万生. 注意爱国主义的层次性 [J]. 教育研究，1995（4）.

度。从爱自己的出生地、居住地，到爱祖国的自然环境、国土资源等祖国的自然实体。②人文实体维度。从爱父母、爱老师、爱同学开始，到爱祖国的传统文化，最后达到对祖国现代文明的理性思考。③政治、经济实体维度。从爱国家的标志（国旗、国歌、国徽等），到对祖国政治制度的热爱，以及对国家制度的理性思考和积极建设。爱国主义教育应当是依据上述三个维度的一项经常性的德育任务，有一定的形式，但又应反对形式主义的爱国"运动"。爱国主义教育的关键是要让学生以参与的精神并以合适的形式加入国家建设的行动，在"做中学"。所谓在"做中学"主要的含义包括两个方面：一是建立适当的服务国家的制度，例如一些国家实行的兵役制；二是通过社区服务等日常活动形式培养学生对国家主动关心和参与建设的态度。

爱国主义教育，在新中国建立初期曾经备受重视并进行得卓有成效。在这个时期，爱国主义教育家喻户晓，深入人心。后来，由于我们的德育内容片面强调政治教育，特别是在"以阶级斗争为纲"的思想指导下，爱国主义教育被忽视和歪曲，甚至被抹上了现代迷信的色彩。改革开放以来，情况发生了根本的变化。"爱我中华"、"振兴中华"的精神深入人心。但由于中国与发达国家在发展上存在的客观差距，随着国际交往的频繁，出现了崇洋媚外、丧失民族自信心的不良倾向，一些人甚至不顾国格而走入歧途。爱国主义教育已经成为十分迫切的任务。当前向学生进行爱国主义教育，主要是倡导民族奋发精神，焕发青少年的斗志，为把祖国建设成一个社会主义强国，贡献自己的青春。特别要反对民族自卑心理，增强民族自尊心、民族自豪感，批判崇洋媚外的不健康倾向，教育学生以对祖国的热爱为动力，促使自己去奋发学习，掌握建设祖国的本领。

（六）民主与法制教育

爱国主义在政治生活中的重要表现是积极参与国家的民主与法制建设，自觉维护国家的民主与法制。

从道德教育的立场出发，积极参与国家的民主与法制建设是公民道德的重要要求之一。原因主要有以下两点。第一，民主与法制往往是最基本的道德关系的反映，没有民主和法制，意味着社会道德最后防线的溃散，所以建设民主和法制从这一意义上讲也是道德生活建设的一部分。第二，在现代社会，公民参与国家政治生活的道德方式只能是民主与法制的方式。否则公民善良的爱国主义极易走向其反面——导致国家政治和社会生活的混乱。

民主制度、关于民主的教育是现代社会及现代教育的突出特征之一。我国所要建设的社会主义民主是一种建立在新型经济基础之上，人民当家做主、享有现实和充分的民主权利的制度。高度民主是社会主义现代化建设的伟大目标之一，也是社会主义精神文明建设的重要内容。没有人民民主就没有社会主义现代化。由于中国是一个封建专制社会历史特别长的国家，封建专制的影响至今仍然十分强大，如何培养学生成为具有当家做主、参与国家政治生活的民主意识与能力的合格公民是我国学校教育的重要任务。与此同时，民主必须制度化、法律化，这样才能巩固和发展社会主义制度。向学生进行民主教育的重要任务之一是努力促进学生划清社会主义民主与极端民主化的界限，反对极端民主化和无政府主义。在中国，必须大力加强"公民道德"教育。公民道德教育的重要内涵之一就是民主与法制教育。

加强民主与法制教育，对于学校德育来说主要应当做好两方面的工作。

首先是民主与法制教育本身。学校德育应当努力养成和增强学生作为未来公民的公民意识、公民的权利和义务意识，懂得民主的真正内涵和参与国家政治生活的程序。在中国公民的民主意识不强的现实条件之下，强调公民的主人意识，培养公民的权利和捍卫公民权利的意识是当前一项十分重要和紧迫的任务。与此同时，学校德育应当努力使学生认识到，依法治国已经成为我国的基本国策，不要社会主义民主的法制，绝不是社会主义的法制；不要社会主义法制的民主，也不是社会主义的民主。应教育学生认识法制对保护人民利益，对维护安定团结，对保障社会主义现代化建设的重大意义。要在学生中深入地普及法律常识，教育学生严格遵守国家的法律和政策，养成遵纪守法、敢于向各种违法乱纪的现象作斗争的良好品德。

其次是和民主与法制教育相关的学校纪律教育。培养学生自觉遵守纪律的品质，也是对学生进行道德教育的一个重要内容。纪律是人们对于受委托的工作，对于履行公民的权利和义务、遵守社会规则和法律所采取的正确的规范。或者说，它是指人们遵守国家、社会、集体制定的法律、规章、制度、秩序的行为表现。在学校环境中纪律教育实际上是未来民主和法制生活延续的必要基础，同时纪律教育不仅对培养学生的纪律品质有重要作用，而且也是学校顺利进行教学和教育的必要条件。学生不履行自己的学习义务，不遵守"学生守则"和学校的各项规定，学校就不可能进行正常的教育与教学。纪律既是教育的目的，也是教育的手段。向学生进行自觉的纪律教育，就是要让他们懂得、理解遵守纪律的必要性，培养他们遵守纪律的行为习惯。同时，我们所需要的纪律，不仅表现在服从上，表现在表面上的遵守规矩上，而且还表现在遵守纪律的主动性和创造性上。纪律教育应当同个体的自主性、能动性发挥有机地结合起来。为此，学校纪律教育应当以建设民主和纪律并存的学校生活环境为最重要的手段，让纪律成为学生主动建设自己成长环境的一个主动行为。

（七）信仰道德教育

"信仰道德"是一个来源于宗教道德理论的概念。在宗教理论中"信德"的意思有两重，一是表示人对神的信仰关系，二是表示因信神而按照神的意志去践行道德。比如在基督教中信德首先是对上帝的绝对忠诚，其次是"因信称义"，求得世俗生活中道德上的完善。如果剔去宗教唯心主义的成分，将信仰视为对终极价值体系的笃信，以及在这一基础上建立道德生活的最终依据而去践行道德的活动，这一道德形态就可以称为"信仰道德"。所谓"信仰道德教育"，是指以终极价值体系建立为目标的教育活动，在中国的文化和体制之中，其主要内涵是：第一，要进行世界观、人生观教育；第二，要进行理想教育。儿童、少年处在世界观、人生观和理想的形成与发展的关键时期。世界观、人生观和理想教育应当成为学校德育的中心内容和根本任务。

世界观是人对世界总体的看法，包括人对自身在世界整体中的地位和作用的看法。它是人的自然观、社会历史观、伦理观、审美观、科学观等的总和。哲学是它的理论形式。人们认识世界、改造世界所持的态度和采用的方法最终是由世界观决定的，对一定世界观的信念是确定人们实践活动方向的重要的精神力量。世界观教育对学生的学习、未来的生活都有十分重要的意义。

人生观也称人生价值观。人生观是世界观在人生方面的表现，是关于人生目的、人生态度、人生理想等方面的基本观点，主要回答怎么对待人生、度过人生和在实践中实现人生的价值问题。通俗地说就是人为什么活着，怎样做人，怎样活着才有意义等问题。人生观的内容具体表现为苦乐观、荣辱观、幸福观、生死观等方面。由于人们在社会生活中所处的地位不同，所从事的社会实践不同，生活环境不同，受教育水平不同，文化素养不同，对人生的目的和意义的看法和态度也就不同，这就出现了不同的人生观。人生观具有历史性、社会性、阶级性。但是人人都有人生的追求和目的，人人都在按照自己的价值观度过自己的人生，对待自己的生活。世界观和人生观教育实际上所要完成的是个体终极价值体系的建立。只有建立了这一体系，道德生活才可能有最后的依托。我们在分析德育过程时曾经探讨过，道德认知、道德情感到道德行为的一个关键环节是道德信念的建立。而道德信念的建立的重要前提是个体终极价值体系的建立。这样看，世界观、人生观问题实际是道德教育和道德生活的核心问题，是人们行为的出发点，也是道德教育必备的理性基础。

理想问题是人生价值的一个重要侧面。理想是人奋斗的目标，是人们对未来的憧憬与追求。人的理想包括生活理想、事业（职业）理想、社会理想等。一个人应对自己的人生价值有充分的认识。陶行知先生说：人生天地间，各有所禀赋，为一大事来，为一大事去。天降我才必有用。一个人应有抱负，不应虚度一生。理想是人们奋发向上的源泉。青少年时期是充满着理想的时期，对青少年进行理想教育，始终是德育的重要内容之一。同时理想也是人的精神内核之一。道德理想的培育是德育的最高目标，同时也是德育工作的基础。只有确立了正确的人生理想，学生才可能有健康、自觉的价值生活，才能有真正合乎道德的行为，形成真正的文明行为习惯。

在学校德育中，理想教育的主要内涵是生活理想、事业（职业）理想、社会理想三个方面的教育。生活理想是对理想生活和理想人格的一种设定和追求，后者也称人格理想。个体的道德生活和道德人格需要有一种提升机制存在才能不断提高，道德教育也因此才具有可能性。学校德育应当努力促进学生摒弃"猪栏理想"，追求成为"一个高尚的人，一个纯粹的人，一个有道德的人，一个脱离了低级趣味的人，一个有益于人民的人"①。事业理想是个体对理想职业的憧憬和追求，有了职业理想，职业才可能转化为对于个体生命有神圣意义的"事业"，人体才可能真正具有敬业精神、职业道德。由于职业理想切近学生的真实需要，职业理想教育

---

① 毛泽东. 纪念白求恩［M］//毛泽东选集：第 2 卷［M］. 北京：人民出版社，1960：654.

往往能够成为理想教育中的重要切入点。北京四中等校将职业理想教育作为理想教育的突破点并取得了较好的成效，原因即在此处。由于个人生活和事业发展离不开社会发展，社会理想教育就成为理想教育的另外一个重要组成部分。社会理想教育应当分两个层次进行，一是对未来社会最美好或终极状态的追求，二是对近期社会目标的追求。在中国社会，前者指共产主义理想，后者指"有中国特色的社会主义"理想。在现阶段，中国人民的共同理想是建设富强、民主、文明的社会主义强国。理想教育应当特别强调这一共同理想的教育。

进行理想教育的一个重要原理是要注意求得三大理想及其教育的统一。原因主要有两条。① 第一，生活理想、事业理想、社会理想本来就是不可分离的。生活理想是理想结构中的基础，职业理想建立在生活理想的基础之上。而职业理想是生活理想和社会理想实现的中介。社会理想则是生活与职业理想的方向指导。离开统一的关系我们就无法讨论理想教育。第二，由于三者的统一关系，我们在进行理想教育时如果孤立地进行某项理想教育，就肯定会导致教育上的偏颇。例如我们脱离社会理想去进行生活理想、职业理想的教育，就容易导致个人主义的道德抉择。相反，我们脱离职业理想去进行社会理想或人生理想教育，就会形成"坐而论道"的空谈状态。

以上讨论了我国学校德育内容重点的四个层次、七个方面的问题。实际上每一个方面都是需要我们认真研究和探索的重大课题。我们应当努力吸取先进国家的德育经验，依据国情，对学校道德教育的内容不断地进行优化和落实。

习题

1. 古代与现代学校德育内容的区别何在？
2. 现当代道德教育内容上有何趋同？
3. 制约学校德育内容的教育性因素主要有哪些？
4. 我国现行中小学德育大纲对德育内容的规定的特点和不足有哪些？

---

① 参见：李锡槐. 学生的理想结构与共产主义理想教育 [J]. 华南师范大学学报：社会科学版，1983（4）.

5. 如何处理规范教育与德育主体性发挥之间的矛盾关系？

6. 试述集体主义教育、爱国主义教育、理想教育应注意的主要问题。

本章参考文献

1. 瞿葆奎. 教育学文集·德育［M］. 北京：人民教育出版社，1989：第Ⅴ部分，第Ⅶ部分.

2. 冯增俊. 当代西方学校道德教育［M］. 广州：广东教育出版社，1993：第4-6章，第8章.

3. 戚万学，杜时忠. 现代德育论［M］. 济南：山东教育出版社，1997：第6章.

4. 商继宗. 中小学比较教育［M］. 北京：人民教育出版社，1989：第4章.

5. 教育部基础教育司. 中小学德育工作文献规章要览［M］. 北京：人民教育出版社，1998：56-103.

6. 波伊尔. 基础学校：一个学习化的社区大家庭［M］. 王晓平，等，译. 北京：人民教育出版社，1998：第4章.

7. 拉塞克，维迪努. 从现在到2000年教育内容的全球展望［M］. 马胜利，等，译. 北京：教育科学出版社，1996：第5章，第7章.

8. 怀特. 公民品德与公共教育［M］. 朱红文，译. 北京：教育科学出版社，1998.

9. 香港课程发展议会. 学校公民教育指引［Z］. 香港：香港教育署，1996.

10. 教育部. 义务教育品德与生活课程标准［M］. 北京：北京师范大学出版社，2011.

11. 教育部. 义务教育品德与社会课程标准［M］. 北京：北京师范大学出版社，2011.

12. 教育部. 义务教育思想品德课程标准[M]. 北京：北京师范大学出版社，2011.

13. 教育部. 普通高中思想政治课程标准（实验）［M］. 北京：人民教育出版社，2004.

德育课程

德育课程是德育目的实现的中介。它既是一定社会道德价值体系传递与创生、实现个体道德社会化的重要途径，也是个体学习、把握道德价值与规范，追求生命与生活质量的重要渠道。所以道德教育的课程问题是道德教育理论与实践的重要课题之一。

1

课程与德育课程

一、课程概念

课程（curriculum）一词，源于拉丁文，原意是"跑道"，教育学研究将之引申为"学科学习的进程"。《中国大百科全书·教育卷》（1985）称：课程即"课业及其进程"。尽管人们使用课程概念的历史非常之久远，但是，人们对课程的概念定义至今没有统一的意见。胡森（T. Husen）等人主编的《简明国际教育百科全书》曾经列举过以下九种课程定义。

（1）在学校建立一系列具有潜力的经验，目的是训练儿童和青年以群体方式思考和行动。这类经验就叫课程（Smith et al.，1957）。

（2）学习者在学校指导下学得的全部经验（Foshay，1969）。

（3）学校传授给学生的、意在使他有资格获得毕业证书从而进入专业或职业领域的一种教学内容和具体教材的总计划（Good，1959）。

（4）我们认为课程是一种对教师、学生、学科、环境等组成部分的范围的方法论的探究（Westbury and Steimer，1971）。

（5）课程是学校的生活和计划……是一项指导生活的事业，是构成一代又一代人生活的生气勃勃的活动流（Rugg，1947）。

（6）课程是一种学习计划（Taba，1962）。

（7）课程通过有组织地重建知识和经验而得到系统阐述的有计划、有指导的学习经验和预期的学习成果，在学校的指导下推动学习者个人的社会能力不断地、有目的地向前发展（D. Tanner，and L. N. Tanner，1957）。

（8）课程必须基本上由五大方面的学科学习构成：a. 掌握母语，系统地学习语法、文学和写作；b. 数学；c. 科学；d. 历史；e. 外语（Bestor，1955）。

（9）课程被看作是关于人类经验——而不是结论——的可能思维模式的不断扩大的范畴。但这种可以从中得出结论的模式，在那些结论和所谓真理的背景中是站得住脚的（Belth，1965）。[①]

所以他们认为"还没有一个得到广泛接受的定义。课程定义因研究者或实践者在其课程思考和工作中对概念的使用而有所不同，因此没有超出特定的研究、论文、看法或值得讨论的政策文件等背景之外的特殊地给课程下定义的方式"[②]。

从课程理论的发展角度看，对课程以及课程理论的认识也是一个相当复杂的过程。近代教育史上课程论思想的代表人物主要有三个。一是捷克教育家夸美纽斯，他从"泛智论"的观点出发，提出了"百科全书式"

---

①　胡森，等. 简明国际教育百科全书：课程［M］. 江山野，主编译. 北京：教育科学出版社，1991：65.

②　同①：64-65.

的课程观。在《大教学论》中他为"最初的学校"（母育学校）所列的课程就有：玄学、物理学、光学、天文学、地理、年代学、历史、算术、几何、静力学、机械学、辩证法、文法、修辞、文学、音乐、经济学、政治学、道德学、宗教等20门。① 二是英国教育家斯宾塞，他从"生活准备说"和"知识价值说"的立场出发，论述了个人功利主义的课程观。他批判"装饰性"的知识，提倡实用的科学知识，主张"为我们的完满生活作准备是教育应尽的职责，而评判一门教学科目的惟一合理的办法就是看它对这个职责尽到什么程度"②。三是美国民主主义教育家杜威，他从经验主义、实用主义的立场出发，对"活动课程"的设置作出了具有划时代意义的论证。杜威认为："学校科目相互联系的真正中心，不是科学，不是文学，不是历史，不是地理，而是儿童的社会活动。"③

　　现当代课程及其设计理论大体经历了三个重要的阶段。第一阶段以"泰勒（R. W. Tyler）模式"为代表。美国教育学家拉尔夫·泰勒被视为"现代课程之父"④，1949年他在《课程与教学的基本原理》一书中将课程理解为一个从"目标选定"到"课程选择"，再到"课程组织"、"课程评价"的过程。泰勒模式是一种"工学模式"。其优点是注意到了课程设计的流程，缺点是将课程设计视为一个"直线型"的运动，对知识体系内在的逻辑考虑不够。20世纪50年代以布鲁纳（J. S. Bruner）为代表的"结构主义课程模式"是第二个阶段的代表。"结构主义课程模式"主要注重四个因素：影响学生有效学习的因素；理想的知识结构；理想的学习顺序；学习中的奖惩与学业失败的本质。布鲁纳的理论注意到了学科知识的完整性，也注意到了课程包含了更广泛的内容，包括一些社会性因素，注意到了学生直觉能力等方面发展的重要性，等等。但是，这一模式同样没有充分注意到课程中实际存在的内容与形式的潜在影响因素及其功能。所以这一模式很快就被超越，课程研究从20世纪60年代开始转向对"隐性课程"或"潜在课程"的研究。这一研究可以利皮特

---

① 夸美纽斯. 大教学论［M］. 傅任敢，译. 北京：教育科学出版社，1999：207-212.
② 斯宾塞. 斯宾塞教育论著选［M］. 胡毅，王承绪，译. 北京：人民教育出版社，1997：58.
③ 杜威. 我的教育信条［M］//杜威教育论著选. 赵祥麟，王承绪，编译. 上海：华东师范大学出版社，1981：6.
④ 泰勒. 课程与教学的基本原理［M］. 施良方，译. 北京：人民教育出版社，1994：1.

（L. K. Lippit）和怀特（R. K. White）等人对团体行为的研究为代表。利皮特和怀特等人通过研究不同状态下学生的手工制作活动发现，学习者的成就与态度的养成，往往不完全由正规课程决定，"隐性课程"所包含的教育性因素对学业成就和学习态度的影响有时比显性课程还要大。这一研究具有较为浓厚的人文主义色彩，所以人们称之为与"第一势力"（泰勒模式）、"第二势力"（结构主义课程模式）相抗衡的"第三势力"。

综合上述简单和片断性的描述，我们可以大致归纳出一些对课程概念的一般理解。

首先，关于课程的定义。课程是教育内容或教育影响的形式方面，或者说，课程是学校教育内容与学习经验的组织形式。之所以这样定义，是因为：第一，课程是教育内容的安排，但不是教育内容本身，所以我们称之为教育内容、教育影响或学习经验的"形式方面"；第二，称之为课程的东西虽然是教育影响的总和，但是这一影响基本上是在学校环境中有意识安排的，或者是这一安排的非预期结果（指隐性课程），所以我们称之为教育内容或学习经验的"组织"。课程可以分为正规或显性课程、非正规或隐性课程两类。正规或显性课程又可以划分为学科课程与综合课程、理论课程与活动课程，等等。

其次，关于课程的主要构成要素。课程大体上由三个主要内容构成，它们是：①教育目标和对教育目标的反映；②教育内容及其计划与安排；③教育活动，尤其是学习活动的方式。

二、德育课程的问题与特点

从以上课程定义出发，可以认为：德育课程是道德教育内容或教育影响的形式方面，是学校道德教育内容与学习经验的组织形式。道德教育课程从历史的角度来看是源远流长的。中国古代课程基本上是一种以道德教育内容为主的课程形式。近代意义上的德育课程设置应当以 1882 年法国以道德教育课取代宗教教育课为起点。[①] 世界范围内对道德教育课程的集中和广泛的探讨是在 20 世纪 60—70 年代。20 世纪 80 年代以来又形成了一个空前活跃的阶段。中国全国教育科学规划从"六五"规划起，也曾

---

① 1881 年第三共和国颁布的《费里法案》即已规定设置公民道德教育课取代宗教课。

经将德育课程问题作为重点课题加以研究。但是到目前为止关于道德教育学科的性质、内容、师资的特殊性，以及存在的合理性等仍然在研讨之中。所以德育课程问题仍然是一个需要大力研究的领域。

德育课程建设面临如下三个主要问题。

第一，道德教育可否作为一门专门学科去开设？

传统的德育课程理论实际上存在这样的假定——学生的心灵是一块白板，道德价值及规范体系可以通过教师的宣讲传达给学生，使之形成所谓的品德。但是道德教育作为一门学科存在的合理性在近代以来不断受到怀疑。20 世纪 20 年代，美国心理学家哈茨霍恩（H. Hartshorne）和梅（M. A. May）等人用 5 年时间对 11000 多名 8—16 岁青少年进行了研究，证明传统的道德学科教育所进行的道德规范教授与儿童的实际行为几乎无关。[①] 有的教育学家甚至认为"正是道德教学把孩子教坏了"，"当我去掉一个坏孩子业已接受的道德教学时，他自动地变成了一个好孩子"[②]。此后，道德教育经历了一个否定直接的学科教学和强调道德反思能力培养的阶段。经历了一个反思和反复阶段之后，人们开始冷静地考虑道德教育的课程问题。最终的一种结论是："在我们这个多元的社会里，尽管这种直接的灌输方法是无效的，然而，任何道德上放任的企图也没有取得更好的结果。""道德教育所面临的问题和挑战是要寻找一条中间路线。它既不强迫年轻人接受一套道德规则，也不给他们这样一种印象，即作出决定完全是一件个人的主张或想入非非的事情。"[③] "我们必须反对价值教育中纯粹的'过程'或'技能'的方法。为了成功地对价值进行反省，学生必须通过与他人的反省对话获得在一定意义上是合理的价值观点。""学校必须既教技能又教内容。"[④] 有专家曾经调查比较过 90 个国家三个时期的德育课程的开设情况，结果也与德育课程理论的上述变化基本一致。道德教育有关课程的课时与总课时的比率的平均值如表 3 所示：

① 李伯黍. 品德心理研究 [M]. 上海：华东化工学院出版社，1992：5.

② Neil A S. The problem child [M]. New York：Robert McBride，1927：17.

③ Hall R T. Moral education：a handbook for teachers [M]. Winston Press，1979：12，14.

④ Beck C，et al. The moral education project：year 3 [Z]. Toronto：Ontario Ministry of Education，1976：3.

表3 部分国家德育课程课时与总课时的比率

课程＼时期	1920—1944	1945—1974	1975—？
道德	0.78（41）	1.05（138）	0.96（86）
宗教	5.07（49）	3.66（125）	4.15（82）
公民	0.92（43）	0.94（135）	0.25（86）
社会科	0.19（57）	1.77（119）	4.96（66）

注：括号内为案例数。

资料来源：钟启泉，黄志成. 西方德育原理［M］. 西安：陕西人民教育出版社，1998：434.

第二，如果道德教育可以作为一门学科去开设，它的主要内容与方式是什么？

德育课程作为一种教育内容的安排同样经历了一个反复的过程。如前所述，人们曾经认为德育作为一种价值性的教育，为了避免思想专制和道德灌输，不可以有固定的内容。但是随着道德教育中相对主义导致的价值混乱的出现，20世纪后半叶以来，德育理论界开始了价值教育的复归，即开始认可人类普遍的道德价值进入专门课程的必要性，形成了从行为规范、基础道德到公民道德、信仰道德教育的内容结构。关于道德教育的方式、方法，人们也有一个思索、探究的过程。人们曾经认为，道德教育不可以采用直接讲授的形式，道德讨论、价值澄清、道德实践曾经被视为最理想的道德教育方式。但是人们很快认识到：会不会形成灌输的关键不在于使用什么样的方法，而在于如何使用这些方法，在什么情况下使用这些方法。因此，现在的德育学科教学中人们也倾向于采取"折中主义"的方法。

第三，德育课程与其他学科的课程相比，其特点是什么？

从理论上说，没有谁会否定德育课程的特点。但是从将道德教育作为一种纯粹的道德学科去讲授的实践来看，实际上存在这样一种假设：道德教育课程与其他学科没有什么区别。然而从课程的基本构成要素的角度来讨论，德育课程仍然有不同于其他学科的特点。这些特点表现如下。

（1）在教育目标和对教育目标的反映方面。道德教育课程的目的不是简单地传授某一方面的知识或知识体系，它的目标在于价值观念的确立、态度的改变，以及正确的道德信念和行为方式的形成。由于德育目的、目标的较高的要求，也由于情感、态度、信念等目标因素本身的复杂性，德育课程的设计就自然成为整个课程设计中难度最大、挑战性最强的一个领域。

（2）在对学习主体的尊重方面。正如杜威在他的《民主主义与教育》中所说，你可以将一匹马牵到河边，但你决不可以按着马头让它饮水。道德教育的价值和主观色彩，使学习主体的积极性对教育过程的重要性上升至无与伦比的高度。在一般的知识或技能的学习方面，也许一定的强制或压力会有一定的效果，但是在德育课程的组织与实施方面，如果没有对学习主体的了解与尊重，就不可能取得应有的效果。应该说，这是德育课程最根本的特色之一。

（3）在教育内容和教育内容的计划与安排方面。道德教育虽然也可以有一套类似于其他学科的知识体系进而形成直接的道德教育的教材，但是德育课程既要诉诸认知的因素，更要通过情感、行动的经验去实现。所以，综合课程、活动课程、隐性课程等在道德教育课程体系及其研究中占有十分重要的地位。此外，由于道德教育过程本身所具有的复杂性、反复性，德育课程能否以及如何进行所谓的"螺旋式"设计，道德教育教材是采取教科书的形式还是采用一般读物的方式设计等，也都是道德教育课程面临的问题。

（4）在教育活动，尤其是学习活动的方式方面。道德教育决非仅靠直接的讲授就能奏效，道德教育课程应当认同更多的道德学习的方式和途径。在中国的道德教育实践中最大的问题在于，在道德学科的直接讲授中，没有对学生道德批判能力给予足够的重视，没有应有的讨论；即使有所谓的讨论，其目的也不是通过讨论求得道德认知、反省能力的提高，而是着眼于得出既定的道德结论。在道德实践能力的培养上也有类似的缺陷。一是缺乏实践的机会，二是即使有所谓的"实践"活动，也都是以既定任务的完成为目标，学生没有选择的余地，其结果是道德实践活动实质上的形式主义，完全没有预期的效果。所以，如何增进学生的参与是中国道德教育按照德育课程特点办事的关键问题。

三、当代德育课程案例介绍

为了方便对德育课程概念及其具体理论问题的分析、理解，下面介绍四个较有代表性的当代西方德育课程模式。

（一）威尔逊的"符号"课程模式

威尔逊（J. Wilson）是英国牛津大学教育学系的教授、"法明顿道德教育研究所"的主任。他和他的同事威廉斯（N. Williams）、休格曼（B. Sugarman）等人以"道德符号理论"为依据设计了一套别具风格的德育课程。他们编写了德育教材《道德第一步》（*First Steps in Morality*）和《道德第二步》（*Second Steps in Morality*）。

威尔逊是一个道德哲学家，他的课程理论是建立在自己对道德概念和道德教育的哲学理解之上的。威尔逊认为，道德观点与道德过程是可以分离的。所谓"道德"不是具体的观点，而是处理问题的一般方式或方法论。道德过程中的方法论可以适用于广泛的情境，远比具体的道德内容重要。他直言："我们主要的不是力图传授任何特定的内容，而是教他们一种熟练的方法。"① 学校德育应当向学生提供道德生活的方法论，而不是特定的道德价值内容。为了提供上述方法论训练，他们将道德问题分解为一系列的"道德构件"，再用特定的古希腊文字中一些单词的缩写作为"符号"去解释道德问题，进行道德教育。威尔逊认为，一个道德上受过教育的人，其道德行为从逻辑上分析必然符合以下公式——

$$\left.\begin{array}{l} \text{PHIL} \\ \text{EMP} \\ \text{GIG} \end{array}\right\} + \text{KRAT}① = \text{DIK 与 PHRON};$$

DIK 与 PHRON+KRAT② = 正确的行为。

其中 PHIL 表示"关心他人"、"同情"、"公正"、"尊重他人"等意义；EMP 表示"体验别人的情感"、"敏感"、"移情"等内容；GIG 表示感知相关的情境、事实或具有相应的道德知识；KRAT 表示实施上述道德构件，在特定情况下作出抉择、采取行动。其中 KRAT①表示对道德问题或情境进行认真思考，并与已有的 PHIL、EMP、GIG 建立联系；KRAT②表示当决定太危险或受到禁止时有必要将决定转向不同的行为。DIK 是指能够形成关心他人的信念；PHRON 表示个人经过审慎思考作出坚定的道德抉择的过程。在上述道德构件中威尔逊特别强调 PHIL 和 KRAT，即一个人是否道德的关键是看他是否具有关心他人的倾向，是否具有道德抉择和行为能力。总的说来，威尔逊的意思是：一个受过道德教育的人应当关

---

① Wilson J, Williams N, Sugarman B. Introduction to moral education [M]. Harmonds worth: Penguin Books,1967:27.

心他人利益、体察他人情感，具备合乎逻辑的道德事实知识，并能将这些知识转化为道德技能，具有迁移能力与道德信念。威尔逊建议教师运用上述符号、公式，结合日常生活中实际的案例进行讲解，以使学生掌握道德公式，具备道德生活过程的方法论，从而锻炼实际的道德能力。

威尔逊等人除了高度重视对道德理性能力的培养之外，还有一些特别的主张。第一，主张直接的道德教育，主张专门的道德教育课程设置。威尔逊认为："将道德教育作为一种附加的或边缘性课程来对待只会导致灾难。"[①] 为此，他还对直接的道德教学做出了充分的论证。第二，坚决赞同教师在道德教育中的主导作用。威尔逊虽然反对道德灌输，主张学习道德生活的方法论，但是并不反对在训练学生学习这一方法论时发挥教师的积极性，也不反对教师保持自己的价值立场，以供学生参照。第三，主张在学校组织结构上形成"传统的家庭模式"。在学校管理上应当让学生民主参与。总的说来，威尔逊主张要形成有利于道德教育的家庭气氛，从而使学生既具有安全感又具有义务感、责任感。

威尔逊的符号课程模式重视道德教育的形式方面，用符号和公式对道德概念和道德教育作出了很好的说明，对培养学生理性的道德能力具有重要意义。他自己也倾向于将道德教育课称为"道德思维"课。但是这一课程与教育模式过于"学究化"，同时其道德观念与过程分离的命题及由此推演出的教育结论都是有缺陷的，因而受到了人们的一些批评。

（二）麦克费尔的"体谅"课程模式

麦克费尔（Peter McPhail）是英国教育家。他和英国"学校道德教育课程设计委员会"的同事们设计了一整套道德教育的课程。由于麦克费尔等人是从学生的需要出发以"体谅"为核心目标范畴设计德育课程的，所以，他的德育课程模式也称"体谅"（consideration）模式。

1966—1968年，他们分三次对1500余名13—18岁的中学生被试进行了一系列的调查，试图查明学生的道德生活实际与需求。结果表明，学生所期望的成人行为是：允许自由、帮助解决困难、理解、倾听意见、有幽默感。最好的成人与同伴行为是：体谅别人、关心他人。相反，限制过多、不合理的要求、不公正的处罚以及不体谅别人的行为是他们所不期望的。在这一研究的基础上，麦克费尔等人认为，儿童大多能够分清什么是

---

① 转引自：袁桂林. 当代西方道德教育理论 [M]. 福州：福建教育出版社，1995：148.

自由与放任、坚定与固执、真理与教条，道德教育的任务主要不应在学习道德判断上，而应当着重让学生学会体谅和关心别人，因别人的幸福而感到幸福。为了帮助学生形成体谅和关心他人的生活方式，他们先是编制了道德教育的教材《起跑线》（Start Line），后来又在此书的基础上编写了《生命线》（Life Line）丛书作为道德教育的基本教材。

　　《生命线》由三个部分构成。第一部分是"设身处地"（in other people's shoes），所包含的是家庭或邻里发生的事情，涉及两三个人，目的是提供生活中常常遇到的现实问题，引发关心他人的情感体验。这一部分又由《感受性》、《后果》和《观点》三组图片组成。每一组含有几十张彩色图片，图片上描绘一定的生活情境，图片的下面设计了一些发人深省的问题，供课堂讨论。第二部分是"检验规则"（proving the rule），提供的是未来特别是小团体会遇到的问题的情境，并要考虑如何相互关心。这一部分由《个人和原则》、《你期望什么》、《你认为我是哪类人》、《为了谁的利益》、《为什么要这样做》等五个单元小册子组成。每一个小册子都由图文并茂的故事以及供学生讨论的思考题和练习题组成。第三部分是"你应该做些什么？"（what would you have done?），包括诸如种族冲突、种族歧视、吸毒等主题，以便使学生在更广阔的背景之下考虑道德问题。这一部分包括的小册子有：《生日——1904 年的南非》、《单独的监禁——1917 年的英国林肯郡》、《追捕——1944 年的阿姆斯特丹》、《街景——1965 年的洛杉矶》、《悲剧故事——1966 年的南越》、《盖尔住院——1969 年的伦敦》。这些小册子仍然是插图故事形式，目的在于引导学习者作出正确的选择。麦克费尔建议这一教材应当融合到各科教学中使用，不一定设置单独的道德教育课。同时他还强调，教材的顺序及安排是为了适应学生的需要和理解水平，应当随着儿童经验的增加，提供更广泛的经验背景和教育内容。各部分材料可以单独使用，也可以交叉使用。

　　在道德教育的方法上，麦克费尔认为，讨论、角色扮演、对话、讲故事等是最有效的方法。道德教育应当摒弃说教和权威主义，让学生有选择的自由，但是教师应当同时提供自己的立场，供学生参照。此外，麦克费尔等还特别强调班级、教师团体、俱乐部、兴趣小组等方式的作用，认为学校必须建立一种鼓励学生实践道德和民主的机制与氛围。

　　麦克费尔模式是建立在对学生道德发展状况与需要的了解的基础之上的。其优点是切合学生的发展实际，有道德教育的针对性。但是，这一课程模式的不足之处也正在于这一点。因为道德教育课程与教学毕竟有其价值引导、提升道德水平的使命，仅仅依据儿童的需要或以大多数学生的回答作为道德教育的标准与原则，有一种将道德教育与道德发展相等同的教育上的"成熟论"和伦理上的"自然主义"的倾向。

（三）纽曼的"社会行动"课程模式

"社会行动"（Social Action Model）是美国教育学家纽曼（F. W. Newmann）于 20 世纪 70 年代中期发展起来的一个道德教育课程模式。其课程理论主要反映在纽曼的代表作《公民行动教育》（1975）、《公民行动技巧》（1977）中，纽曼等人编写的《公民行动技巧：中学英语学习计划》（1977）已成为影响全美的教材之一。

纽曼认为以往的道德教育对道德知识、社会体制、社会问题、思维过程等因素较为强调，但是由于对道德行动及其能力培养关心不够，造成了公民道德的被动性。同时学生由于没有较多机会感到自己拥有影响或作用于环境的能力，对道德问题也会失去兴趣。从正面去理解，一个民主的社会，"被管理者的同意"（consent of governed）亦即每一个公民参与政策制定的权利十分重要，这就需要每一个体具有行动的能力。此外纽曼认为在道德冲突中，往往需要个体成为一个"道德代理"（moral agent）自主行动，而作为一个"道德代理"也就必须具有影响环境的能力。所以他特别强调培养学生的"环境能力"（environmental competencies，包括：实质性的能力，如画画、建房等影响具体事物的能力；人际关系能力，即影响他人的能力；公民行动能力，即影响公众事务的能力）。在影响环境的能力中，纽曼特别强调影响公众事务的"公民行动"能力。纽曼认为，这一能力依据一个能够达成实际的政策结果的"公民行动"的过程可以分为三个方面：制定政策目标、集结支持目标的资源、解决心理哲学上的问题。[①]

为了培养学生的社会行动能力，纽曼在威斯康星州的麦迪逊市实验了一套课程方案，叫作"社区问题计划"（Community Issues Program）。整个课程学习时间 1 年，可以获得英语和社会学习各 2 学分，课程可以结合其他课程进行。这套课程包括第一学期的政治法律课、交际课、社会服务实习课和第二学期的公民行动、文学研习、公共交流总共 6 门课，主要培

---

① Newmann F W. Education for citizen action：challenge for secondary curriculum［M］. Berkeley, CA：McCutchan, 1975：77.

养学生的交际能力、收集资料的能力、陈述能力、做出决定的能力、合作能力、探究问题的能力、施加影响的能力等 7 项能力。为了开设这一课程,纽曼还强调了以下辅助条件的重要性:学校应当建设条件较好的公民实验室,处理好责任问题,成立公民行动咨询委员会,让学生参与课程决策,等等。

　　社会行动模式的最大特点和优势在于关注了一般道德教育课程中注意不够的"行动"问题。课程内容具有较为显著的实用、实践色彩。但是这套课程所要求的条件较高。涉及不同学科,既涉及学校也涉及社区。除了大量的经费投入之外,所需的时间也非常多。比如第一学期,政治法律课是每周 3 个上午,共 14 周;交际课每周 4 个下午,共 16 周;社会服务实习课每周 2 个上午,共 14 周。学生几乎要花整天时间去学习这门课程。除了投入太多之外,课程还可能带来学校秩序的"混乱"。此外,纽曼的"被管理者的同意"等理论与条件假设也需更深入的论证。

　　(四)　美国的品德教育课程模式①

　　这是美国品德教育学院研究和编制的一套道德教育课程。这一课程于 20 世纪 70 年代中期开始设计并曾经在美国的 5 个大城市做过历时 10 年的实验, 1986 年基本定稿, 正式使用。至 1990 年, 美国许多公立学校都开设了此类课程。

　　美国品德教育的目的是：①提高学生的自尊心；②加强学生的自律和自我修养；③提高学生进行决策和解决道德问题的能力；④向学生传授积极态度和价值观。依据这一目的, 教育家们编写了从幼儿园到小学、中学的品德教育课程的教材。整套教材在内容上一致强调了经过反复测试得出的一些基本的价值观念——诚实、勇敢、信念、公正、宽容、人格、善良、助人、言论自由、选择自由、经济保障、公民的权利和义务、个人尊严、时间分配、个人才能的发挥等。从幼儿园到小学、中学的品德教育课程设置的具体情况如下。

　　(1)　幼儿园的品德教育。幼儿园每天都安排一小段时间进行品德教育。教材是《幸福生活》和《你与我》两套。《幸福生活》是 6 本动物故事集,《你与我》则是儿童熟悉的周围人物如父母、兄弟姐妹、老师、警察、医生、朋友、邻居的故事。每本书都是通过动物或人际故事反映是非、善恶, 以及正直、公正、善良等价值观念。教师往往采用插图、幻

---

　　①　冯增俊. 当代西方学校道德教育 [M]. 广州：广东教育出版社, 1993：119-122.

灯、编讲故事、做游戏等方式进行教学，道德教育形象生动。

（2）小学的品德教育。小学品德课一般每周1—2节，教材是《公民的品德》。《公民的品德》分10个单元，每一单元都提出几种行为目的，每种行为目的再通过几节课来实施。教学时间根据学习材料的多少灵活安排（15—30分钟）。教学形式也根据不同年级的实际决定，例如，低年级以活动性内容为主。教学中特别强调利他意识、个人权利与责任意识、自律意识的培养。

（3）中学的品德教育。中学品德课的容量加大、加深，每周3—4节，教材叫《自我决定》。《自我决定》共有100多篇课文，强调的价值观与小学相同，但水平上有较大差别，主要是针对中学生的心理特点，希望帮助他们提高分析问题、负责地做出道德抉择的能力。教材具体内容分为"社会学习"、"健康生活"、"职业教育"三个单元，涉及烟酒、吸毒的危害，责任及其意义，强有力领导人的品质，影响个人声誉的因素等。教学采取讲授、实习等多种形式。

品德教育课程模式是道德教育在课程与教学上向传统复归的产物。它具有将道德知识讲授和品德能力培养相结合，道德教育系统化、科学化等特点，为道德教育的课堂教学形式提供了当代经验。但是，这一模式很容易使一些旧的课程与教学思想"复辟"，一些教师往往驾轻就熟、积习难改，回到将道德知识和道德训诫作为德育工作的重点的老路上去了。

2

德育的学科课程

一、学科课程

学科课程（discipline curriculum）是以学科为中心来编制的课程。对道德教育来说，学科课程问题有两类。第一类是专门的德育学科课程，第二类是以学科课程方式存在的其他学科课程中包含的道德内容及其构成对道德教育的影响。所谓专门的道德教育学科课程，就是指以专门介绍道德价值、规则的原理与知识体系，提高学生道德认知与判断能力等为主要内容的课程。如前所述，道德教育是否可以作为一个专门的学科课程存在是德育课程理论反复争论的一大课题。就中国的现实来说，我们较长时间采取的是正面肯定学科课程的立场。就世界现当代德育发展的趋势来说，肯定回答的声音也越来越强烈。

综合起来看，反对将道德教育作为专门课程去开设的理由一般有以下几条。①道德教育作为专门的学科课程容易导致道德灌输；容易忽视道德理性、道德情感、行为能力的培养等。开设专门的德育学科进行德育，效果不如利用其他学科进行的间接的德育。②德育课程如作为专门学科课程去开设，就会出现一些与一般课程概念相抵触的东西。比如道德教育不像一般课程那样以知识教学或思维训练为目标，而是以态度和行为的改变为主要目的。又比如，列入学科课程的科目一般都应当，也可以进行课业成绩评定。但道德教育课的成绩却很难评定。③特定学科课程一旦设置，就应当有专门的教师。真正合格的道德教育的教师很难找到。同时即使这一问题能够得以解决，也会有淡化其他学科教师道德教育义务的危险。

赞成将道德教育作为专门的学科课程予以设置的理由是：①道德教育有自身特定的教育目的、教育内容、教育程序，所以应当作为一门专门的学科。将德育作为一门学科专门设置并不必然会导致道德灌输以及对道德理性、道德情感、行为培养的忽视。相反，教授必要的道德知识，让学生掌握必要的道德观念倒是培养道德理性、道德情感、道德行为的必要前提。直接和专门的道德教学是"专业"和"诚实"的做法。②道德教育的特殊性不能作为其不能独立存在的理由，而只能被看作是道德教育课程设置应当考虑更多的问题。③如果不将道德教育作为专门学科开设，道德教育就有可能成为一种"边缘性学科"。由于各科教学都有自己特定的任务，没有专门的德育课程就意味着学校放弃或部分放弃了道德教育的责任。

综合地看，道德教育应当作为一个专门的学科课程去设置，但同时道德教育专门课程的设置应当与各科教学结合起来进行；道德课程教与学的方式必须符合道德教育的特殊实际，必须充分注意研究和处理间接道德教育和隐性课程方面的问题。我国有学者从总结道德教育学科课程建设的世界经验角度出发，认为德育学科课程建设应当特别注意三个方面的问题：第一，注意课程的心理学基础；第二，注意提高价值判断力；第三，强化情感因素。①

二、各科教学与德育

所有的学科课程都必须处理好本课程与其他课程的关系。在道德教育中对这一关系的处理更为重要。道德学科与其他学科的关系的实质就是一个"直接的德育和间接的德育"的关系问题。在许多国家往往有许多德育计划、大纲、方案，但并无专门的德育学科存在，道德教育一般采取间接的方式进行，即通过人文学科等非专门的道德教育学科进行。在中国和许多东方国家，道德教育都以专门的学科形式进行直接的道德教学。在后一种方式中，专门学科与其他学科的关系问题十分重要。

各科教学对道德教育的直接作用主要表现在两个大的方面。第一，系统的文化知识的学习是提高学生理性能力的重要途径。这可为道德教育提供必要的工具性的前提。列宁说，没有文化的人成不了真正的共产主义者；苏霍姆林斯基说，学生在学校学习的自然、社会、思维方面的知识是世界观和正确道德行为的基础，都是这个道理。第二，各科教学本身包含着许多重要的价值或道德教育的因素。美国当代德育学家里可纳认为，各科教学对道德教育来说是一个"沉睡的巨人"，潜力极大。所以不利用各科教学进行价值与道德教育就是一个重大损失。里可纳还列举了各科教学中可以利用的一些价值因素。例如：数学和科学课中科学家的生平业绩、生活和治学态度；语文课中文学上榜样人物的道德作用；历史课中历史伟人的德行与自律精神；在体育与健康课中展示适度的自我控制对个人健康和品行的重要性。② 如果我们考虑后面要讨论的隐性课程的话，各科教学课程中形成的教师与学生的人际关系、教师对学生的人格示范作用等隐性课程，也是各科课程对专门德育课程的重要影响因素。

各科课程教学与专门德育课程的配合问题是学校德育课程建设的一个重要议题。在各科课程教学与专门德育课程的配合上，主要应当处理的是

---

① 戚万学，杜时忠. 现代德育论 [M]. 济南：山东教育出版社，1997：334-336.
② 袁桂林. 当代西方道德教育理论 [M]. 福州：福建教育出版社，1995：254.

各科知识教学与道德教育之间的张力问题。首先，道德教育应当成为各科教学的最重要的教学目标之一，教师不能忘记这一条重要的教育法则。换言之，虽然不是直接或专门的德育课程的承担者，但人人都是德育工作者，都有德育的义务。所以应当充分挖掘各科教学中的道德教育资源。其次，各科课程实施中又要避免片面的"德化"倾向，避免将各科教学都变成道德教育，从而失去间接德育的优势、忘记各科教学的其他"本职"任务的危险。除了一些必须进行直接道德评价的内容之外，最好的做法应当是在直接传授各科知识体系的同时采取"不经意"的方式影响学生。

三、中国德育学科课程的问题与对策

目前中国道德教育学科课程的主要问题表现在以下几个方面。

（一）课程内容与教学处理问题

关于德育课程的内容问题上一章已经有所涉及。我们这里谈两个方面。一是德育内容的科学性问题，二是课程内容的安排或教育呈现形式问题。一方面，我国德育课程的内容一直注意联系国家政治生活现实，这是优点。但是伴随这一优点的是课程内容很多属于一时一地的政策性问题，缺乏科学性的筛选。这在相当程度上影响了课程质量。另一方面，我国德育课程从编制到教学，很少有教育对象的参与，对教育对象的品德实际和需要考虑不够。其结果是，教育内容教条化，学习方式的"静听"式。

对上述问题的解决只能采取两个方法。第一，承认德育学科的科学性，从而对目前的德育内容进行一定的清理，形成具有科学性、时代性的课程内容体系。第二，对课程安排和教学形式进行改造，形成新的德育课程形式。关于后一点，浙江大学教授魏贤超曾经有过一个很好的设想。这里作为一种思路予以介绍。魏贤超认为可以将现行的思想品德课、思想政治课等改造成为一种"认知性课程"。"这种认知性课程指的是，在教育、教学的整体性原则的指导下，以发展性原则为基础，在具有特定性质的体制与气氛中，在活动性课程的配合下，每一个学生都作为德育活动与过程的主体，在教师的启发、引导下，直接地、民主地参与遵循前述原则编制而成的德育内容的'讨论'（包括通常运用的辩论、谈话、阅读、说理以及讲授等形式），从而学会、理解或掌握真正的道德知识或道德观念，进而形成道德认知、道德信念直至道德理想、道德情感、道德意志与道德行为习惯。"① 不管我们如何评价这一设想，德育课程设计与教学中充分考虑学生的主体参与是完全正确的。

（二）教材内容稳定性问题

由于许多复杂的原因，我国德育课程教材的变动频率是最高的。以北京市中学政治课设置的变动情况为例，1949—1990 年变动次数总计 32 次，其中 1976 年以来大小变动共 10 余次。② 过多的变动是思想品德、思想政治等课程效果较差的重要原因之一。针对目前我国德育课教材的现状，笔者曾经提出过所谓"思想政治课教材双轨制"的设想（参见：①《思想政治课教材可否双轨制?》，载 1992 年 11 月 4 日《光明日报》"教育科学"栏；②《思想政治课教材过频变动的分析及对策》，载《课程·教材·教法》1996 年第 12 期）。具体设想为：对目前德育课程教材内容进行清理，将教材中相对稳定的内容依据学生道德发展的实际编写成为一套"硬教材"，争取若干年相对不变；为了照顾到联系实际的需要，将目前教材中稳定性较差的时事、政策性内容按年级编写成为常变常新的"软教材"（可采取活页形式）。这样既可以保证教材的科学性和稳定性，也可以保证学校德育理论联系实际目标的实现。

（三）课程结构与设计的问题

这里所谓的"课程结构与设计的问题"主要指两个方面的问题。第一是螺旋式课程（spiral curriculum）问题。第二是综合课程（integrated curriculum）问题。

"螺旋式"是课程设计的一种方法。采用这一方式可以使学科内容在整个学习过程中循序渐进，学生可以逐步深入地接触学科内容的不同方面。采取学习经验连贯性的螺旋式课程设计，可以从小学起即向学生传授特定学科内容的某些方面，并为他们今后若干年的相同领域的复杂内容的学习做好准备。螺旋式课程安排有两种基本方式：一是基本相同的内容在不同学段反复安排，只不过后期在内容程度上有所加深；二是采用螺旋式方法安排不同的课题内容，只是"课程在其发展中应该回顾那些以它们为基础的基本概念，直到学生全面掌握了课程的参考资料为止"③。

① 魏贤超. 现代德育原理［M］. 杭州：浙江大学出版社，1993：103.
② 张志建. 中学思想政治课教学论［M］. 北京：北京师范大学出版社，1993：78-83.
③ 布鲁纳语（1960），转引自：胡森，等. 简明国际教育百科全书：课程［M］. 江山野，主编译. 北京：教育科学出版社，1991：55.

我国德育课程基本上采用的是螺旋式结构。这一结构的确有利于学生对一些抽象的伦理、哲学概念的掌握。但是采用这一结构也带来了一个十分突出的消极后果，那就是使德育课程的教育内容严重重复，既浪费时间也削弱学习的积极性。近年我国德育课程设计已经注意到了这一弊端，但是这一问题远未完全解决。今后仍然需要在课程编制上做更多的科学化努力。

综合课程与单一的分科课程相对，也叫广域课程，是学科课程的一种。其方法是将有关学科合并起来编订课程。综合课程的主要目的是防止出现学科课程分科过细的弊端。但是综合课程设计也有缺点，就是它的综合特点不利于一些学科内容的系统和深入的教学。所以综合课程主要应当在低年级应用。

目前，许多国家的中小学德育课程都采用了综合课程形式。其优点主要有两条。其一是有益于学生在复杂的背景之下理解道德理论与实践的问题；其二是整合若干学科之后有利于节约教学时间，节省学生的学习精力。但是由于这一课程形式本身的缺陷，学校德育只宜在小学或初中采用综合课程形式。中学高年级还是应当采取分科课程为主的课程形式。实际上我国教育工作者已经开始在小学阶段设计和设置综合德育课程（如"品德与生活"和"品德与社会"），这一努力是值得肯定的。

3

德育的活动课程

一、活动课程的概念

活动课程（activity curriculum）又称经验课程、儿童中心课程等，是指以儿童从事某种活动的动机与经验为中心组织的课程。活动课程的思想发源很早，现代意义上的活动课程之首倡者当是美国教育家杜威。杜威说过："细心考察一下学校教育中永远成功的教学方法，无论是算术、阅读、地理或外国语的教学，将会表明这种教学方法之所以有效，全靠它们返回到校外日常生活中引起思维的情境。它给学生一些事情去做，不是给他们一些东西去学；而做事又是属于这样的性质，要求进行思维或者有意识地注意事物的联系，结果是他们学到了东西。"① 活动课程是作为对学科课程的否定者面貌出现的。杜威反对以学科为中心，将学科分得过细，忽视儿童的兴趣与经验，也同实际生活严重脱节的传统课程，主张使课程满足儿童当前的兴趣和需要，以儿童为中心组织课程。杜威提倡和实验过的活动课程模式产生过世界影响。杜威的活动课程理论主张以儿童的社会动机、建设动机、探索动机和表演动机等为基础组织教学，其目的在于帮助学习者解决他们当前认为重要的问题，扩大、加深他们的已有兴趣和生活经验，教师只是学生学习活动的顾问，教材只不过是为学生解决疑难问题、满足当前兴趣而提供的参考材料。活动课程由于不能使学生很好地掌握系统的科学文化知识和使儿童按部就班地学习曾经受到过广泛的批评，其发展势头在 20 世纪 50 年代以后曾经一度受到抑制。但是自 70 年代以来，由于社会发展的新的需要（对人的创造性），也由于哲学、心理学发展提供了更扎实的价值与科学的基础，活动课程的理论和实践又重新活跃起来。

活动课程与传统的学科课程的对立，实质上是直接经验和间接经验在课程上的不同强调的产物。由于人类的学习离不开直接经验也离不开间接经验，所以活动课程如果不是与学科课程对立，而是互补，则活动课程就会得到很好的界定。有学者认为，在现代社会"无论课程结构怎样调整，期望单一的课程类型满足社会对于教育的需求或受教育者的发展需求都是不可能的"②。所以，活动课程作为一种课程类型在与其他课程相互补充的关系中存在的合理性是毋庸置疑的。实际上，当代的活动课程也的确已经完成了"中性化"（即不与学科课程对立，而是互补、相互渗透的关系）的过程，即今天的活动课程已经成为一种与学科课程相并列的课程类型。国家教育委员会于 1992 年颁布的《九年义务教育全日制小学、初级中学课程计划（试行）》中已经将课程明确划分为"学科"和"活动"

① 杜威.杜威教育论著选［M］.赵祥麟、王承绪，编译.上海：华东师范大学出版社，1981：182.

② 丛立新语。参见：高峡，等.活动课程的理论与实践［M］.上海：上海科技教育出版社，1997：116.

两个方面，并指出"活动在实施全面发展教育中同学科相辅相成"①。德育的"学科"课程有思想品德课、思想政治课、劳动、社会等，"活动"课程有晨（夕）会、班团队活动、社会实践活动、学校传统活动等。在德育改革过程中，许多人在学科教学中也已开始采用活动课程的组织形式。我们这里所研究的德育活动课程，就是指与学科课程相并列、互补、相互渗透的一种以"活动"为重要内容的课程形式。

活动课程对道德教育十分重要。从某种意义上说，与其他学科相比较，活动课程实际上是道德教育最关键、最重要的课程形式。活动课程对德育的意义可以从以下两个大的方面加以说明。

第一，德性的本质是德行。

亚里士多德说过："我们做公正的事情才能成为公正的人；进行节制，才能成为节制的人；有勇敢的表现，才能成为勇敢的人。"② 一句话：只有在德行或道德实践中才能修养德性。正是因为这一点，伦理学才被称为"实践哲学"（practical philosophy）。虽然伦理学从历史发展上已经经历过规范伦理学、实证伦理学和元伦理学几种形态，但是至今为止的伦理学仍然是一个以规范伦理学为主流的实践学科，原因就是"它研究实践或行为"③。所以，离开道德实践活动就无法在真实意义上讨论或学习道德问题。

道德教育从以上前提出发也只能将道德活动作为实现教育目标的最重要的手段。因为道德教育的最终目的是使学生实践道德。杜威十分正确地指出："从别人那里听来的知识也许能使人产生某种行动……这种知识不能培养个人的主动性和使他忠于他人的信念"，而"在一个有目的，而且需要和别人合作的作业中所学到和应用的知识，乃是道德知识，不管有意识把它视为道德知识，还是无意把它视为道德知识"④。我们可以这样认为：如果说活动课程在其他学科教学中有一定局限的话，那么在道德教育这样一个特别需要实践活动的学科中则具有较大的优势——尤其是在我们

---

① 国家教育委员会政策法规司. 中华人民共和国现行教育法规汇编（1990—1995）［M］. 北京：人民教育出版社，1998：316.

② 亚里士多德. 尼各马可伦理学［M］. 苗力田，译. 北京：中国社会科学出版社，1990：26.

③ 梯利. 伦理学概念［M］. 何意，译. 北京：中国人民大学出版社，1987：4.

④ 杜威. 民主主义与教育［M］. 王承绪，译. 北京：人民教育出版社，1990：327，373.

不把它绝对化的条件下。有人认为，"在整个学校的大德育课程中，其主要部分与主要性质或主要的德育课程是实践性的"，所以应当是"活动性课程或实践性课程"①。

第二，活动的德育意义。

活动的德育意义或功能主要有三个方面。①道德活动可以使道德知识"活化"。道德教育有认知性的教育成分，所以德育学科课程的存在是合理的。但是德育学科课程所传授的道德知识本身是一种实践智慧，来自道德生活。道德教育的效果只能在将个体的道德生活的直接经验与这一社会文化中的道德智慧相结合的形式中才能取得。道德教育的另外一个重要维度是道德实践的策略传授。就实践策略而言，离开道德活动是不可思议的事情，就像离开游泳实践不可能学会游泳一样，道德实践能力提高的唯一途径也就只能是道德实践活动，即只能使学生回到活生生的道德生活，在交往中学会交往，在责任承担中树立真正的责任意识。②道德活动可以使道德学习的动机得以增强。动机固然是行为的起点，但倒过来行为也可以增强活动的动机。道德学习的动机可以说有两个方面。一是作为整体的人类的动机，一是个体道德行为的具体动机。从发生学意义上说道德规则之所以必要，在于其对人类社会发展的必要。个体只有在道德活动中才能发现这一必要，从而寻找到道德生活的现实与历史的根据，建立真正的道德信念。同时道德生活对个体道德情感的调动，对个体不同行为的奖惩都会影响动机的强度。所以，每一个具体的道德动机也只能通过具体的道德生活才能发现、增强。生活体验是道德动机增强的有效策略。所以活动课程是道德价值与规范教育避免"教育异化"的唯一的出路。③道德活动可以增进道德的自我教育。最高形态的道德教育应当是一种"无教之教"，而形成无教之教的唯一途径是形成学生的自我教育机制。如果道德教育只限于课堂讲授，则学生学习道德知识可能限于一般的思辨。而道德自我教育的重要要求之一是要学生能够将自己作为一个"对象"去时时反省、改进和提高。在道德教育中安排适当的活动，可以使学生在道德实践中获得自我反思、评价和学习的机会。因此，活动对于自我教育的意义也是十分重大的。

---

① 魏贤超．现代德育原理［M］．杭州：浙江大学出版社，1993：105.

二、活动课程的实施

在道德教育的历史上,活动课程的意义实际上已经得到过不同程度的强调,所以道德教育对活动课程的探讨的具体努力,主要应当在于道德教育活动课程的实施。我国学者<u>丛立新</u>提出,活动课程的主要原则是:自主性原则、实践性原则、综合性原则、过程性原则、开放性原则、互动性原则。① 结合中国德育的实际, 德育之活动课程实施中最为关键的问题应当包括以下几个方面。

(一) 活动课程应当贯彻主体性原则

德育活动课程的提出在相当程度上说, 就是一个在课程方面如何反映德育对象道德学习主体性发挥的问题。这里主要探讨正反两个方面的问题。

从正面角度看, 所谓主体性原则, 主要是说在活动课程实施中要充分考虑学生道德学习的兴趣和需要。杜威说过: "兴趣就是自我和某一对象的主动认同。"② 皮亚杰也说: "如果儿童对他做的事情是有兴趣的, 他就能够努力做到他的耐心的极限。"③ 此外, 课程理论之所以强调活动课程的重要, 原因就在于以学科逻辑和成人经验为重心的学科课程往往不能引发儿童的兴趣。所以活动能否吸引学生是活动课程成败的关键。但是并不是所有兴趣都是德育活动课程应当照顾的东西, 道德教育应当考虑兴趣, 也应当考虑教育本身所应有的价值引导的特点。道德教育应当从肯定学生积极的社会需要和道德动机, 并鼓励这一动机水平的巩固和提升的角度去考虑道德学习的需要与兴趣。应当通过一些合乎学生道德发展实际的活动, 使那些学生不感兴趣的教育内容也能够慢慢成为学生感兴趣的内容。

从反面角度看, 主体性原则要求的是杜绝那种缺乏学生主动参与的形式主义的活动。在我国的日常德育活动中, 许多活动都是 "有组织" 的, 而有组织意味着是教师安排、策划和指挥的, 因此即使表面上十分热闹的活动也是 "招之即来, 来之即做, 做之即散"④ 的, 形式主义和强制的成

---

① 高峡, 等. 活动课程的理论与实践 [M]. 上海: 上海科技教育出版社, 1997: 96-115.
② 杜威. 民主主义与教育 [M]. 王承绪, 译. 北京: 人民教育出版社, 1990: 368.
③ Piaget J. The moral judgment of child [M]. New York: The Frees Press, 1965: 165.
④ 戚万学, 杜时忠. 现代德育论 [M]. 济南: 山东教育出版社, 1997: 353.

分很多，因而是与活动课程的精神实质背道而驰的。真正的活动课程应当是"一种发自主体内部的、自内向外的主动积极的参与活动，是一种真正的自我教育活动"①。活动课程的确应当贯彻自主性、实践性、过程性、开放性和互动性等原则。

（二）活动课程应当与其他课程相配合

活动课程本身是有局限性的。这一点应当引起德育工作者的高度重视。注意德育活动的局限，扬长避短，就是要努力使活动课程与学科课程形成相互支持的互补关系。一方面应当在活动中鼓励将学科德育课程中所学习的判断、分析能力和解决问题的策略运用于道德实践活动，另一方面应当注意引导学生体悟活动中蕴藏着的德育意义，否则纯粹自发的活动的德育意义将大打折扣。苏霍姆林斯基曾经说过一队小学生在做"好事"（帮一个老奶奶浇白菜）的路上将一桶水泼在路上，然后看一位盲人老大爷走进水洼而哈哈大笑的故事。② 这一事例证明，学生往往不能将"好事"活动与"好事"的真正价值内涵统一起来。所以德育的活动课程必须与认知性、情感性的培养结合起来，而要做到这一点需要与其他课程的配合。所以必须有专门进行道德学习、讨论、反思等训练的学科课程存在。

德育的活动课程与学科课程的统一还包括与其他学科的学科课程相结合。这是因为活动课程本身所具有的综合性质。没有一种只涉及道德而不关系到其他领域的活动。此外，活动如果要有吸引力，也必须杜绝直接的道德教育意味。所以，德育活动课程必须与其他学科的学科课程紧密结合。

（三）活动课程应当与社会生活相统一

活动课程的优点之一是使道德生活成为教育手段。因此，应当注意德育的活动课程与社会生活的统一。

一般来说，为了保证德育过程的引导性和德育内容的正面性，学校德育环境应当是一种相对"净化"了的环境。杜威说过："成人有意识地控制未成熟者所受教育的惟一方法是控制他们的环境。"而"任何环境，除非它已被按照它的教育效果深思熟虑地进行了调节，否则就它的教育影响而论，仍是一个偶然的环境。一个明智的家庭和一个不明智的家庭的区

---

① 魏贤超. 现代德育原理 [M]. 杭州：浙江大学出版社，1993：106-107.
② 苏霍姆林斯基. 让少年一代健康成长 [M]. 黄之瑞，等，译. 北京：教育科学出版社，1984：205.

别，主要在于家庭中盛行的生活和交往习惯是不是根据它们对儿童发展的
关系的思想进行选择的，或者至少带有这种思想的色彩的。但是学校当然
总是明确地根据影响其成员的智力和道德倾向而塑造的环境典型"①。杜
威认为，有效的学校环境必须具备三重特征。第一，学校环境是一个简化
的环境。人类文明的复杂决定了学校必须选择其中最基本的并能够为青少
年接受的部分，引导其分层次、循序渐进地吸收。第二，学校环境必须是
一种净化的环境。学校必须剔除旧时代遗留下来的邪恶和阻碍进步的影响
因素，选择文明中最优秀的成果并强化其影响力，使之得以传递、保存、
发扬光大。第三，学校环境必须是一个整合的环境。学生从属于不同的社
会共同体，学校教育必须平衡社会环境各成分的影响，避免学生受某个特
定团体的狭隘思想的禁锢，和更广阔的环境建立联系，从而走向平衡、理
性的道德与价值的选择。上述三个方面乃是防止学校成为"偶然的环
境"、实现相对"净化"的必要条件。

　　但是，"净化"只能是一个相对的概念。如果我们试图将学校变成道
德上的世外桃源，对学生的道德成长反而是有害的。因为我们教会学生的
是一些在现实中并不具有现实性的道德观念；即使这一观念有某种合理
性，由于无法获得应有的社会支持，教育效果也会大打折扣。杜威的解决
方式是既强调学校环境的相对净化，又强调将学校建设成为一种小型社
会。杜威指出："教育既然是一种社会过程，学校便是社会生活的一种形
式。""道德教育集中在把学校作为一种社会生活的方式这个概念上，最
好的和最深刻的道德训练，恰恰是在人们在工作和思想的统一中跟别人发
生适当关系而得来的"，"在现在的情况下，由于忽视了把学校作为社会
生活的一种方式这个概念，来自教师的刺激和控制是太多了"。这样就
"使得达到任何真正的、正常的道德训练变得困难或者不可能"。② 实际上
杜威正是从这些思考中得出结论，认为学校应该办成一个雏形的社会，
"学校即社会"、"教育即生活"。所以在考虑德育活动课程与社会生活的
关系时，借鉴杜威的观点，我们应当考虑的是如何做到保持相对净化与社
会生活实际之间的必要的张力。而两者的统一，则需通过较理想的社会生
活模式在学校中实现而形成。

---

① 杜威. 民主主义与教育 [M]. 王承绪，译. 北京：人民教育出版社，1990：21.
② 杜威. 我的教育信条 [M] //杜威教育论著选 [M]. 赵祥麟，王承绪，编译. 上海：华
东师范大学出版社，1981：4-5.

德育的活动课程与社会生活的统一除了上述内涵之外，一个重要的方面是活动课程开展本身需要社会有形或制度上的支持。因此学校与社区、政府等关系问题是许多"活动"开展的前提性问题。换言之，学校必须尽量拆除有形和无形的"围墙"。

4

德育与隐性课程

一、隐性课程概念

隐性课程（hidden curriculum）"是指这样一些教育实践及成果，它们在学校政策、课程计划上并没有明确规定，然而又是学校经验中常规的、有效的一部分"，它"也许被看做是泛泛而随意的，隐含的或根本不被承认的"。"这一术语是描述那些构成学生进行非学术性的，无法评定的学习活动的各种影响。"[①] 与隐性课程概念相近或相等的概念还有非正规课程（informal curriculum）、未期待课程（unexpected curriculum）、隐藏或潜在课程（covert/implicit curriculum）、辅助或附带课程（subsidiary/concomitant curriculum）、未研究课程或自然课程（unstudied curriculum）等。

关于隐性课程的概念界定，不同的研究者有不同的看法。结构功能论者认为，隐性课程是学生在学校及班级环境里有意或无意地经由团体活动和社会关系习得的"显性课程"所未包含，或者是不同，甚至相反的认识、规范、价值和态度。现象诠释学者认为，隐性课程是学生在学校或班级的"生活世界"中不断与教师或同侪团体产生存在经验的对话，而使其对教育环境主动产生价值或意义上的解析，进而扩展其存在经验的非限定

[①] 维特罗克（M. C. Wittrock）语。转引自：胡森. 简明国际教育百科全书：课程［M］. 江山野，主编译. 北京：教育科学出版社，1991：92.

和创造性的无意学习。社会批判论者认为，隐性课程是将影响或决定"正式课程"内涵和特性的价值、规范、态度内化于教学过程（无论有意还是无意）而使学生习得这些经验，借以完成其社会化，或者将这些经验转化为自我意识的反省、批判，进而产生对现状改进的实践活动的经验。① 虽然关于隐性课程的概念界定有许多不同的意见，但是关于隐性课程的描述还是有相对共性的东西，主要有以下几点。①从影响结果的角度看，隐性课程是指学业成绩之外的非学术的影响，更多地体现为对学生的价值、情感和意志等方面的影响。②从影响环境的角度看，它是一种潜存于班级、学校和社会中的隐含性、自然性的影响。③从影响计划性的角度看，隐性课程是非计划、无意识和不明确的影响。④从影响效果的角度看，由于隐性课程是一种潜移默化的影响，所以它的影响虽不是立竿见影的，但却具有"累积性"、"迟效性"、"稳定性或持久性"。② 总的说来，隐性课程是学生在学校学习生活中完整经验的一个有机的组成部分。但是这一部分的影响与显性课程有着显著的区别。我国有学者将隐性课程概括地界定为："学校情境中以间接的、内隐的方式呈现的课程。"③

隐性课程的思想可以追溯到杜威等早期的现代教育学家。但一般认为这一概念是杰克逊（P. W. Jackson）在 1968 年出版的《课堂生活》（*Life in Classroom*）中④明确提出的。隐性课程概念和理论的提出实际上是当代教育理论对 20 世纪 60—70 年代教育研究实证化、科学化，追求教育活动的可控性和价值中立倾向的一种反动。"一个时期应该既产生努力实现教育变化定量化的学者，同时也会产生一些渴望承认学校中以某种独特方式而发生的教育现象的学者。"⑤ 隐性课程理论实际上已经证明：教育活动是一种复杂性很强的实践类型，完全的"工学模式"肯定是错误的；教育活动也是一种价值性的实践，企图做到完全的"价值中立"是不可能的。所以隐性课程理论实际上已经为教育理论与实践开辟了一个十分广阔的研究领域和实践探索的空间。

---

① 参见：鲁洁. 德育社会学［M］. 福州：福建教育出版社，1998：280.
② 戚万学，杜时忠. 现代德育论［M］. 济南：山东教育出版社，1997：362.
③ 施良方. 课程理论：课程的基础、原理与问题［M］. 北京：教育科学出版社，1996：272-273.
④ Jackson P W. Life in classroom［M］. New York：Holt, Rinchart & Winston, 1968.
⑤ 维特罗克语。转引自：胡森. 简明国际教育百科全书：课程［M］. 江山野，主编译. 北京：教育科学出版社，1991：93.

隐性课程概念本身与道德教育有着天然的联系。这是因为隐性课程从本质上说是一种价值性的影响。

二、德育的隐性课程与道德教育实践

如前所述，隐性课程与道德教育有着天然的联系。这一联系的意义有二：第一，要正确理解隐性课程，就必须理解其中德育影响的核心地位；第二，"道德教育如不关心隐蔽课程，期望得到满意效果是不可能的"①。所以，必须讨论隐性课程、德育的隐性课程与德育实践的关系。

对道德教育来说，隐性德育课程的作用非常之大。这主要是隐性课程和德育过程两个方面的特点所决定的。从隐性课程角度看，其最大的优势在于它的作用方式是间接和潜在的，可以避免直接、显著的德育课程可能导致的逆反心理。隐性课程具有真正的"诱导"特性。从德育过程角度言之，德育过程面临的最大问题莫过于学生的道德认知与道德情感联系的断裂。有人就我国学生的高考政治课成绩与他们的平时品德等第之间的关系做过调查，发现某校1987年、1988年参加高考学生的政治成绩与品德等第相关度为0，在校学生情况也一样。② 从德育过程本身去分析这类现象，其主要原因之一在于道德认知与情感之间没有建立起码的联系。而道德认知与情感之间联系的建立除了要在德育的显性课程改造上想办法之外，注意德育隐性课程的建设也是一个十分重要的方面。

隐性课程对德育的重要性决定着道德教育必须以主动或积极的态度去处理德育的隐性课程的改造或优化问题。但是隐性课程是可以改造的吗？在什么程度上可以谈德育隐性课程改造？这在隐性课程理论中是有争议的。隐性课程本来是从实际影响结果的角度提出的，所以从影响结果的角度言之，永远都会有隐性课程存在。但是隐性课程又是作为一种教育实践而存在的，是包括道德教育在内的全部教育活动都要有所作为的一个领域，所以曾经有人提出过"开设"隐性课程的主张。然而，当我们"开设"或规划隐性课程时，"隐性课程"就已经变成了"显性课程"，而这时又会有新的隐性课程领域有待我们去研究，同时原来隐性课程拥有的优

---

① 日本岩桥文吉语。转引自：鲁洁．德育社会学 [M]．福州：福建教育出版社，1998.
② 参见：华夏教育图书通讯，1989（1）：20.

势也会随之消失。所以，我们只能说德育应当注意隐性课程问题，而不能说"开设"德育的隐性课程。在以前的隐性课程理论分析中我们已经能够看到，结构功能理论和社会批判理论的不同反映出隐性课程中价值影响的正面与负面两个不同维度的存在。现象诠释学者则揭示了隐性课程中学生主动性的存在及其影响的重要。因此，隐性课程研究已经向德育理论提出了隐性课程优化改造要注意的主要问题：第一，如何在教育实践中避免负面影响而求得正面影响的加强；第二，在隐性课程中如何注意受动方面学生主动性的发挥。由此可见，德育的隐性课程改造的方向是隐性课程的优化而不是"显性化"。

那么，德育应当如何注意改造隐性课程中德育影响的存在，优化这一影响的存在呢？这应当从隐性课程存在的具体领域谈起。

从德育课程概念本身的发展可以看出，实际上显性的德育和隐性的德育，或者说学校德育课程中的显性课程与隐性课程是联系在一起的，有直接和显性德育的地方，就有隐性德育课程存在。德育直接影响存在的领域主要是学校课程、学校制度、校园文化。因此，德育的隐性课程也就主要存在于上述三大领域。以下逐一谈谈对这三类道德教育隐性课程的"改造"。

"学校课程"方面的道德教育隐性课程有三种。第一种是作为专门学科存在的德育课程与教学中的非预期的德育影响；第二种是各科课程及教学中存在的不自觉和非预期的德育影响；第三种是德育的活动课程中隐含的与显在目标不一致的德育影响。在显性的德育课程，无论是学科课程、各科教学还是活动课程中，都有一个对德育目标的设定。在上述三个方面存在的隐性课程可能与这一目标一致、协同，也可能产生相反的影响。比如我们用一种由教师决定的方式去让学生体会"民主"，就会导致显性课程与隐性课程的对立。德育工作者所要努力做到的是尽量求得两类影响在德育目标上的一致。为了这一统一，可以调整显性课程，也可以调整隐性课程。

"学校制度"方面的隐性课程是指班级和学校教育中领导体制、规章制度、领导风格、管理模式、教学组织形式等存在的非预期的德育影响。如前所述，利皮特和怀特等人通过研究不同领导方式下学生的手工制作活动发现，不同领导方式等隐性课程因素对学业成就和学习态度的影响非常显著。具体结果如表 4 所示：

表4　不同领导方式及其对行为的影响

	专制的领导方式	民主的领导方式
范畴		
策略	领导决定	群体讨论
工作方法	领导确立	在比较中选择
伙伴	领导选择	成员选择
领导	态度冷淡，远离群体	参与、亲近
群体结构	分裂化	亚群化
作为结果而发生的行为		
对工作的态度	攻击或冷淡	有兴趣
对成员的态度	竞争/寻找替罪羊	合作/友爱
对领导的态度	顺从	友好
领导离开房间时	停止工作	继续工作
群体精神气氛	团结程度低，紧张	团结程度高，轻松
工作标准	高	中等
对问题的反应	逃避责任	有组织地解决问题

资料来源：魏贤超. 现代德育原理［M］. 杭州：浙江大学出版社，1993：111.

　　与上述问题相关的班级、学校制度方面的隐性课程对学生价值观念以及道德品质的影响还有很多。比如，我国学校机构组成烦琐，学生参与程度较低等管理上的弊端容易导致学生消极和被动的道德人格特征。又比如，一些管理人员素养甚低但又握有管理上相当大的权力，容易导致学生产生"读书无用论"思想，等等。所以要养成学生积极、主动的道德人格，必须在学校制度建设上狠下功夫。

　　"校园文化"方面的隐性课程是指学校的物质与精神环境等方面潜在的道德影响。作为校园文化的学校物质环境主要包括两个维度。一是学校物质条件的建设。一个设施齐备、优越的学校易于鼓舞学生的士气，培养学生积极向上的态度，相反则容易使学生有失败感，自暴自弃。二是空间关系。一个办公楼占据耀眼的位置，教学空间相对被冷落的学校实际上无时无刻不在进行权力至上的价值观念教育。班级教学中的师生距离、讲台与课桌的空间关系也都无时无刻不在进行民主或专制的教育。校园文化的精神层面主要是指渗透在学校中的精神氛围，包括校风、班风、人际关系、心理气氛等。一个学校的精神文化环境既是有形的也是无形的。在一个精神氛围较好的班级或学校中，学生容易耳濡目染一些健康的价值观念，自觉遵守必要的规范。相反，诸如不良的同辈群体等反面的示范作用则易导致学生精神水平下降。所以校园文化建设尤其是精神文化建设是学校德育隐性课程建设的一个重要方面。

习题

1. 德育可否作为一门课程去开设？德育学科课程的特点有哪些？
2. 简要介绍和评价四个德育课程模式中的某一个模式。
3. 什么是德育的学科课程？中国德育学科课程有哪些问题？如何解决？
4. 什么是德育的活动课程？为什么活动课程对德育意义重大？
5. 德育活动课程实施的主要原则有哪些？
6. 什么是隐性课程？为什么隐性课程与德育有着天然的联系？
7. 应当在哪些方面优化学校德育的隐性课程？

本章参考文献

1. 鲁洁. 德育社会学 [M]. 福州：福建教育出版社，1998：第 6 章.
2. 钟启泉，黄志成. 西方德育原理 [M]. 西安：陕西人民教育出版社，1998：附录.
3. 戚万学，杜时忠. 现代德育论 [M]. 济南：山东教育出版社，1997：第 7-9 章.
4. 魏贤超. 现代德育原理 [M]. 杭州：浙江大学出版社，1993：第 7-9 章.
5. 冯增俊. 当代西方学校道德教育 [M]. 广州：广东教育出版社，1993：第 2 章，第 3 章.
6. 高峡，等. 活动课程的理论与实践 [M]. 上海：上海科技教育出版社，1997：第 1-4 章，第 6 章.
7. 檀传宝. 思想政治课教材过频变动的分析及对策 [J]. 课程·教材·教法，1996（12）.
8. 张秀雄. 各国公民教育 [M]. 台北：师大书苑，1996.

德育方法

　　没有一种教育活动是不需要教育方法的。《孟子集注》中言："事必有法，然后可成。师舍是则无以教，弟子舍是则无以学。"在实际的道德教育活动中，一个成功和有经验的教师往往可以在"不假思索"的情况下将德育方法的运用搭配得天衣无缝，从而有效、优美地达成德育目标。但这种似乎"不假思索"的前提是存在一系列由思考、审慎抉择组成的有关道德教育方法实际运用的教育经验积累。"不假思索"是以无数先在的思考与探索为前提的。相反，一个在教育方法上真正不假思索或因循守旧的教师，除了在教师的职业伦理上逃避了应有的责任之外，其德育工作在成效上肯定会大打折扣或招致完全的失败。所以，明确的德育目标以及根据这一目标去选择的合理的德育内容、课程形式等都只是构成道德教育活动的必要条件之一。另一关键的要素乃是根据这一目标去考虑、选择合适的道德教育方法，从而形成真正的德育过程。所以德育目标是教育方法选择的最终标准，同时，德育目标也依赖德育方法等作为中介去完成。

1

德育方法概述

一、德育方法及其决定

"方法"一词，英语为"method"，来源于希腊文的"metodos"，原意为沿着一定的路径（前进），也就是以一定方式或程序开展活动，从而达到目的。德育方法因此可以定义为教师和学生在德育过程中为达成一定的德育目标而采用的有一定内在联系的活动方式与手段的组合。

要正确理解德育方法的概念，我们不妨从厘清德育方法与德育方式、德育方法与德育手段，以及德育方法与德育目标之间的关系开始。

德育方法在生动和具体的道德教育过程中可以分解为一系列具体的活动细节或组成部分，我们称之为德育方式。德育方法可以理解为具体德育方式的合理组合。例如，我们在道德知识的教学中运用"讲授法"（或教授法）时，可以采用介绍信息的方式，活跃注意的方式，加速识记的方式（即采用各种记忆、联想的方法等），比较、对比、划要点、归纳和演绎等逻辑推理的方式，等等。道德教育中所讲的讲授法实际上就是这些具体教育方式的组合。德育方式对德育方法来说具有局部、从属的性质。但是德育方法与德育方式之间又是彼此联系的。没有具体的德育方式，也就无法形成由这些方式组成的有联系的组合即德育方法。同时，德育方式和方法在一定教育情境中又是可以互相转化、互相代替的。在某种情况下，德育方法是达成德育目标的独立途径，而在另一种情境中，它又可能成为带有局部工具效应的教育方式。例如，谈话法是形成一定价值观念的基本教育方法之一，但在某种情况下，比如在实施情境陶冶或讲授法的过程中，它又可能只是组成整个大的德育方法的具体教育方式之一。教育方式具有相对独立的意义，它在不同教育方法中的意义与作用并不一样。当然，如果不组合成教育方法，教育方式本身往往就是无意义的。

德育方法与德育手段也是相互区别和联系着的一对概念。德育手段主要是指道德教育活动的工具、载体及其应用，如直观教具、阅读材料、辅助读物、艺术作品、电子媒介手段及其运用（包括 CAI，即计算机辅助教学）、计算机网络及其应用等。教育方法、德育方法之所以丰富多彩，原因之一就是教育手段的形式多样，机动运用的余地较大。德育方法不仅是教育方式的组合，也是教育手段的有联系的组合。同一教育手段也可以从属于不同的教育方法、德育方法，为不同的德育方法所采用。

由上可知，德育方法在形式上看，可以理解为一定德育方式和德育手段按照某种方式进行的有联系的组合。但是"按照某种方式进行有联系的组合"并不是无缘无故的。一定的德育方式、手段之所以以这样或那样的模式组合起来，主要的依据乃是德育目的和德育目标。德育方式、手段本身之所以能够称为德育方式与手段，其先决条件当然也是其为完成一定的德育目标服务的性质。但一定的德育目标又总是要通过德育内容和德育方法的中介才能够实现的。学校德育活动的自觉性不仅表现为它具有明确的德育目标，而且表现为在一定德育目标指引下，道德教育活动的内容和方法经过了审慎的选择和有意识的安排。所以就德育方法的实质而言，可将它定义为"教师和学生在德育过程中为达成德育目标而展开的有秩序和相互联系的活动方式与手段的组合"。

德育方法是德育活动目标达成的中介，所以德育方法的选择往往会受到道德教育过程内外各方面因素的影响。从宏观的角度看，德育方法会受到一定社会的文化、政治、经济发展和体制因素等方面的影响。所以中国大陆的许多德育论著作都一致指出：德育方法有一定的历史性和阶级性。不过从教育理论的立场出发，在德育过程之内进行德育方法决定因素的分析是德育原理需要着力的重点。一般说来，直接影响德育方法选择的主要因素可以概括为以下几个方面。

第一，教师和学生因素。教师方面，首先必须考虑的是教师作为具体德育活动主体的特点，即优势和不足。从事德育活动的教师宜选择那些能够发挥自身特长的德育方法，尽力避免选择那些因自身条件不足而可能为其所累的德育方法。在学生方面，最主要考虑的是特定学生及其群体的道德发展水平、实际的道德经验、身心发展实际、文化背景、兴趣和个性、特长等，以做到因材施教。

第二，对德育过程的理解与设计。德育过程观不仅影响对德育过程的解释，而且影响对具体德育活动过程的设计，影响教育方法的选择。当一个教师将道德教育理解为传统的赫尔巴特式的教育过程时，其德育方法可能已经选择以讲授法等"灌输"的方法为主。而当教师接受杜威式的德育过程观时，让学生在道德生活中体验与学习，或者提供必要的材料，鼓励学生进行假设、推理和发现的所谓价值体验，以及价值澄清的方法等，就会成为教师的首选。同理，依据具体的道德教育任务，教师怎样设计某一具体的道德教育的活动过程，也会影响教师对具体德育方法的选择。

第三，德育过程中其他要素的影响。这里讲的"其他要素"主要指德育目标、德育内容和德育手段等。如前所述，德育方法当然要以德育目标为最根本的选择依据。同时，德育方法为了完成一定的德育目标，还必须与相应的德育内容相适应。这就是说，要考虑到具体教学内容去选择教育方法。比如，教育内容决定着德育方法不同于体育方法，同时，在以道德知识传授、道德规范训练为主要任务和内容的德育过程中，教师也宜选择相应不同的教育方法。教育手段是指具体的教育活动的工具形式和媒体手段等。应当考虑不同的教育手段的实际来设计教育方法。比如在具备且需要应用电化设备的情况下，即使同样使用讲授法，也会与传统的讲演法等有显著的不同。目前，教育手段、教育技术上的迅速变化，如计算机辅助教学（CAI）以及教育网络化时代的到来也正在对传统的教育方法提出进一步改进的要求。道德教育方法应当根据德育过程的所有条件和要素来决定。

我们知道，德育过程是一个诸多要素组成的巨大系统。德育方法的决定有时会使人有一种面对抉择条件目不暇接的感觉。所以需要建立一种综合起来的抉择标准。这一标准可以表达为最为经济地达成最大、最佳的预期道德教育效果。这一表达可以分解为两个有机联系的方面。其一是最大、最佳的道德教育效果，这主要指在德育目标的完成上取得最大的正面成效，同时避免产生不良作用，将负效应控制在最小的限度内。其二是用最为简单、负担最轻的方式去取得上述效果。最佳的德育方法应当是两者兼备和两者统一。

何谓"最大、最佳"的德育效果？我们已知道德育方法只不过是德育目标达成的中介手段，所以判断教育方法的最根本依据当然只能是看它是否最好地完成了作为德育目标"中介"的角色任务。教育者在德育活动开展之前必须考虑的首要问题就是选择什么样的教育方法才有利于达成德育目标，完成德育内容。但是由于各种不同的德育方法往往各有优势也各有一定的局限性，所以德育方法的最佳效果还应当包括教育负效应的预防和最大限度的降低。比如在德育方法中，惩罚有时是必要、有效的，在一定程度上也是有利于完成德育目标的。但是，在怎样的条件下使用这一手段，使用何种程度和形式的惩罚却是教育工作者必须认真考虑的问题。许多教师倾向于用惩罚去对付顽皮的学生，有时也能取得一些即时性的教育效果，但这一惩罚如果不同其他教育方式相结合，短期内的成效就可能是虚假的，从长期效果来看并不值得。

何谓"最为经济"？我们说教育方法要追求最大、最佳的教育目标的达成，但这一限定只是必要条件而非充分条件。因为如果不惜一切代价去求得某种教育目标的达成，学校教育活动就是一种非科学的、不讲效率因而也是不自觉的活动。所以德育方法不仅要讲最大、最佳的德育效果，而且也要讲德育投入与德育效果之间的最佳结合，即讲求德育的效率和功效。"最为经济"的德育方法是指在完成特定德育目标时，所使用的德育方法所耗费的物力、人力、时间最少，所使用的程序最为简单，等等。对上述条件的追求应该成为德育实践、德育艺术、德育科学的共同追求。

对德育目标最大、最佳的达成，以及最为经济的方式这两个方面的条件，如果单独地看都只是必要条件，不能构成良好的德育方法的充分条件。但最佳的教育方法的充分条件却正是这两个方面的统一。所以，选择德育方法的完整依据应当是用最经济的方式求得最大、最佳的德育目标的达成。

二、德育方法分类与特点

德育活动的形式丰富多彩，因此，历史上积累起来的德育方法极其丰富。对德育方法的分类认识，有助于对德育方法的掌握与灵活运用。

从不同的角度出发可以对教育方法做不同的分类。例如德育方法从其抽象程度上首先可以划分为方法论意义上的德育方法和具体做法上的德育方法。应该指出的是，方法论意义上的德育方法是德育方法的一个重要组成部分，同时它对具体的德育方法的思考与应用具有重要的意义。我们常常较注意后者而忽视了前者。

对于具体方法意义上的德育方法，我国有学者曾依据教育活动中学生认识活动的形态，将教学方法分为以语言交流为主的教学方法（包括讲授法、谈话法、讨论法等），以直接知觉为主的教学方法（演示法、参观法等），以实际训练为主的教学方法（练习法、实验和实习作业法等），以陶冶为主的教学方法（感化、暗示等）等四种。① 巴班斯基主编的《教育学》将"教育方法"（相当于我们的德育方法）分为作用于学生的意识、情感和意志的方法，组织活动和形成社会行为经验的方法，以及执行调整、纠正和鼓励学生行为与活动的职能的方法三种。② 这种划分主要是依据一定教育活动的形态。巴班斯基的分类较为切合德育的实际。具体德育活动都有一定的目标上的侧重点，所以不妨依据德育活动所要完成的德育目标的重点，对具体的德育方法进行分类，如思维训练法、情感陶冶法、理想激励法、行为训练法、修养指导法等。

　　德育方法尽管千差万别但是有其共性。与其他教育领域相比，不同德育方法具有的这一共性就是德育方法的特点。人们已经认识到的德育方法的特点至少有如下几点。

　　一是德育方法所要完成的任务较为特殊。德育心理学认为，一个道德概念的内化一般要经过认识发展的三种水平。③ 首先是具体的道德概念水平，对道德概念的认识是与具体的道德行为、道德形象结合在一起的。其次是知识性道德概念水平，道德概念、理论、规范等作为知识被个体掌握，但尚未内化为个体的内心观念。最后是内在性道德观念水平，对道德问题的认识不仅达到了理性的概念水平，而且已经转化为个体的道德观念（最后成为道德信念），成为个体道德评价的依据和道德行动的准则。对于一般的认知性教与学活动而言，对知识的学习达到第二种水平就基本完成了任务，而道德教育则必须达到第三种水平。所以，道德信念问题、情感问题才是道德教育的核心和关键，从方法的角度看，不能作用于学生的道德情感，不能有助于学生道德信念的建立的德育方法都是不合格的。

　　二是对应用德育方法的主体要求较高。道德教育由于涉及情感、信念的问题，所以对应用方法的主体也有特别的要求。第一，道德教育过程中身教重于言传，教师的道德人格就是道德教育的工具，是道德教育方法的有机组成部分之一。德育方法只有与教师的道德人格结合在一起才能发挥

　　① 南京师范大学教育系 . 教育学［M］. 北京：人民教育出版社，1984：444-459.
　　② 巴班斯基 . 教育学［M］. 李子卓，等，译 . 北京：人民教育出版社，1986：208，375-376.
　　③ 陈安福 . 德育心理学［M］. 重庆：重庆出版社，1987：22.

真正的教育功效。第二，道德教育的价值性使教育意图的处理变得困难起来。对于一般教育活动而言教师公开自己的教育意图没有问题，有时甚至还有积极功效。但是道德教育过程中过于公开的教育意图往往会导致学生的抗拒心理，削弱教育效能。所以道德教育在方法上必须处理的问题是：要么公开教育意图，但是必须真诚，不致令学生反感；要么采取较为间接、巧妙的形式实施道德教育。因此，德育方法是否有效的一个关键是师生间能否建立亲密和信任的人际关系。

三是复杂程度高。关于德育方法的复杂性，除了上述两个方面直接构成理由之外，还有一个时间上的原因，那就是德育效果取得的情境性、长期性与反复性。这里着重解释一下"情境性"：一种方法在此时此刻、此一个体身上有效，但换一个时空环境，对同一个体可能没有效果。所以如果说德育方法有其特殊性的话，最大的特殊就是德育方法及其效能发挥的复杂性。德育方法实际上只能是德育艺术。

2

德育方法述要

一、方法论意义上的德育方法

这里所言之"方法论意义上"的德育方法实际上就是理念性的德育方法，它仅仅提供了一种方法上应当追求的原则，而并不意味着一套十分具体的做法。以下尝试着讨论几个方法论意义上的德育方法。

（一）启发法

《论语·述而》中记载："子曰'不愤不启，不悱不发'。"朱熹注解说："启，谓开其意；发，谓达其辞。"教育学意义上的启发实际上是指通过调动对方的积极思维而使其有所领悟的教育方法。启发的方法在古代当以苏格拉底的助产式谈话法最为典型。在现当代教育中启发式意味着许许多多的教育方法,"启发"二字因此只能称为一种教育的理念。

作为一种教育理念的"启发"在道德教育上意味着什么呢? 它至少有这样两个方面的意味。第一,承认人性的善良或道德教育在人性上是可能的。比如教师不能给学生以道德良心,而只能将其固有的道德良心唤醒。第二,认为道德教育只有在具备一定的主体接受条件的情况下才能进行。道德教育必须考虑学生的道德发展水平与个性实际,必须有一种"机缘"的意识,这也就是上面提及的"不愤不启,不悱不发"。

启发的方法具有一定的"现代性"。我们常常说要发挥学生的主体性,在教法上实际要做的就是贯彻"启发式"道德教育思想。但是启发法如果运用不当,也有可能出现过于强调内省而随意性过大的危险。

(二) 塑造法

何谓塑造法? 台湾有学者解释说:"在教育过程中教师就跟塑造家(陶艺家) 一样地按照其旨意去塑造一块泥土,使其成为有用的器皿。只是教师是学生心灵的塑造者,而不是陶土的造型者。这种理念,经验主义者或行为主义者经常地持有。"①

塑造法与启发法相比较,更强调教育的作用,换言之,这一教育理念对教育之于人的作用有比较乐观的估价。在德育意义上说,它更强调道德教育对个体道德成长的积极作用。塑造法对德育功能有乐观的估价,利于教师建立道德教育的信心。但是过去我们常常忽视教育对象接受道德教育的可能性的一面,其结果是造成了塑造等于强制灌输的局面。所以,塑造法作为一种道德教育的理念,必须将教师或教育的作用与对德育对象的发展和个性实际的观照结合起来。

(三) 雕琢法

雕琢法的基本理念是:第一,就像雕塑家塑造作品必须依据作品胚胎的纹理和其他特征进行工作一样,道德教育也要注意对象的实际扬长避短地进行教育;第二,就像雕塑家的工作必须一点一滴逐步进行一样,道德教育也要由小处着眼,次第进行。

雕琢法在中国的德育思想传统中有较为充分的表述。比如朱熹,一方面强调立志、主敬、存养的功夫,但另一方面又特别重视对人欲之私意进

---

① 欧阳教. 德育原理 [M]. 台北: 文景出版社, 1998: 278; 詹栋梁. 德育原理 [M]. 台北: 五南图书出版公司, 1997: 277.

行反省与检察的"省察"的功夫。"念虑之萌，固不可不谨，言行之著，亦安得而不察。"（《性理精义》）王阳明说："吾辈用功，只求日减，不求日增。减得一分人欲，便是复得一分天理。何等轻快洒脱！何等简易！"（《传习录》上）朱熹与王阳明虽然分别代表了理学与心学两种不同的儒学流派，但是他们都强调人性与天理沟通的可能，同时也强调一点一滴的修养与教育的功效，可以说是从不同角度对雕琢法予以了认可。

雕琢法强调对行为的外在约束，有与塑造法理念同样的缺陷。所以雕琢法也应当同对主体道德学习动机的发动结合起来才是合理的理念。

（四）树人法

雕琢法强调道德教育上的"小步子"，树人法则强调对人的整体培育。俗语说"十年树木，百年树人"。主张道德教育者像一个园丁照看、培养自己的花木一样去进行道德教育的理念就是所谓的"树人法"。树人法的内涵主要有两点。第一，道德教育应当是一种精神人格的整体培育活动。第二，道德教育是一个需要日积月累、精心照看的工作。

所谓"精神人格的整体培育"，就是要对学生的道德发展作一种整体的设计，不断用新的人生境界去鼓动学生迈向更有价值的生命。皮亚杰说，儿童是道德哲学家。也就是说即使是很小的儿童，仍然有其对人生问题的整体看法，他们与成人的区别只是对世界的把握方式有所不同。因此，道德教育的任务是找到切合儿童心理实际的方式去引导他们逐步建立自己的人生模式。所以境界的整体提升的方式不失为道德教育的方法论之一。此外，道德教育是一个终身教育的命题，除了人生境界需要不断提升的原因之外，某一个道德发展的实现也需要有一个不断反复、巩固的过程。所以对个体来说，修养是一个长期的过程；对教育过程来说，"树人"意味着教育过程的长期性与复杂性。

当然，树人的方法也有其局限的一面：一是较难处理的是整体境界的提升需要寻找合适的具体方法；二是在方法论上有较浓的成熟论的色彩，需要警惕。

（五）系统或综合法

这一理念实际上是强调对各种德育方法理念的综合协同。即使是抽象程度较高的方法论意义上的方法，也是各有优点与局限的。比如前述启发法强调内在动机的发动和主体的学习准备，塑造法强调外在约束的教育作用；又比如，树人法强调宏观或整体的教育，而雕琢法则强调点滴功夫的重要。应当说，单个方法都有其优势，也有其缺陷，但综合运用则可能互相支撑，完成道德教育的使命。所以，必须用系统论的思想对所有方法理念做一综合的理解，形成方法论的体系。

苏联教育家马卡连柯认为，具有决定意义的不是孤立的教育手段，而是和谐地组织起来的手段体系①，应当说在道德教育的方法论上也是如此。在系统论思想的指导下，巴班斯基等人提出了教育过程的"最优化"理论。这一理论在德育方法上的应用之一，就是要形成系统或综合运用德育方法的基本理念。

方法论意义上的方法远不止上述五种。现代教育或德育理论中常常谈到的发现法、建构法等都是一种方法的理念而非具体的方法，因而都可称为方法论意义上的方法。

二、具体的德育方法

（一）思维训练法

思维训练法指的是以道德知识的学习和道德思维能力的提高为主要目标的德育方法。这一类德育方法主要包括一般教学中常见的讲授法、谈话法以及讨论法（含两难推理、价值澄清法）等。但是，"思维训练法"这一称谓，只意味着相对应的教育方法以道德知识学习和道德思维能力提高为主要目标或侧重点，绝不是说这一方法就只是完成认知的任务，只具有思维训练的功能。实际上任何一种教育方法都可能具有情感、信念培育等方面的作用，我们只是说在许多情况下上述方法更多地用于道德思维的训练而已。

1. 讲授法

讲授法是以教师的语言作为主要媒介系统，连贯地向学生传授知识、表达情感和价值观念的教育方法。道德教育中的讲授法主要应用于道德科目的教学中。讲授法是一种较为古老的教育方法。其起源可能是原始社会老年人给儿童和青少年讲述英雄事迹和神话故事、生活经验等。古罗马教育家昆体良曾以讲演法为中心建立其教育学体系。中国古代的太学和书院

---

① 参见：巴拉诺夫，等. 教育学 [M]. 李子卓，等，译. 北京：人民教育出版社，1983：198.

也都出现过数百名学子聆听一位学者的"讲学"的盛况。所以所谓"传道授业解惑"在古代教育史上的主要形式之一是讲授法的应用。在近代，由于自然科学知识的引入和人文科学的巨大进步，大量信息的传播使讲授法仍然作为学校教育的基本教育方法之一被普遍采用。一般采用直接道德教育模式的国家，讲授法仍然是一种经常被使用的德育方法。

讲授法的主要形式有三种，即讲述、讲解和讲演。"讲述"主要是客观描述事实，呈现知识、材料和观点，主要解决的是"是什么"的问题。"讲解"是进一步分析、论证和说明问题，主要解决"为什么"的问题。"讲演"则是综合运用讲述、讲解等方法，采取演说或报告的形式，完整、深入地论证或说明某一问题。讲演往往所涉及的问题较深较广，所需时间也较长。

讲授法广泛运用于道德教育之中。在中国学校德育过程中，学校日常德育课的教学往往采用讲授的方式进行道德知识的传授。同时也经常采取报告的形式请一些先进人物就某一德育内容进行讲演。这是因为道德教育确有基本知识的传授和背景材料的介绍方面的任务。讲授法的最大优势在于它能够在最短的时间内向学生呈现、介绍大量和系统的信息。教师合乎逻辑的分析与论证也有利于学生思维能力的提高和价值观念、信念的养成。但是在双边活动方面，讲授法最大的缺点是往往没有机会让学生以同教师完全对等的身份主动参与教育过程，做出反馈，产生互动，学生的积极性、主动性不易发挥。故运用讲授法，应当扬长避短，努力做到以下三点。

第一，注意内容的组织。由于讲授法是以教师的"讲"为基本方式进行的，所以必须对所讲授的内容做较周密的安排，使之具有科学性、系统性和逻辑性，做到知识性、思想性与趣味性的统一，系统全面和重点突出的统一。

第二，注意学生的发动。由于讲授法以教师的活动为主导，所以要特别注意启发式教学原则的运用。应当适时提出问题，引发学生思考，并努力使教师的解释、分析和推论与学生的接受、分析和推演相同步。

第三，注意语言艺术。讲授既以语言为主要媒介，所以教师应特别注意语言美的创造，力求清晰、准确、简练、形象生动、条理清楚。讲授的声音在音高、音调与语速上都应注意合理设计，抑扬顿挫，有一定的节奏和旋律。讲授还应注意发挥肢体语言的潜能，使之与口头语言相配合，提高讲授的感染力。同时讲授法也可以灵活运用其他的教育手段，例如电化教学、计算机辅助教学等方式进行。

2. 谈话法

谈话法是以师生交谈的方式进行知识教学和价值辅导的教育方法。谈话法的基本类型有两种，一是提问，二是对话。

提问法的要义在于通过有启发性的问题，引导学生通过自己的思考和逻辑推演得出结论，或者通过提问使学生通过逻辑推理发现自己原来在概念和结论上的不周延或不合理处，从而修正自己的看法（后者又称为"反诘法"）。谈话法也是一种古老的教育方法。中国古代教育家孔子倡导"叩其两端"的方法，让学生注意事物的正反两面，从事物的矛盾中求得正确的答案。古希腊的苏格拉底提倡一种从学生所熟知的事物或现象出发，通过师生问答从而让学生求得正确答案的"产婆法"（助产式谈话法），也是典型的谈话法。

提问法的基本要求是：①所提问题应当指称明确、难易得当，有针对性和启发性；②所提的问题和针对的对象具有普遍性和典型性，因为提问法在课堂教学中的应用往往要求通过对个别学生的提问达到教育全体的功效；③谈话要有一定的计划和步骤，同时要掌握好讨论进行的时间；④结束提问时应引导学生做出适当的总结。

对话法是直接来源于人文主义心理学、教育学思想的一种较为现代的教育方法。在对话法中，师生双方应当建立一种相互尊重和信任的人际关系，即马丁·布伯（M. Buber）所言"我与汝"（I and Thou）的关系。对话法在现代教育中的广泛应用还得益于马斯洛、罗杰斯等人"以个人为中心"（person-centered）的心理咨询法。这一方法的核心是将真诚、信赖、尊重等观念引入辅导者和被辅导者的关系中，是一种新型师生伦理关系的表现。对话法要求教师作为学生的伙伴、朋友平等地讨论而不是居高临下地进行价值说教。对话法在道德教育、心理教育等领域是最为有效的教育方法之一。

在道德教育过程中谈话法除了在课堂教学上使用之外，还广泛运用于对学生的个别教育中。谈话法的优点是能够充分调动学生的思维，激活其学习动机和潜能，具有较高的启发性。但它也有耗费时间较多，且对教师的谈话技巧要求较高的局限性。

3. 讨论法

讨论法是在教师指导下，学生用讨论与辩论等方式就某一道德问题各抒己见、澄清思想、寻求结论的教育方法。

讨论法的有效性建立在以下几个前提之下。第一，讨论的主题要切合学生道德发展和实际生活的实际，具有智力上的挑战性。第二，除了指导学生做好思维和材料上的准备之外，需要启发和鼓励学生解放思想、畅所欲言。教师应当做到循循善诱、"导而弗迁"。第三，讨论法作为一种训练道德思维的方法，其目标主要在于通过论辩或思考的过程求得问题的澄清与解决，教师的注意力应当放在过程而不是结论上。

讨论法本身应当成为学生民主的道德与社会生活实践的一部分。科尔伯格和拉思斯等人分别提出的"两难推理"和"价值澄清"的方法，是值得我们借鉴的两个著名案例。两难推理的方法是设计一些道德上的两难故事并提出一个道德问题，让学生进行讨论，思考、检验自己的立场，反思不同意见。在讨论中由于存在不同道德水平的解释与结论，可以引导学生朝更高一级的道德水平发展。价值澄清的方法则强调每个人都有权利和机会通过讨论澄清自己的价值观念，珍视和实践自己的道德判断。与中国德育实践中的道德讨论相比，其突出优点是讨论中学习主体的自由以及教师角色的隐蔽。如何减轻讨论法中过多的人工痕迹（计划性、目的性、结论性等），是讨论法能否真正实现培养道德思维能力的功能的关键。

（二）情感陶冶法

情感陶冶法是指通过设置一定的情境让学生自然而然地得到道德情感与心灵的熏陶、教育的一种教育方法。如果说讲授、谈话、讨论等是一种明示的德育方法的话，陶冶则是一种暗示的德育方法。陶冶法的基本理论基础是环境与人的发展的相互作用。一般说来陶冶法有"陶情"和"冶性"两方面的作用机制。陶情是一种与认知活动相互联系的情感和情趣的化育过程；冶性则是指与情感联系的认知上的进步乃至人格上的提升。陶冶的过程是陶情与冶性两个过程的统一。所以在道德教育过程中陶冶的方法主要侧重于情感的陶冶，但其作用当然也不止于情感的培育。

陶冶的方法自古有之。孔子、老子等人都曾倡导和践行过所谓的"无言之教"。南朝教育家颜之推指出："人在少年，精神未定，所与款押，熏渍陶染，言笑举动，无心于学，潜易暗化，自然似之。"（《颜氏家训·慕贤》）《宋史·程颐传》中则明确记载："今夫人民善教其子者，亦必延名德之士，使与之处，以熏陶成性。"在现代教学理论中，保加利亚心理学家格·洛扎洛夫创立的"暗示教学法"以及我国教育家李吉林在语文教学中创立的"情境教学法"，也都基本上属于"陶冶"的教育方法。

　　情感陶冶法的具体实施途径一般有三类：教师的师爱、环境陶冶、艺术陶冶。陶冶法的关键是要设置具有隐性教育意义的教育情境。其基本要求有三。①教师的最主要功能体现在教育情境的设计上，这一情境必须能够引人入胜，具有感染力。教育作用是渗透其中而非显性存在的，在教育情境设置之后，教师的作用应当尽量淡化，除非教师在情境中作为情境的构成要素之一存在。②教师作为教育情境的构成要素的条件是对学生的挚爱、真诚以及自身道德人格的魅力。同时教师应当成为道德人格上的榜样——陶冶的一个重要因素。③应当促进学习主体与教育情境的互动，强调学生的主动参与以及对环境的净化、美化和改进。主体的主动参与是增强道德陶冶作用的一个重要条件，因为"参与"可以使环境变成一种具有亲和力或亲切感的道德影响源。

　　在若干种陶冶法尝试中，英国教育家威尔逊的家庭化模式（family model）是一个可以借鉴的典型。威尔逊是一个强调道德思维的教育家，但是就像科尔伯格为了弥补纯粹注重道德推理的教育方法的缺陷而提出公正团体理论一样，威尔逊提出了道德教育家庭化的设想。其具体做法是：由30—80名不同年龄和性别的学生组成一个"家庭"，有自己的家长（house parents）、男女舍监（house master/house mistress）和自己的房子，成员共同参与一些仪式和日常生活。其中家长既是保证规则实施的监督者和主持人，更是一位与儿童平等的角色，他的主要任务是使学生意识到自己的情感，并正确处理好自己与他人的情感问题。男女舍监分别代表男女主人，管理家庭生活。家庭既可以提供归属、安全、交流与合作的机会，又能够促使儿童独立思考和承担责任，使情感生活与道德生活统一，应该说家庭化模式是一个较好的德育方式。

　　除了威尔逊之外，另外一个对道德情感予以充分关注的是美国斯坦福大学教育学院教授诺丁斯（Nel Noddings）。20 世纪 80 年代她提出了道德教育的母爱方式。诺丁斯强调，如果我们"按照数学方式处理道德教育的话，我们就大错特错了"[1]。所以，关心者与被关心者的关系应当成为道德

---

① 转引自：袁桂林. 当代西方道德教育理论 [M]. 福州：福建教育出版社，1995：280.

教育的基本人际关系；教师应当淡化职业角色，不仅是帮助者，更要成为关心者；教师和家长应当与学生进行真诚、平等的对话；教师应当跟着学生原来班级直到毕业，以利于长时间了解和关心学生；教师要给儿童创造"关心"的机会，引导儿童在关心的行动中学会关心；等等。

情感陶冶法广泛应用于德育过程之中。陶冶法的长处是教育意向和教育内容寓于生动形象、趣味盎然的环境与活动之中，教育过程具有情感与认知高度统一的特点，易于发动和培养学生的学习动机、想象和理解能力等。陶冶法的短处是它不能在短时间内传授大量明确的知识信息，所以，陶冶法有时须与其他教育方法结合起来才能发挥最大的教育功效。

（三）理想激励法

理想激励法是指通过适当方式促进学生形成道德理想、道德信念，进行道德教育的方法。就像思维训练和情感陶冶法是由一系列具体的方法组成一样，理想、信念的形成和发挥作用也需要有一系列具体的德育方法。换言之，我们只能说某些方法可能更直接地对道德理想的形成有较大的作用，而不能说任何一个德育方法与道德理想的形成无关。因为事实上任何一个德育方法都有益于道德理想和信念的形成。

道德理想从内容上可以分为价值理想和人格理想两个方面，理想激励的方法也就可以分为价值理想激励和人格理想激励两个方面。现代社会往往是一个不太有理想激情的社会，而没有真正的道德理想，就没有真正的道德生活。因此，理想激励法是道德教育的根本方法之一。

在社会主义道德教育实际中，苏联教育家在理想激励方面有许多值得我们思考和吸收的思想。这里介绍一下苏霍姆林斯基的有关思想。

苏霍姆林斯基指出："如果一个人把做好事与熟读功课、完成作业同样对待，如果他在自己的童年和少年时期从来就没有体会过什么是凭良心去做好事，那么他就会成为一个道德观念不健全的人。"因此"要求少年中有更多的受崇高愿望激励的崇高行为，有更多的对道德理想的追求——这是少年教育中一条重要法则"①。苏霍姆林斯基将道德理想的形成和激励过程称为"思想生活"的过程。具体做法如下。

---

① 苏霍姆林斯基. 让少年一代健康成长 [M]. 黄之瑞，等，译. 北京：教育科学出版社，1984：205，206.

1. 道德美育的方法

苏霍姆林斯基总是努力挖掘课本和生活中能够反映道德理想的事和人，努力呈现道德美并激励学生对道德美的称颂、对崇高表现的钦佩。他说："我总是努力给少年们描绘出活生生的人的鲜明形象，这样的形象成了人类道德美的永久体现，我要让这个形象照亮少年的心，深入他的思想深处，使少年的心更快地跳动……"① 苏霍姆林斯基主张呈现道德美，但反对立即将理想行为同学生的表现做对比。原因是"道德行为的光辉形象不应当把少年照得头昏目眩，而应当照亮他前进的道路"②。简言之，道德美育的方法实际上是一种理想化育的方法。

2. "争论状态"的方法

苏霍姆林斯基认为："信念就其本质来说，不可能是一种不劳而获的精神财富。只有通过积极的活动，信念才能起作用，才能得以巩固，才能变得更加坚定。"③ 所谓争论状态，首先是指德育对象个体内心的斗争状态或"研究问题的局面"。当道德美的"弹药"积累到足够能量时这一状态就可能出现。"我很高兴听到沃洛佳的母亲对我讲，这个十四岁的少年经常沉思地、聚精会神地埋头读书，好像有什么东西使他激动。我劝他的母亲说'不要破坏他的这种情绪，不要对你的儿子说："去找同学解解闷吧!"这是他在自我教育，是学校里获得的精神上的弹药在起作用。'"④ 争论状态的第二种表现是同学之间的争论。苏霍姆林斯基实践过的一种教育形式是组织"少年思想家"晚会，主要是学生通过自己的真实体会去回答诸如"你遇到了外星生物，地球上哪些情况你会乐意告诉他，而哪些情况暂时还得守口如瓶?"之类的问题，激发学生们通过思想上的斗争追求人生理想。

3. "地图上旅行"的方法

苏霍姆林斯基认为理想教育不能脱离实际，一个重要的方法是将道德理想的激励机制同爱国主义教育联系起来。为了让学生们认识祖国的美好，苏霍姆林斯基的一个绝妙方法是所谓"地图上旅行"。这一方法首先是展示祖国的美好以及对未来的憧憬，其次是使学生认识到对于创造了祖

国的昨天和今天的美好的人们来说自己是一个"负债者"，最后是激励学生在崇高理想的鼓舞下从事劳动。苏霍姆林斯基说："在崇高目标的鼓舞下从事劳动，成了少年们进行精神锻炼的一种特有的形式，他们从中体会到自己是一个公民。"①

苏霍姆林斯基关于理想激励方法的上述实践只是一个样板，而不是真理的全部。但是我们仍然可以从中总结出理想激励法应当注意的一些问题。其要点有三。第一，应当充分注意理想激励对道德教育的策略意义。除了直接的价值理想教育之外，应当特别注意榜样人物的教育作用。第二，理想激励机制的关键是主体自身对于道德理想的向往与追求。正如杜威所说："所需的信仰不能硬灌进去；所需的态度不能粘贴上去。但是个人生存的特定的生活条件引导他看到和感觉到一件东西，而不是另一件东西；它引导他制定一定的计划以便和别人成功地共同行动；它强化某些信仰而弱化另一些信仰作为赢得他人赞同的一个条件。所以，生活条件在他身上逐渐产生某种行为系统，某种行动方向。"② 第三，应当寻找适合不同德育对象生活实际的理想激励策略。例如苏霍姆林斯基采用的是爱国主义与理想教育的结合，我国有学校采用职业理想教育作为高中生道德理想教育的切入点，都是正确的。

（四）行为训练法

行为训练法是通过道德实践和对道德行为的价值领悟、策略训练、奖励与惩罚等方式进行道德教育，以巩固道德信念、磨炼道德意志、形成良好的行为习惯的德育方法。行为训练法包括以下几个大的方面。

1. 道德实践

这里的"实践"并不专指人们熟悉的"社会实践"，它实际上是指教育过程中学习主体积极改造主观世界的一切学习性实践活动。所谓"学习性实践活动"，是指学生的道德实践与日常生活中的道德实践有一定的区别，道德实践的最终目的是通过实际锻炼的方式巩固道德观念，培养良好行为习惯，发展学生实际道德能力等。

道德实践法的基本形式有：模拟活动、社会实践和日常规范训练等。

模拟活动是指在学校道德教育情境中通过模拟的道德生活去体验道德

---

① 苏霍姆林斯基. 让少年一代健康成长 [M]. 黄之瑞，等，译. 北京：教育科学出版社，1984：221.

② 杜威. 民主主义与教育 [M]. 王承绪，译. 北京：人民教育出版社，1990：13.

价值和道德实践的教育活动。美国教育家范尼·谢夫特和乔治·谢夫特
（F. Shaftel and G. Shaftel）认为，对角色的体验和人际关系在学习和生活
中都起着十分重要的作用。所以他们提出了"角色扮演"的教育阶段理
论。① 在他们看来，教育过程包括九个阶段：使小组活跃起来；挑选参与
者；布置舞台；培训观察者；表演；讨论与评价；再次表演；讨论和评
价；共享经验与概括。我国道德教育实践中近年也出现过模拟法庭、模拟
市场等方面的道德训练的方式，也属于道德实践法的一种。

　　社会实践法是以学生为主导的一种教育方法，其主要特点是要求学生
完成具体的道德任务，在完成任务中培养学生的道德情感、巩固道德认
知、练习道德策略。它既包括个体完成集体交给的特定任务，也包括组织
学生集体参加特定的集体道德实践活动，例如团队活动、社区公益活动
等。道德实践活动的安排要求教师有较高的教育艺术。其中对教师角色的
具体要求有三重。第一，教师是活动的组织者或领导者。这一角色实际上
是要求教师帮助学生明确学习性实践活动的目标，激发动机和端正态度。
同时要求教师安排实践活动的时机合适，难度、时间和作业量适度。实践
活动具有教育性及接受教育的系统性、整体性等。第二，教师是活动的指
导者和帮助者。一些活动要求教师能够对实践过程进行示范，在学生独立
完成实践任务时，也往往需要做适时、适度的巡查和策略上的指导。第
三，教师是活动的鼓励者和评价者。这一角色应当成为实践活动中教师的
主要角色。它要求教师的主要有两条：一是教师应当充分尊重和鼓励学生
通过实践主动学习、探索和应用所学的主动性、独立性；二是教师应当适
当引导学生在实践活动中和实践过程结束时及时总结经验，提高自我检
查、评价和纠正错误、增强自身优势的主体能力。

　　为了避免道德规范只是在某些场合偶然存在的局面，除了开展模拟和
实际的社会实践活动之外，非常重要的一点是要进行日常道德规范的训
练。要避免道德教育上的形式主义，很重要的一点应当是像杜威所说的那
样，使学校生活成为学生的道德经验形成的手段。日常道德规范训练因此
成为一个十分重要的德育方法。这一方法的具体要求是：①规范的制定应
当有一个民主的程序，即让学生认识到规范并不是异己的力量，相反它是
学校和社会正常、健康生活的必需；②规范训练既然是"日常"的，就

---

　　① 参见：丁证霖，等. 当代西方教学模式 [M]. 太原：山西教育出版社，1991.

必须建立公平和有效的监督机制，以便通过长期的制度性生活培养学生良好的行为习惯。

道德实践法的最大长处是教育过程寓于学生的主体学习或探索之中。实践法不仅有利于巩固道德知识教学的成果，更有利于道德技能训练和价值观念的培养。但是实践法也有几大忌讳。一是将教育性或学习性质的学习实践等同于一般的改造世界的实践活动，从而取消了学校教育存在的意义。二是实践法应用的频率和难易程度失当。前者在我国曾有"开门办学"将学校办到田间地头的教训，后者则表现为苏联、美国、中国等国曾因过度强调"活动"、"经验"等而招致学生学业成绩普遍降低的恶果。三是对道德实践主体的自由的否定。中国大陆的德育实践中常常因教师干预太多而使本来以学生为主的道德实践活动变成学生在教师操纵下的一种没有自主判断、没有行为决策自由的活动。显然，这样的活动等于取消了道德实践法存在的意义。

2. 奖励与惩罚

奖惩法也是广泛存在于道德教育过程中的教育方法。这里的"奖惩"是一种广义的"奖惩"，所谓"奖"包括一般的赞许、表扬，也包括专门形式（狭义的）的奖励；"惩"也是既包括一般的批评，也包括较严重的处分。奖惩法是通过奖励与惩罚这两种积极和消极的强化方式去影响学生道德行为的教育方法。它也可分解为奖励的方法和惩罚的方法。评比和操行评定是实施奖惩法的重要形式。

奖励作为一种积极强化的教育方法在教育活动中被广泛接受和采用。"奖励"意味着对学生的正确认识与行为的肯定或较高的评价。适当的奖励可使学生得到精神上的满足和愉悦，增强其学习的动机，改善教育活动的氛围。在学校教育中，我们常常可以看到，一些成绩一般甚或有某些缺点的学生，因为得到表扬等积极强化而增强自信，因"皮格马利翁效应"而真正成为优等生的成功范例。但是奖励并不绝对是一种积极的教育方法，奖励也可能导致负面的德育效果。因此，奖励如果要成为一种有效的教育方法而非中性的教育手段，就应是一门需要认真对待的教育艺术。这门艺术的基本要求可以归纳为这样几点。第一，奖励的指向不仅是成功的结果，而且是获得成就的过程，即过程中表现的动机、态度、学习方式、意志力等。第二，奖励的频率和程度恰当。频率指当奖则奖。不能无原则地滥用奖励，使之成为一种效应递减的手段。程度是指奖励的级别应与成就的高低相当。过高和过低的奖励都会降低奖励的功效。第三，注意奖励的灵活运用。在奖励对象上，一些胆小和没有信心的学生特别需要鼓励，而一些有骄躁表现的学生，过多的奖励反而对他们有害。所以，奖励既要有统一和公平的性质，又要有一定的灵活性。此外，奖励的形式应当是多种多样的，从点头赞许到口头表扬，到用特定形式（奖状、奖品、奖金等）进行的奖励都应当恰当和灵活运用。第四，无论何种形式的奖励，本质上都应是精神上的鼓励。作为鼓励的外在象征可以是奖品或奖金，但在学校教育中，除了要慎用物质奖励的方式外，还要努力引导学生将奖励的象征意义而不是象征形式看成第一位的。第五，奖励应当尽可能面向全体学生，以形成集体道德舆论，获得学生群体的支持，也收到教育全体学生的功效。

惩罚作为一种消极的强化的方式，在教育活动中使人们产生一种十分矛盾的心态。一方面，体罚等惩罚方式被广泛否定和禁止，因为它们不符合现代教育尊重学生的基本民主精神；另一方面，许多教育理论和实践工作者也都认识到了惩罚所具有的教育性。例如，在中国古代教育中，尤其是禅宗的教育思想中，"当头棒喝"对人的惊醒教育作用曾经得到过特别强调。苏联教育学家马卡连柯也正确地指出："合理的惩罚制度不仅是合法的，而且是必要的。这种合理的惩罚制度有助于形成学生的坚强性格，能培养学生的责任感，能锻炼学生的意志和人的尊严感，能培养学生抵抗引诱和战胜引诱的能力。"①

所以，正如奖励并不必然就构成教育性的方法一样，惩罚也并不必然与教育性无缘。问题的关键在于我们如何使用惩罚手段。正确运用惩罚手段应当注意的基本问题有：①惩罚的目的是教育，不能为惩罚而惩罚。必须让学生认识问题所在，认识惩罚手段所实际寄寓的教师的爱心、善意与尊重。在学生已经认识错误所在并决心不再重犯时应免除处罚。②惩罚应当合情合理、公平、准确。要避免那种主观、武断和随意的惩罚。③惩罚应当与对学生的尊重相结合。一方面，惩罚强度必须足以警醒学生；另一方面，惩罚又必须避免伤害学生的自尊，对其造成精神或身体上真正的伤害。此外，惩罚还应有时机的意识，注意场合与火候。④惩罚应讲求灵活性，即不能刻板地使用惩罚手段。这一是指惩罚的形式多样化，二是指因

---

① 转引自：巴班斯基. 教育学［M］. 李子卓，等，译. 北京：人民教育出版社，1986：393.

对象而异使用惩罚。比如对于感受性较强，自信心不足的学生，少用或减轻惩罚的强度，相反，则应当调整惩罚的力度。⑤适合公开处罚的惩罚应当充分发扬民主获得学生群体的道德支持，扩大惩罚的教育面。总而言之，奖励和惩罚如果应用得当，都可以成为很好的教育方法。

（五）修养指导法

修养指导法是教师指导学生进行道德上的自我修养，从而提升道德水平的教育方法。由于这是一种以学生自我修养为核心的教育方法，所以也有人称之为"自我教育法"。不过"修养指导"与"自我教育"还是有一定的区别的，区别在于自我修养过程中有无教师的"指导"存在。

修养指导法存在的合理性建立在两大基础之上。第一，任何道德教育过程的实质都是主体道德自我建构的实现。不通过主体自身的价值体悟与接纳，任何道德真理都无法让学生真正接受。按照辩证唯物主义的观点解释就是：内因是变化的根据，外因通过内因起作用。正是因为这一点，一些学者主张将修养指导的方法与道德教育的方法并列，成为德育方法中两个地位相当的组成部分。① 第二，学生，尤其是青少年学生有一个自我意识凸显的时期。他们会自觉或不自觉地对自己的内心与行为做出反思、反省，有希望自己成为一个道德高尚的人的愿望，并且会自觉或不自觉地约束自己的行为。道德修养的存在是修养指导法存在的最现实的依据。

修养指导法要做的主要工作是：①培养学生道德修养的自觉性。道德修养的前提是道德主体的道德发展需求。启动和激发学生道德修养的动机是修养指导法的首要环节。具体方式可以是鼓动、读书、报告等。②帮助学生制订修养的标准与计划。有了道德修养的动机，就必须有道德修养的行动。制订恰当的修养目标和计划是避免修养盲目性，进行有效的修养的一个重要方式。教师应当鼓励和帮助学生制订程度适当、具体可行的修养目标与计划。③指导学生监控和评价自己的道德表现。道德修养过程实际上是一个意志锻炼的过程。应当鼓励学生在道德实践中不断反思自己，自我监控、自我评价、自我激励，形成道德修养的连续动力，形成修养习惯。而自我评价过程的一个重要方面是帮助学生在道德实践中实现和欣赏自己在情感体验、意志磨炼及行为策略上的提升。

在修养指导法中，读书辅导法是一个十分重要的方法。我国宋代教育

---

① 胡厚福. 德育学原理［M］. 北京：北京师范大学出版社，1997：288，357.

家朱熹曾经对读书的修养意义予以充分肯定。他说："学固不在乎读书，然不读书则义理无由明。……若不读这一件书，便缺了一件道理。"（《朱子语类》卷一百二十）他还以"观书有感"为题写过这样一首绝句："半亩方塘一鉴开，天光云影共徘徊。问渠哪得清如许，为有源头活水来。"朱熹不仅重视读书，而且重视对读书的辅导，为此他曾经提出过著名的"朱子读书法"，指出读书应当注意六条原则：循序渐进、熟读精思、虚心涵泳、切己体察、着紧用力、居敬持志。应当说朱熹的思想具有十分重要的德育价值。

　　读书，尤其是读好书，无疑具有道德修养的价值。教师在指导时主要应做的工作是鼓励、推荐、辅导和支持。所谓鼓励，就是应当将读书，尤其是课外的读书活动作为一种积极的修养行为予以提倡和褒扬。所谓推荐，就是应当依据不同学生的实际适时推荐有利于学生成长的读物。所谓辅导，就是要引导学生学会读书，包括介绍一些读书的方法，帮助学生制订读书计划等。所谓支持，除了以上诸点之外，还应当注意营造读书的氛围，比如举办读书比赛、读书心得报告会以及书评活动等，使读书与修养、读书与教育有机结合起来，并相互支持。

3
德育方法的应用

一、德育方法的组合及模式问题

　　马卡连柯认为，具有决定意义的不是孤立的教育手段，而是和谐地组织起来的手段体系。[①] 他说："没有任何十全十美的方法，也没有一定有

---

① 参见：巴拉诺夫，等. 教育学［M］. 李子卓，等，译. 北京：人民教育出版社，1983：198.

害的方法。使用这种或那种方法的范围，可以扩大到十分普遍的程度，或者可以缩小到完全否定的状态——这要看环境、时间、个人和集体的特点，要看执行者的才能和修养，要看最近期间要达到的目的，要看全部的情势如何而定。"① 因此，德育方法在实际应用中一个重要的问题是德育方法的组合及其形成的模式问题。

（一）德育方法的优化组合

德育方法是由一系列德育手段、德育方式的组合形成的。同时德育方法本身也是丰富多彩的，教师从事具体道德教育活动时也不可能只采取某一种德育方法。这些都决定了德育方法之间的组合也有一个优化的问题。

诸种德育方法的组合模式很多，因教育过程的实际而不同，但总体上应当依据以下三项基本原则。

第一，目的性原则。马卡连柯说过："方法和目的的关系应当是检验教育逻辑的正确性的实验场所。从这种逻辑出发，我们就不能允许有不去实现既定目的的任何方法。"② 所以，与具体德育方法的选择一样，德育方法的组合也是以德育目标的完成为最高标准。

第二，系统性原则。组合的实质是要处理德育方法涉及的各方面关系。由于德育方法的组合不仅涉及德育目的、德育内容、活动主体（教师与学生）及条件等教育要素，而且也涉及构成组合的各德育方法之间的关系，所以如何形成德育方法之间的优势互补、相互协调的关系是十分重要的。

第三，最优化原则。在同一德育活动开始之前，应有若干种德育方法组合的设计，然后结合目的性原则、系统性原则及具体的教育实际进行综合考虑，最终形成最优的德育方法组合。最优化的标准同前述德育方法的选择标准相同。

（二）德育方法模式

这是指在德育方法使用过程及其组合运用过程中，德育主体（教师个体或集体，甚或某一民族）有意、无意形成的使用某些德育方法的固定倾向。这一倾向往往是以一定的德育理念作为基础的。例如当代西方德育界形成的主要方法模式就有：①认知发展方法模式，其具体方法包括道

---

① 马卡连柯. 论共产主义教育［M］. 刘长松，译. 北京：人民教育出版社，1981：124.
② 同①：125-126.

德两难问题的课堂讨论、价值分析、公正团体、榜样示范等；②社会学习方法模式，具体方法包括行为矫正法（奖惩）、文化传递法（名人传记、英雄事迹）、个人榜样法、价值观示范法、角色扮演等；③价值澄清方法模式，包括价值澄清、价值探究、价值反思、价值筛选等；④社会行动方法模式，包括社会行动法、角色扮演、社会互动法（合作学习等）、社区体验法等。① 每一个德育工作者都有自己的优势和不足，同时特定教育对象和教育情境也有相对稳定的特征。所以，德育工作者应当从对德育方法的反思走向主动构建，探索符合自己德育工作实际的方法模式，最终形成自己的德育风格。

二、德育方法的灵活运用

无论是具体德育方法的选择，还是德育方法组合模式的选择，都有一个创造性发挥的问题。德育活动是一个具有一定艺术性的实践活动。教师在具体的德育活动之中总是要面对具体的学生、具体的德育内容、教育情境等，教师必须具有一定的判断能力，不仅要能够创造性地运用已有的德育方法，而且还应当具有对德育方法的反思、批判和创造能力。既有的德育方法都是前人教育经验的结晶，教育工作者对方法创造的自觉也必然会为德育方法的完善与创新提供新的动力与源泉。所以德育方法的灵活运用是德育方法的生命力所在。关于德育方法的灵活运用，应当特别注意以下两个方面。

第一，方法上的"因材施教"。苏联教育学家伊·斯·马里延科在谈到难教的学生时曾经指出："'难教性'的特征的表现性质是随着年龄而变化的，正像有一部分学生不良品质的内容本身在起变化一样。举例说，如果低年级学生懒于学习，那么，这可能与他缺乏耐心苦干精神有关，与不善于克服先前学习中遇到的困难有关。到了中年级，学生的懒散表现，则可能由于对文化知识缺乏兴趣。到了高年级，他的懒惰和不愿努力学习则证明他可能有他自己独特的'理想'了。"② 所以，德育方法灵活运用的实质是因材施教，考虑德育对象的年龄、个性、道德发展、知识准备等条件

---

① 参见：冯增俊. 当代西方学校道德教育［M］. 广州：广东教育出版社，1993：434.
② 马里延科. 德育过程原理［M］. 牟正秋，王明辉，译. 北京：人民教育出版社，1985：54.

来选择德育方法。

第二，打破方法认识上的思维定式。在实际德育过程中人们常常会形成一些关于方法的思维定式，其结果是对某一方法或某些方法及其运用方式产生僵化的理解。许多有创造性的教育家都是德育方法上破除思维定式的榜样。例如，关于如何改变学生的坏习惯，马卡连柯曾说过，"按进化论的规律，打算慢慢准备，使人养成某种素质，设计一套改造心理结构的办法，但为了实现改造，反正一样，都必须有某种更锐利的、爆炸式的、震惊的突然手段"①。所以，灵活运用德育方法的一个重要维度是全面和灵活地认识与使用德育方法。

德育方法需要灵活运用，但是灵活运用又不是无章可循。由于教育方法本身会直接构成德育的隐性课程，所以我们必须十分慎重地选择德育方法及其组合。

习题

1. 什么是德育方法？德育方法与德育手段、德育方式的区别是什么？
2. 如何理解德育方法的选择标准？
3. 方法论意义上的德育方法有哪些？除了本书提及的以外，你认为还有哪些？
4. 试述评家庭化德育或德育母爱方式的积极意义。
5. 以苏霍姆林斯基为例谈谈如何实施理想激励的方法。
6. 试说明惩罚作为教育方法的意义与局限。
7. 如何理解德育方法的组合和灵活运用？

本章参考文献

1. 鲁洁，王逢贤. 德育新论 [M]. 南京：江苏教育出版社，2000：第 5 章.
2. 胡厚福. 德育学原理 [M]. 北京：北京师范大学出版社，1997：第 12 章，第 15 章.
3. 欧阳教. 德育原理 [M]. 台北：文景出版社，1998：第 13 章.
4. 魏贤超. 现代德育原理 [M]. 杭州：浙江大学出版社，1993：第 17 章.

---

① 马卡连柯. 马卡连柯全集：第 5 卷 [M]. 耿济安，等，译. 北京：人民教育出版社，1956：507.

5. 冯增俊. 当代西方学校道德教育［M］. 广州：广东教育出版社，1993：第 8 章.

6. 黄向阳. 德育原理［M］. 上海：华东师范大学出版社，2000：第 6 章，第 7 章.

7. 谢明昆. 道德教学法［M］. 台北：心理出版社，1994：第 1–7 章.

8. 檀传宝，等. 学校德育诊断案例研究［M］. 北京：教育科学出版社，2012.

9

德育主体

康德说：“人只有靠教育才能成人。人完全是教育的结果。更可注意的是，只有人才能教育人——换言之，即只有自身受过教育的才能教育人。”① 康德所言的这条原则对道德教育来说十分关键，因为社会学习理论等早已揭示，教师的人格是学生进行价值学习的关键性的中介。离开作为德育主体的教师谈学校道德教育是不可思议的事情。

1 德育主体及其作用

一、德育主体的概念

（一）谁是德育的主体？

谁是教育的主体？谁是德育的主体？这是教育和德育理论中争议极大

---

① 康德．康德教育论［M］．瞿菊农，译．上海：商务印书馆，1930：5.

的一个命题。20世纪80年代以来，中国大陆关于教育主体问题，存在着"单一主体论"——教师主体或学生主体，"双主体论"——教师和学生都是主体或互为主体，主体转化——教师开始是主体，然后学生逐渐成为主体等对于教育和德育主体的不同论述与讨论。

不同主体理论的出现，最主要的是关注我国教育活动中忽视学生主体的理论和实践所带来的问题，从而对单一主体中教师主体予以怀疑和否定的结果。其实质就是反对传统教育观念中的"教师中心论"，本身具有积极意义。但是，对单一主体中教师主体的怀疑和否定也有一定的问题。比如将学生视为单一主体，固然有尊重学生、符合教育规律的一面，但是由于学生只能视为学习过程的主体，全部教育过程中学生作为主体的作用是建立在教师主体性发挥基础之上的事实使这一结论难以成立。而双主体或主体转换理论表面上似乎更加全面，但实际上又回避了在作为一个整体的教育过程中谁是主体这样一个命题，逻辑上是有缺陷的。笔者所持的观点，可称为教育主体认识上的"新保守主义"。所谓新保守主义的内涵是：我们应当坚持教师是整个教育或德育过程的主体，但是也应当注意吸收学生主体、双主体及主体转化理论对学生主体的强调。即我们应当将学生主体性发挥作为教师主体性发挥的核心或本质去看待。这样我们就既能照顾到教育活动整体中教师主导作用的事实，也能够充分考虑学生在教育活动中的中心地位。这是一种教师主体论，所以是"保守主义"的；但是由于这又是否定之否定之后，充分考虑、吸纳了学生主体性的积极意义的结论，所以又是"新"保守主义。

本书所论的"德育主体"，实际上就是在德育过程中以充分注意道德学习主体性发挥为自己道德教育活动最大主体性目标的道德教育工作者——教师。

（二）德育主体的两种形态

从历史发展和现实存在两个方面看，德育主体有两种形态，即专门和非专门的"德育工作者"。在古代教育活动中，教育即德育，所以全部教育工作者都是德育主体，德育主体只有一种形态。随着社会发展对智育的强调，加上社会分工、学科分化等因素的影响，教育系统中慢慢形成专门德育学科的教学人员、咨询辅导人员及专门的教育管理人员与其他非专门德育学科教学人员的相对分工。所以近代以来尽管我们仍然认为"没有无（道德）教育的教学"，但仍然使德育主体实现了分化，出现一部分专门的德育工作者，而另一部分似乎是"非德育工作者"的德育主体。

德育主体的上述分化有着十分重要的意义。因为这一分化意味着德育工作有了值得专门关注和研究的必要，德育主体的分化实际上是对德育特殊性的认可，也是德育主体需要专门知识、专门训练的一大理由。但是这一分化也带来了一个不容忽视的消极后果，那就是人们往往将道德教育的责任不自觉地推到专门的德育主体身上，从而忽视了非专门的德育主体应负有的道德教育责任。同时德育活动也就限定为某一些教育工作者在某些特定时间、特定场合的专门的课程。这样的认识使德育效果反而有一种由于得不到全方位支撑而减弱的趋势。德育主体及其作用范围在近代以来有一种逐渐萎缩的趋势。有学者指出，由于对德育主体认识的偏差，我国德育已经出现了两种不良后果：一是由于分工不同而忽视德育责任；二是德育惯于集体性模式而忽视了个性化影响。①

对此，第一，由于直接德育和间接德育都是德育的重要组成部分，隐性课程和显性课程一样重要，专门的德育工作者与非专门的德育工作者之间只有工作方式上或德育内容分工上的差别，而不能理解为责任的完全分离。所有教育主体当然都有德育的使命，都是德育主体。第二，由于道德教育专门的课程（例如课堂教学）只能解决道德教育任务很小的一部分（比如道德认知），所以课内、课外，集体性的教育和个别化的教育都是道德教育的途径，因此德育主体存在的时空不仅不能萎缩，相反应当得到进一步的拓展。

二、对德育主体作用的认识

德育主体在道德教育过程中的地位与作用，也是德育理论不断研讨的一个命题。争论的主要内容有两个方面：一是教师与学生的关系；二是在教育过程中教师作为德育主体如何呈现自己的价值。归纳起来看，大体有以下三种不同的态度。

（一）权威主义

对教师在德育过程中地位与作用的权威主义态度首先是古代德育观念的组成部分。在中国古代，最具代表性的观点是荀子的"贵师重傅"说。

---

① 鲁洁，工逢贤. 德育新论［M］. 南京：江苏教育出版社，1994：337.

荀子特别强调教师的地位与作用。他说："天地者，生之本也；先祖者，类之本也；君师者，治之本也。"（《荀子·礼论》）天地君亲师是礼之本。"礼者，所以正身也，师者，所以正礼也。无礼何以正身？无师，吾安知礼之为是也？"（《荀子·修身》）正是因为如此，所以"国将兴，必贵师而重傅……国将衰，必贱师而轻傅"（《荀子·大略》）从教师的崇高地位出发，荀子特别强调教师在道德教育中的价值权威和主导作用。他说"人有师法而知，则速通"，故"言而不称师，谓之畔；教而不称师，谓之倍。倍畔之人，明君不内（纳），朝大夫遇诸途不与言"（《荀子·大略》），"非礼是无法也，非师是无师也"（《荀子·修身》）。"天地君亲师"的师道尊严观念正是从荀子开始明确地建立起来，对中国的教育和道德教育传统产生了巨大的影响。

在近现代，对教师在德育过程中的作用做权威主义理解的可以洛克和涂尔干为代表。洛克从白板说出发认为"我们所有的知识都是建立在经验之上的，知识归根到底导源于经验"[1]。至于道德价值和规范，"做导师的人应该随时灌输给他，应该用尽一切办法使他懂得，使他彻底信服"[2]。涂尔干认为教师的权威地位主要是基于两个原因。第一，学生在教育过程中自然地处于被安排的被动状态；第二，教师拥有文化和经验上的优势，自然应当对儿童产生主导性的作用。涂尔干认为道德教育是学生社会化的重要途径，教师是"社会与儿童之间的中介人，是社会强制儿童的代表者"[3]。"正像牧师是上帝的解释者一样，教师也是他所处的时代和国家的伟大道德观念的解释者。"[4] 所以教师是道德权威，其在教育过程中的主导地位是毋庸置疑的。

对德育主体的权威主义理解反映了道德教育过程中的外在形式上的部分事实，对增强德育主体的教育信心也有一定的积极意义。但是权威主义是以经验主义、行为主义以及社会本位为基本前提的。它对传统道德教育中的灌输模式的形成有重要影响。所以权威主义的教师观念应当得到扬弃。事实上，德育的现代化进程之一也正在于对权威主义的否定。

————————

① 张焕庭. 西方资产阶级教育论著选 [M]. 北京：人民教育出版社，1980：56.
② 洛克. 教育漫话 [M]. 傅任敢，译. 北京：教育科学出版社，1999：71.
③ 涂尔干. 社会学研究方法 [M]. 胡伟，译. 北京：华夏出版社，1988：7.
④ Durkheim E. Moral education[M]. New York：Free Press，1961：155.

(二) 中立主义

"中立主义"是一种主张教师在道德教育过程中采取价值相对主义的立场,因而在师生关系上保持价值中立的德育主体观念,具有儿童中心主义的倾向。

中立主义的德育主体论是一种具有现代性的观念。但价值中立立场在古代德育理论中的鼻祖也许可以追溯到苏格拉底。苏格拉底总是以"无知"的态度出现在学生面前,然后引导学生积极思考得出道德结论。在现当代,持中立主义立场的主要有价值澄清学派的一些代表人物和英国人本主义课程理论的代表斯腾豪斯(L. Stenhouse)等人。

价值澄清学派认为,第一,在价值领域尽管可以接近绝对真理,"但是要绝对清晰地认识它是一个极有可能,但却从未达到的目的"①。第二,价值是纯粹个人的事情,因此价值观念的学习应当是学生个人审慎思考和选择的结果。而"如果我们希望学生对那些棘手的、丰富的价值问题进行反省,就必须避免站在任何立场阻碍学生公开地反省"②。价值澄清学派的代表人物拉思斯等人认为,道德教育的根本任务是通过价值澄清过程使学生掌握价值澄清的技巧;因此教师个人的价值、信念和生活方式不能影响其教学活动,尤其不能将自己的价值观灌输给学生。

斯腾豪斯则认为,现代德育的一个重要任务是要实现教师从"权威角色"向"中立角色"的转变。而所谓的中立角色意味着"教师不发表自己的意见;对学生的观点和教材中所包含的价值不予评论;可以回答诸如词的意义等问题,但不能提供事实知识"③。斯腾豪斯认为,教师保持中立的价值立场不是要让教师放弃自己的立场,相反价值中立本身意味着教师拥有一种更为重要的价值观。

中立主义的价值立场的确有充分尊重学生的价值学习主体性的一面,对克服道德教育过程中的强制灌输有十分积极的意义。但是绝对中立既难做到,也并不利于进行真正的道德教育。许多德育理论家都对此有不同意见。比如科尔伯格就说:"相信价值相对的教师是不能真诚地向学生传授

---

① Raths L, Harmin M, Simon S. Values and teaching [M]. Columbus, OH: Merrill, 1978: 286.

② 同①: 40.

③ Downey M, Kelly A V. Moral education: theory and practice [M]. New York: Harper and Row, 1978: 197.

价值的。为了教育，教师不得不相信，某些道德价值是正确的，而不管学生是否接受。"① 因此，中立主义的德育主体观念必须经过改造才能成为对道德教育中教师的作用和地位的科学的界定。

(三) 调和的立场

由于对德育主体的权威主义和中立主义观点都有各自的偏颇，所以很自然地出现了综合两者的"调和的立场"。因此，这里所谓的"调和"是一个中性或褒义的概念，不是一个贬义词汇。持这一立场的代表人物有杜威、威尔逊、贝克等人。

杜威的理论常常被人理解为"儿童中心主义"，价值澄清学派等往往也正是从这一理解出发得出价值相对因而教师应当保持价值中立的结论的。但是杜威本人则明确表示过他对传统教育的批评不是要否定教师的重要作用，而在于批评传统教育对儿童的忽视。他说："传统教育的问题，不在于教育者负起了安排环境的责任。问题在于他们没有考虑到创造经验的另外一个因素，即受教育者的能力和要求。"② "实际上，教师是一个社会团体的明智的领导者。……认为自由原则使学生具有特权，而教师被划在圈外，必须放弃他所有的领导权力，这不过是一个愚蠢的念头。"③ 在教师问题上，杜威既反对"权威"模式，也反对"放任"模式。他的真实主张是"所需的信仰不能硬灌进去；所需的态度不能粘贴上去。但是个人生存的特定的生活条件引导他看到和感觉到一件东西，而不是另一件东西；它引导他制定一定的计划以便和别人成功地共同行动；它强化某些信仰而弱化另一些信仰作为赢得他人赞同的一个条件。所以，生活条件在他身上逐渐产生某种行为系统，某种行动方向"④。教师的责任在于组织、安排好这一"特定的生活条件"。"教师在学校中并不是要给儿童强加某种概念，或形成某种习惯，而是作为集体的一个成员来选择对于儿童起着作用的影响，并帮助儿童对这些影响作出适当的反应。"⑤ 杜威认为："建立在个人经验的基础上的教育也许意味着比在传统学校任何时候曾经存在

---

① 瞿葆奎. 教育学文集：德育 [M]. 北京：人民教育出版社，1989：464.

② 杜威. 杜威教育论著选 [M]. 赵祥麟，王承绪，编译. 上海：华东师范大学出版社，1981：362.

③ 杜威. 我们怎样思维·经验与教育 [M]. 姜文闵，译. 北京：人民教育出版社，1991：227-228.

④ 杜威. 民主主义与教育 [M]. 王承绪，译. 北京：人民教育出版社，1990：13.

⑤ 同②：5-6.

的成人和儿童之间的更复杂和更亲密的接触，结果是更多而不是更少地受别人指导。"① 他进一步指出，在道德教育过程中，教师的主体作用表现在两个方面。第一，教师的工作应当以促进儿童的生长为中心。第二，教师是学生的向导、指导者、领导者，也是道德价值的学习者和活动的组织者。作为德育主体的教师除了应当具备道德价值方面丰富的专业知识之外，还必须了解有关环境条件形成经验的一般原理，懂得如何形成有利的环境促进儿童经验的生长。此外，教师必须了解儿童经验发展的连续性，了解儿童的希望、兴趣与理想，从而能够更好地帮助学生进行价值反思与判断，提高价值水平和能力。

威尔逊是一个对道德理性能力培养高度重视的德育理论家。一方面，他主张直接的道德教育，主张专门的道德教育课程设置。他认为："将道德教育作为一种附加的或边缘性课程来对待只会导致灾难。"② 与此相关的另一方面是，他坚决地赞同教师在道德教育中的主导作用。虽然他反对道德灌输，主张学习道德生活的方法论；但是他不反对在训练学生学习这一方法论时发挥教师的积极性，甚至他也不反对教师保持自己的价值立场，以供学生参照。威尔逊明确指出："作为教育者，使学生确实清楚我们在道德教育上正在努力做什么以及如何把道德教育作为一门学科来处理是极其重要的。"③ 威尔逊认为，在道德教育中，鼓励和帮助学生寻找答案和答案背后的理由是一回事，而暗示根本就没有正确答案是另外一回事。任何开放的道德教育都应该承认这样一个事实：我们是为了发现真理而讨论的。也就是说：存在有待发现的价值真理。所以诚实的教师应当向儿童正面介绍某些值得依靠的方法论和价值选择。

克里夫·贝克是"反年龄歧视论"的代表人物。贝克认为，在真正的价值教育过程中，教师与学生一样都是学习者。理想的道德教育应当是师生之间的一种精神对话，是一个对共同感兴趣的领域相互提出问题、共同解决问题的过程。"通过对话，学生的教师和教师的学生都将不复存在。取而代之的是一个新的术语：'教师—学生'和'学生—教师'。教

---

① 杜威. 杜威教育论著选［M］. 赵祥麟，王承绪，编译. 上海：华东师范大学出版社，1981：384.

② 转引自：袁桂林. 当代西方道德教育理论［M］. 福州：福建教育出版社，1995：148.

③ Wilson J. A new introduction to moral education［M］. London：Cassell Educational Limited，1990：189-190.

师不再仅仅是施教者，在与学生的对话中，他也是受教者。反之，学生在受教的同时也在施教。他们对共同发展的过程负责。在这一过程中，基于'权威'的那些论点不再是天经地义的……这里没有向别人施教的人，也没有自己教自己的人。（人们）相互教。"① 贝克认为在道德教育过程中，教师的职业角色犹如一位曲棍球教练，他自己不一定打得比队员出色，但是他由于杰出的教练技巧而受到很高的评价。教师的职业价值主要体现为他有较好的职业技巧，更主要的是他能够提供建议，帮助制订、管理实施价值教育的计划——这一计划既是为学生制订的，也是为教师自己制订的。贝克指出："要完全避免权威主义是困难的，但是，使我们的教学成为非权威和对话式的教学应当成为我们的理想。教师应当尽其所能地为他们的学生服务，与他们共同努力以确保对话的实现。"② 贝克认为，一个合格的价值教育的教师应当具备的素质是：具有丰富的专业知识和合作探究的能力与品质；有良好的政治意识并善于向学生实施政治影响；尊重学生的理智能力和人格，保持学校和课堂的民主气氛；不断改善自己的社会和道德品质；有从事价值教学所必需的技能和技巧；等等。③ 为此，必须对从事价值教育的教师进行认真的职前和职后的培训。

杜威、威尔逊和贝克的观点对我们辩证地看待教师作为德育主体的地位与作用富有启发性。对德育主体作用的正确认识至少应当包含以下几点。

第一，德育主体的主体性发挥的核心是学习主体道德学习的主体性发挥。所以教师不仅要尊重学生的人格，而且应当像贝克所说的那样，以一个"教师—学生"的身份出现在学生面前，作为探索者之一来开始自己的工作。为此，教师应当做的首要工作是为学生创造一个相对自由的价值空间和心理氛围，以宽容、珍视的心情看待学生的价值探索。否则不仅不可能形成真正的道德，而且这一道德教育过程本身有沦为"反道德"过程的危险。

第二，德育主体的价值体现在对学生道德成长的引导上。教师、学校因素存在的必要，就在于能够使学习者少走弯路。教师与学生人格上的平

① Beck C. A model of dialogue for democratic moral education: theory and practice [C]. Presented at the Annual Meeting of the A. M. E., Athens, Georgia, November 8, 1991: 6.
② 同①: 90.
③ 戚万学，杜时忠. 现代德育论 [M]. 济南：山东教育出版社，1997: 386.

等并不等同于地位上的对等。所以一个诚实和负责的教师不能放弃自己作为学生价值成长的引导者的使命。而所谓"引导者的使命"意味着教师不仅是学生道德成长之路上的"同志"、"朋友",而且应当是学生的"指导者"、"帮助者"。教师有责任将自己个体和整个人类社会的道德经验提供给学生参考。保持绝对的价值中立不仅不可能,也对学生的道德成长有害。

第三,德育主体的主体性发挥的关键之一是如何处理价值引导和尊重学生之间的关系。事实上,当代社会在师生关系上采取绝对立场的人并不多,在中国,中庸的传统使我们最易接纳的立场也正是辩证或"调和"的立场。但是,教育是一门需要高度智慧的艺术。在道德教育实践中如何根据具体情况形成民主型(非权威也非放任的)师生关系,取决于两个要素:一个是教师作为德育主体的素养;一个是教师的教育智慧水平。智慧水平对特定个体来说是不可控的因素,同时又与主体素养存在一定的正相关关系,所以研究如何发挥德育主体的主体性不能不与主体素养相联系。

2

德育主体的素养结构和水平提升

一、德育主体的素养结构

一般来说,德育主体的素养结构应由三个基本维度构成,即道德素养、专业素养和教育素养。

教师的道德素养包括这样两个基本内容:个人道德修养、教师职业道德。所谓德育主体的个人道德修养,是指教师必须有垂范于学生的道德人格。教育劳动,尤其是道德教育活动的一个重要特点是劳动者本身就是劳动的工具。教师本身就是教育的手段。所以,道德教育的前提之一是:教师尤其是那些从事道德教育工作的专门人士必须具有坚定的道德信念和优良的德行。否则，道德教育只能变成难以使人确信的一般的知识教学。所谓教师的职业道德实际上也可以说是个人道德修养的一部分。它的主要内涵是对道德教育事业的满腔热情，对道德教育责任的当然承担，以及在学校生活中表现出的教育公正、合作态度、仁爱精神等教师职业所要求的行业道德修养。① 教师的职业道德表现实际上可能成为学生当前与未来道德生活的样板，一种道德教育的隐性课程。

专业素养主要包括学科专业水平和一般文化素养。"学科专业水平"是指德育主体必须具备一定的道德哲学、德育理论和德育心理学等方面的专业修养，对道德教育内容和策略的原理有专门、具体和深入的认识。就像英国著名教育哲学家赫斯特（P. H. Hirst）所说的那样，专门从事道德教育工作的教师"应该对道德的本质有所研究，对道德的适当领域有必要的合理的理解，而且在道德教学上受过专门的训练"②。就像数学教师应当懂得数学，语文教师应当通晓语文一样，从事道德教学的教师应当懂得什么是"道德"和如何才能学会道德。我国心理学家林崇德教授等人将这样一类知识称为教师的"本体性知识"③。除了"本体性知识"之外，林崇德教授还特别强调教师必须具有足够的"文化知识"，认为"知识渊博的教师往往赢得学生的信赖和爱戴，因为教师的丰富的文化知识不仅能扩展学生的精神世界，而且能激发他们的求知欲"。"广博的（文化）知识对于其取得最佳的教育效果，具有与本体性知识同等重要的意义。"④由于道德教育是一个需要对情感、信念、态度等因素起作用的教育领域，更具有"陶冶"的性质，因此文化修养对道德教育效果的改善比对其他领域的教育活动具有更大的意义。所以一般文化水平在这里就成为"专业"素养的一部分。

与"学科专业"相对应，教育素养是另外一个维度的"专业"素养。现代教师职业的专业化从某种意义上讲更多的是指教育的专业性水平，即

---

① 1997 年全国教育工会重新颁发的《中小学教师职业道德规范》规定我国教师必须遵守的八个职业道德规范为：依法执教、爱岗敬业、热爱学生、严谨治学、团结协作、尊重家长、廉洁从教、为人师表。

② Hirst P H. Moral education in a secular society ［M］. London：Hodder & Stoughton, 1976：112.

③ 林崇德. 教育的智慧：写给中小学教师 ［M］. 北京：开明出版社，1999：38.

④ 同③：39.

教育素养的提高。教育素养包括教育信念、教育观念和教育技能等。教育信念是指教师对教育事业和教育者个体教育能力与应有追求的确信。对教育事业和教师个人教育能力的确信，在心理学中被称为"教育效能感"。"我的学生一定能成才、能进步"、"我一定能教好学生"等一般和个人的教育效能感，是教育和道德教育的动力和基本心理前提之一。教育信念还包括教师对教育应有的价值取向的坚定信念。道德教育主体必须确立"道德教育只能通过学习主体的自我建构才能实现"、"道德价值一定有相对真理"等基本的教育信念。没有这些信念，道德教育就极易事倍功半。教育观念实际上也可以包括教育信念在内。与教育信念相并列的教育观念是指对具体教育活动规律性的基本认识，如教育目的观、教育过程观、课程观、教学观等。道德教育主体对于道德教育的目的、过程、课程、活动等问题的认识也直接影响到道德教育的具体开展及其效果。教育技能是指具体的教育工作技巧。在道德教育中，教师在课堂教学中，在活动课程实施等方面都需要组织、交流、沟通、表达、示范等方面的技巧。这些技巧对于道德教育至关重要。道德教育技能一方面要靠对心理学、教育学等方面的理论研修去获得，另一方面要通过道德教育的实际训练去提高。

除了上述关于德育主体素养结构的三个维度的解释之外，我们还必须以"三个尺度"去看待教师的德育素养。这里所谓的"三个尺度"是指真、善、美的尺度。

所谓"真"的尺度，是说教师具有合乎道德教育规律的"科学"的素养。这就包括上面提到的专业素养、教育素养等内容。同时，教师作为德育主体也应当具备合目的性（即"善"的）素养。教师既应忠于职守，完成社会分工所决定的道德教育的使命，又应当注意以提高学生道德发展和生活质量水平为目标进行道德教育。简而言之，道德教育主体应有社会性和人道性。这主要是指教师的道德素养。但是，德育主体的素养还必须有一个较高的衡量标准——"美"的尺度。

以"美"的尺度要求教师作为德育主体的素养的主要内容是：①教师应当善于挖掘道德教育内容中的审美因素，善于使学生以欣赏的心态去观照人类的道德智慧和道德人格的美丽；②教师具备一定的艺术素养，能够充分利用艺术形式去开展道德教育活动；③最主要的是，教师的道德教育活动本身应当具有"庖丁解牛"一样娴熟的技巧，使道德教育过程本身成为一种教育艺术，一种展现人类自由本质的活动——也就是具有成为审美对象的本质属性。

二、德育主体素养水平的提升

德育主体素养水平的提升，主要应当通过培训和自修两大途径进行。由于德育主体分为专业或职业的德育工作者和非职业的德育主体两个类型，德育主体素养的培训也应当分为两个部分来研究。

（一）德育师资的培训

对于专职德育工作者来说，德育主体应有较高的道德教育素养要求。这是由于专门的或直接的道德教育与其他学科的教学有本质上的区别。道德教育所要完成的任务中，认知、智慧上的进步只占很小的成分。态度的改变、信念的确立、行为的实施才是道德教育追求的根本目的。所以"并非所有经过固定学术课程训练并有娴熟的教学技巧的教师都能知道道德问题的本质、解决道德问题的方法和实施道德教育的最有效的途径"①。所以在采取直接道德教育模式的国家，一般都十分重视对专门的德育师资进行特别的训练。中国号称礼仪之邦，历来重视道德教育。但是专门训练自己的道德教育师资的问题并没有得到高度重视。目前的主要问题是，我们将专门的德育师资培训基本上归口师范大学或教育学院的政教专业。而政教专业的课程训练中占主导地位的课程是政治、经济和哲学理论，道德哲学、德育心理和道德教育理论与实践方面的训练基本没有。这是中国大陆道德教育政治化和效益低下的重要原因之一。所以今后中国道德教育的师资培训应当换一个思路，由大学教育系培训德育师资，或者加大师范大学和教育学院政教专业课程中德育专业训练的力度。

由于直接的道德教学需要间接的道德教育的配合才能取得真正的德育效果，非专门的道德教育工作者的德育使命应当得到高度重视。所以必须对非专门或一般的德育主体进行适当的训练。一般德育主体（非专门的德育工作者）也应当具备一定的道德教育素养。这就要求所有教师在取得任职资格时必须有"道德教育学分"。日本是一个采取直接道德教育模式的国家，但是他们仍然规定"道德教育研究"两个学分是教师任职资

---

① Hirst P H. Moral education in a secular society［M］. London：Hodder & Stoughton，1976：112.

格的一个必要条件，并且建立了一套完整的道德教育培训系统。① 其经验值得中国借鉴。德育实效的提高，需要教师德育专业化水平的提升。

（二）德育主体的自修

除了职前和职后的培训之外，德育主体素养提升的另外一个重要方式是自修或修养。除了一般在道德、专业和教育上的修养方法之外，特别应当注意的策略有以下三个。

1. 德育使命策略

德育使命策略的要义是加强职业道德建设，使所有教师认可道德教育的使命。以此为基点，教师应当摒弃将自己的角色矮化为不涉道德教育义务的一般教书匠的意识，既做"经师"，又做"人师"。只有教师有了德育使命的意识，教师才可能找到道德教育工作的最大意义，才能确立起德育主体意识和进行自修的真实动机。所以使命策略即意义寻找或动机发动的策略。

2. 科研带动策略

许多中小学教师都认为，德育科研是专家的事情，自己的任务只是对道德教育成果的学习和应用。这种认识既不符合道德教育理论发展的事实，也不利于教师德育使命的高质量完成。实际上只要教师有自己的科研意识，就会有学习德育理论、改进德育工作的冲动。德育科研意识肯定会带动教师整体素养的提升。当然，科研带动策略的采取必须同教师科研能力的提高结合。所以在职前和职后教师培训过程中加强对教师教育科研能力的提升是十分重要的一个环节。

3. 实践与反思策略

作为道德教育实践工作者的德育主体的科研，不必追求专家性质的德育研究模式。教师的德育科研应当采取一种"实践—反思"模式。对目前的大多数教师而言，战略上应当将自己的德育科研的重点放在对具体德育活动的经验性研究上。这样既能与教育理论专门人士有相对的分工，又能尽快进入研究的轨道。当教师能够真正对自己的德育实践做经常性的反思时，德育工作的改进就有了可能，德育主体素养的提高也就有了经常性的动力。

德育主体素养的提高并不仅仅涉及德育或教育系统本身。社会宏观环

---

① 戚万学，杜时忠. 现代德育论 [M]. 济南：山东教育出版社，1997：390-391.

境的改善对德育主体素养的提升至关重要。我们可以想见，一个不从根本上重视教育和道德教育的社会，德育主体就得不到起码的尊重。德育主体素养提升的动力就会减弱。所以德育主体素养的提升、道德教育事业的发展都离不开整个社会对德育的高度重视。以上讨论主要是从教育的角度出发的。对教育工作者而言，我们只能一方面吁请社会支持，另一方面从自己做起。从自己做起的思想一方面是因为在短时间内教师能够有作为的是自身素养的改善；另一方面是因为自身素养与工作成绩的提高会提升社会对德育的认可与支持的水平。

习题

1. 谁是德育的主体？如何理解"新保守主义"的德育主体观？
2. 德育主体的主要素质包括哪些内容？
3. 怎样用真、善、美三个尺度看待德育主体的素质结构？
4. 如何提高德育主体的德育素养？

本章参考文献

1. 鲁洁，王逢贤. 德育新论 [M]. 南京：江苏教育出版社，2000：第10章.
2. 林崇德. 教育的智慧：写给中小学教师 [M]. 北京：开明出版社，1999：第2章.
3. 檀传宝，等. 教师德育专业化读本 [M]. 北京：教育科学出版社，2012.
4. 戚万学，杜时忠. 现代德育论 [M]. 济南：山东教育出版社，1997：第10章.
5. 胡厚福. 德育学原理 [M]. 北京：北京师范大学出版社，1997：第18章.
6. 檀传宝. 德育过程三要素的特点 [J]. 北京师范大学学报：社会科学版，1992
   （3）.
7. 里可纳. 美式课堂：品质教育学校方略 [M]. 刘冰，董晓航，等，译. 海口：海
   南出版社，2001：第5章.
8. 但昭伟. 道德教育：理论、实践与限制 [M]. 台北：五南图书出版公司，2002：
   第5章.

10

德育的社会环境①

环境是指生物体生存空间内各种条件的总和。人类生存的环境包括自然环境、社会环境、精神环境，其中，社会环境、精神环境对人的道德成长作用最大，而精神环境又往往与社会环境相重叠。影响学校德育的社会环境既指社会经济、政治、文化和社会心理环境，又含大众传媒、社区、学校、家庭等，以学校自身环境最为专门和规范。由于学校教育内环境如班级、同辈群体、课堂、师生关系、校园文化等前面已经做过一定研究，本章所使用的"社会环境"是狭义概念，专指学校教育外部的社会环境。美国学者曾将青少年成长的社会文化环境分为微观系统、中间系统和宏观系统。其微观系统指成长中的人同他们的直接背景之间的关系，如家庭、学校、邻居；中间系统是具体个人在一生的特殊阶段与其重要背景之间的相互关系，包括家庭、同辈小团体、学校、工厂和教会等；宏观系统指占统治地位的教育、法律、政治体系等。② 这一划分的优点在于揭示了个体与环境间的相互作用，其缺点是所谓"直接背景"和"重要背景"之间外延重叠，界限不清。我们可借鉴上述划分，以作用的空间大小为标准将学校德育的外部环境分为：宏观系统——社会经济、政治、文化和社会心理；中观系统——社区；微观系统——家庭；中介系统——大众传媒。在这一划分之中，中介系统主要是就其更多地起传导宏、中、微观系统的作

---

① 本章原为作者承担鲁洁教授主持的全国教育科学"八五"规划重点课题"德育社会学"一个子课题的研究成果，经重新修改而成。

② 转引自：江洪. 走向实际：关于青年研究的宏观思考 [J]. 青年研究，1990（10）：33.

用而言的，所以称"中介系统"而未划归"中观系统"。本章是按这一划分展开研讨的。

1

社会环境的德育价值

一、社会环境与个体道德发展

与学校教育所提供的个体道德成长的情境相比较，社会环境（专指学校德育的外环境）带有许多显著的特点，主要有三。

一是普遍性与开放性。学校德育是系统和受控的，在一定时间、空间中展开，因而是狭小和有限的。而社会环境则是个体道德成长的"空气"和"水"，从时间上看，它覆盖了个体生命的全部历程，因而影响个体一生的道德社会化；从空间上看，社会环境包围着学校，并且渗透于受控制的学校德育，使个体尤其是儿童的道德发展处在一个全方位的影响之中。所以，虽然学校德育对个体的影响有专门性、系统性、可控性等优点，但是却不可能具有社会环境影响这种时空上的普遍性和开放性。不管学校德育如何改善，它对个体的道德成长的影响与社会环境的德育影响相比都具有狭隘和封闭的特色。

二是文化性与隐蔽性。学校德育尤其是一些东亚国家的学校德育，往往是有目的有计划地进行的德育。强调"德"的思想、政治内涵，有设定的德育目标。而且教育行政部门往往对德育的各个环节均有命令式的规定。这种学校德育对个体的道德成长的影响有其立场鲜明和正面强化的一面，然而也有一定的负效应。中国教育学界、心理学界所研究的"心理感应抗拒"等现象都在学校德育中显著存在。而社会环境则不然，社会环境是个体道德成长的"空气"和"水"，在影响方式上则可解释为"文化性和隐蔽性"。虽然社会环境的某些因素亦对个体施加直接的道德影响，有的甚至比学校德育更具明显性和强制特点，但校园文化之外的社会文化，即一个社会的政治、经济、社会心理、社区、大众传媒和家庭，对个体道德成长的影响则是隐性的、渗透的，具有"润物细无声"的教化特点。

三是互动性和创造性。社会环境对个体道德成长的意义不仅在于其影响时空及作用方式，而且塑造了一定阶段和一定国土之上的道德，决定了学校个体的内在道德需求和一定社会个体道德社会化的具体指向。此外，社会文化往往不具有为政府和学校所完全控制的特点，不可避免地会塑造出道德上的反叛者，因而也会对学校德育产生巨大的正面或负面影响。纵观中外德育史，道德个体所受到的最激进的影响往往都是来自社会。而学校文化则往往具有保守性。正如布鲁柏克所言："学校长期以来在实践上甚至在理论上更被认为其作用是与当时的社会需要一致，同时更经常落后于这些需要，几乎从未超越过这些需要。"①

根据以上三个主要特点，可以认为，社会环境对于个体道德成长的价值主要有以下几点。

第一，提供成长基地。个体在学校学习的期限虽随社会文明的进步而趋于延长，但是不管怎样，正常的个体终究是要从社会环境走进学校环境，又从学校环境回到社会环境中来的。社会环境对某一具体德育对象的影响可能是正面的、积极的，也可以是反面的、消极的。实际上现代教育理论对社会环境的关注和研究倒是缘起于社会环境的德育负向功能或社会环境的反德育效能。由于工时制度的变化，我国学校也开始实行 5 天工作制（以后还可能进一步缩短），社会环境的上述作用正日益加强。

第二，创造内在的需求。对个体在道德上的内在需求，社会与学校的作用是各具特色的。历史与社会造就了这一内在需求，而学校德育则是力争发动和强化这一内在需求。在社会文明发展还没有提供充分条件时，就个别的道德个体来说，可能有超越社会现有文明水平的道德先驱者。但就以往的学校德育而言，学校往往不能施行有效的、超越时代实际的德育。这里存在着制度的问题，也有观念的问题。当然，社会环境是复杂的，社会文化也并非主流文化或创新性文化一支。因此，归根结底，最先进和最落后的道德个体的内在需求也都是由同一时代的不同社会环境和文化所塑造的。

---

① 布鲁柏克．教育问题史［M］．吴元训，等，译．合肥：安徽教育出版社，1991：597．

第三，左右运作模式。德育对象的道德成长在"运作模式"上可做两重理解。一是德育者和德育对象的互动模式，二是道德学习个体在道德发展中的认知操作或"运算"模式。对于前者，不同社会文化产生不同特点的师生关系，因而个体在其道德成长之中作为矛盾一方必然具有固定的角色分工，社会对其角色期待也是先在的。对于后者，虽然认知学派对人类道德认知的操作模式有较多的一般研究，但是跨文化的人类学、文化学和社会学的研究都已证明，不同种族、不同文明体系之下的个体，在思维运作方式及发展速度上是有不同特色的，产生这一不同特色，虽有一定的遗传因素的作用，却是微不足道的，决定的因素在于社会文化的积淀。也正是因为这一点，东方文明下的个体与西方文明中的德育对象原本就是在不同的外在和内在条件下实现其社会化的。东西方人的道德观念、体验、实践迥异，这亦是其发端之一。现在的困难是，对于不同文化对其对象道德生成的影响细节尚乏精细研究，对于不同文化下个体道德学习的运作方式上的特点的研究也显不够。

社会环境实际上是个体道德社会化的舞台。它的内涵广大，同时个体道德成长不同阶段亦有不同特点，因而探讨社会环境在个体道德发展中的影响是一个很大的课题。这里只是从学校德育的外部环境对德育对象个体的一般影响的角度做了初步的分析。

二、社会环境与学校德育特征

社会环境对个体道德成长的影响不仅通过环境本身的直接辐射来实现，社会发展到文明时代，产生了学校教育，德育即从纯世俗型转向以学校德育为核心的形式。这时，社会环境已不仅是个体成长的环境，它同时也成了学校德育的环境。一定时期的经济、政治、文化、社会心理、大众传媒、社区、家庭等对学校德育的影响，从其层次上讲可分为决定、参与、补充三个层面。

（一）决定作用

如果将学校德育外部的社会环境分为宏观（经济、政治、文化、社会心理）、中观（社区）、微观（家庭）和中介系统（传媒）的话，那么"决定作用"首先是指一定社会宏观环境系统对学校德育的范式（质）和规模（量）的决定。文艺复兴之后开始的文雅教育及德育由宗教化到世俗化的演变，21 世纪初以来世界范围内强调儿童道德判断力发展的德育范式的形成等，就与这些时代的经济发展、政治要求和文化趋向有直接联系。如果没有资本主义经济的产生与发展，没有资产阶级的政治需求，以复兴古希腊罗马文明为起点的近代德育形态就很难产生。同时，如果不是日益富有和快节奏、多元化的当代社会带来的多元价值体系提出的挑战，学校德育就不可能将注意力集中到发现与发展学生道德判断力上来，以杜威、皮亚杰、科尔伯格为线索的认知发展学派的主流影响就难以产生。同样，经济发展及政治民主的要求如未发展到近现代水平，就不会产生世界不同水平的义务教育制度，没有义务教育制度，普及性的学校德育就不可能产生。因此，无论质还是量，学校德育是受所在的社会宏观文化所制约的。其次，社会环境的中观和微观方面也对学校德育起一定的作用。如社区富裕程度影响了不同地区德育展开的条件，大众传媒和家庭也往往给一些学校具体的德育活动提出必须解决的具体课题等。

（二）参与作用

参与作用是指社会环境在德育目标、内容和手段、形式等方面的具体影响。社会经济、政治、文化等参与学校德育目标和内容等的确定，在当代集中表现为政府对学校德育的领导。目前，世界各国的德育，政府领导方式有三种类型①。第一种是全面干预型，有统一的学校德育目标、政策、课程、教科书、参考书，甚至有统一的教学目标和教学要求。中国、日本、法国和许多发展中国家均属于这一类型。第二种是部分干预型，只有统一的学校德育方案、主要的德育目标和核心价值要求、一定的课时标准，但对教科书、实施方法等没有具体规定。英国、比利时、澳大利亚等国属此类型。第三种是政策干预型，只在政策上规定学校德育目标，强调学校德育，但在具体实践上任由学校德育自由实施，无强行规定。美国、加拿大、瑞典等国属于这一类型。这三种类型的出现不仅表明了社会政治，而且也表明了社会经济和社会文化对学校德育的参与功能。如发展中国家对学校德育目标等做集中、直接、全面的干预，即与这些国家经济上求发展，政治上求稳定的社会需求有直接联系；英、美等国对学校德育管理的相对宽松，与其经济发达，具有较大的开放性和民主传统深厚等社会文化特征相联系。至于英、美两国对学校德育的态度差异则与两国有无浓

---

① 参见：冯增俊. 当代西方学校道德教育 [M]. 广州：广东教育出版社，1993：445.

厚的传统文化影响相关。一般来说，历史悠久的国家，文化积淀深厚，自然有维护民族文化价值、突出文化传统的欲求，而那些历史不长，有的甚至没有纯粹的国家传统的国家，则易于根据需要采取灵活和开放的态度。此外，作为一项权利和作为某种制度，在许多国家，社区、家庭对学校德育的管理、建议、影响亦有增强的趋势。社会环境不仅对学校德育的显在方面起作用，而且也对学校德育的潜在方面起着作用。在课程组织、师生角色、学校及课堂的权力结构等方面，一定社会的宏观、中观、微观文化都有所参与。

（三）补充作用

首先，在校外，社会环境无论是整个社会文化、社会风气，还是某一社区、家庭、大众传媒，都对学校德育的效果起强化或弱化的作用。这一作用首先是一种对于学校德育内容和结果的"修正"。其次，在校内，这主要表现为学校同社区、家庭的联系日益密切。不仅学校德育的空间、内容、活动可能向社区、家庭乃至全社会延伸，家庭、社区等已成为学校开展德育活动的一个新途径，而且学校可以通过一定形式，将社区、家庭的德育影响引入学校，使之成为学校德育的一部分。这表现为许多国家都存在的家长会、社区青少年德育管理机构的活动在学校日常德育课程中的安排等。学校亦可直接将大众传媒的内容和影响有选择地吸收到德育课程中去，使之成为学校德育课程内容的有机组成部分，成为学校强化德育的手段之一，从而增强学校德育的现实针对性。

社会环境不仅可以对一定时期和一定文化中的学校德育各个方面起决定、参与和补充的作用，而且还可以对这一特定时期和特定文化中的学校德育发挥动力和导向功能，使之发生量的积累和质的飞跃。

首先，社会环境为学校德育的发展提供动力。在一定历史时期之中（有时可能很长，如中世纪），学校德育无论就其质的范式还是量的规定而言都可能处于相对稳定时期。但是学校德育是动在与静在的统一。相对稳定的学校德育只不过相对处于量变状态而已，这时社会环境对学校德育的动力功能主要表现为使之在量上实现扩展和在质上实现成熟，这种量的扩展和质的成熟在"二战"后至今世界范围内的学校德育发展上表现得很典型。"二战"后，科技、经济发展刺激了全球范围的社会发展，其能量、速度令人震惊，然而这一时期的学校德育却没有发生范式上的根本变化。但是，科技发展带来的信息爆炸，社会经济、政治发展带来的全球范围内的政治民主化、价值多元化、文化开放化仍然推动了学校德育的发展。这突出表现为理论上虽然没有形成一家独尊的格局，但却形成了认知主义、人本主义、社会学习、价值澄清等主要学派百家争鸣并且各自走向成熟的态势。同时，学校德育在规模及社会化等方面亦在进行不同程度的量的积累，可以预期的是，随着社会环境因素的不断进步和推动，学校德育的范式肯定会进一步发展。

其次，在学校德育发展的相对稳定时期，社会环境或社会文化对学校德育所起到的使之在质上成熟和在量上扩充的作用，只是针对旧的德育范式来说的，社会环境还同时为这一范式向新范式转化提供启动机制及推动力。这种动力机制主要表现为：第一，社会文化的发展从经济、政治、文化、心理诸方面产生出对于学校德育实现范式质变的社会需求，其中包含着对新的道德体系、新的德育思想和新的德育体制的需求等。第二，新的社会环境和社会文化还为学校德育的新范式创造实现的条件。这既包含硬件（如经济、物质条件、师资等）又包括软件（指支持变革的新的知识积累，社会氛围，新的社会思潮和教育理论的诞生及应用等）。第三，新的学校德育范式取代旧范式这一变革所需的道德理论、德育思想的先驱和实践者等需要社会环境的一定发展才能产生。学校德育的质变的关键在于出现了改造旧德育的人，而这些人也是社会实践和文化的产物。

社会环境的导向功能主要有两层含义。首先是社会环境为学校德育的发展提供潜在的样式。当代社会的政治民主和价值多元，影响了学校德育理论中重视发展德育对象道德判断力的认知主义、人本主义等学派。虽然无法预定哪一学派的进一步发展或哪几个学派的融合会导致一个新的德育范式的出现，但是，有一点是肯定的，那就是未来范式的潜在形式必是存在于现在的诸种探索之中，为后者所规定或塑造。未来站在现在的肩膀上诞生。因此，学校德育的新范式必然产生于现存的社会环境提供的可能之中。其次是范式定向。历史是有规律地选择自己的发展方向的。正像卢梭等人尊重儿童的有关观点虽然在当时受到冷遇，但到了杜威时代却产生了实际性影响一样，儿童中心主义虽有过激的一面，但在现代，进步和科学的学校德育对儿童的尊重却是一个发展的方向。也正因为如此，权威灌输型学校德育必然要向科学民主型学校德育转化而不是相反。因为唯有如此才能与社会环境的日益民主化的方向相一致。或者说，社会民主的时代风尚或社会趋势提供给学校德育的方向是德育民主。

以上分析了社会环境对学校德育的决定、参与、补充作用和对学校德育的动力功能与导向功能。应该着重指出的是，学校德育乃至整个学校教育都是整个社会文化巨系统的一个较为基层的子系统，它与社会的经济、政治制度及社会文化的其他方面是相互作用的，学校德育不仅是文化积累和突变的产物，更重要的是它参与了整个巨系统的量变和质变。作为保守者，学校德育实现了道德文化的传递；作为变革者，学校德育为社会道德的革命和社会变革提供了具有品德新质的革命者、实践者。学校德育兼具两方面的功能，当代的学校德育功能尤以后者为重要特征。因此，从静态看，学校德育影响、参与、补充了社会环境其他子系统的建设；从动态看，学校德育则成为社会变革的动力源之一，对全社会发展具有一定的导向作用。学校德育的社会稳定性及发展性功能及其相互关系，应是德育社会学的重要课题，其发展性功能更是学校德育社会价值的重要表现。

学校德育依赖社会环境为基地，为补充，以社会环境为动力，为导向，但对于学校德育的对象即道德发展个体来说，学校德育与社会环境同属其成长的背景，校园文化和校园以外的社会环境同属其道德社会化的影响源或影响。因此，无论是从社会环境对德育对象直接影响的角度，还是从社会环境通过学校德育的影响最终作用于德育对象的角度，社会环境的德育价值都是十分明显的。重要的是要努力弄清这些具有德育价值的社会环境的因素、结构和作用机制，找到我们应对时代挑战的结论。

三、社会环境德育价值的实现

社会环境无论在个体道德成长还是在学校德育运行方面的价值都有一个可能价值与现实价值的问题。社会环境并不是完全天然地发挥其德育影响的。社会环境系统如从其是否构成影响的现实性的角度划分，可分为作为德育影响源的社会环境和作为德育影响的社会环境。

（一）两种状态的德育环境

作为德育影响源的社会环境是指具有德育潜在或可能价值的社会环境。而作为德育影响的社会环境则是指对学校德育能起现实的影响或作用的环境。如大众传媒的内容构成学校德育的环境，但只有其中能为学生理解的部分才是现实性的德育影响。而那些大量的不为学生所认知的画面、声音等只停留在尚未发生现实影响的影响源层次。宏观社会环境、社区、家庭影响都是如此。经济、政治等对学校德育有制约作用，但并非所有政治、经济因素都对学校德育产生直接影响。宏观系统影响与学校德育中间必有一个导体或传达物。家长的教诲只有部分内容进入学生的接收阈限，社区没有适当机制就只能是与校园不相干的"自然"环境。

作为德育影响源的社会环境和作为德育影响的社会环境具有不同的特征，表现在如下方面。首先，前者是客观的，后者是主观的。就社会文化主体而言，社会环境一概具有主体性，但就学校德育而言，社会环境影响的许多成分同自然物一样处于其接收或认识的阈限之外，这就是所谓影响源社会环境的客观性。而作为德育影响的社会环境因素则是学校德育及其对象的现实和直接的环境，无论是社会主体还是道德学习主体，在面对这一文化环境时都能体认和实现其主体性。其次，前者为静在，后者为动在。对学校德育对象、德育内容来说，作为影响源的社会文化信息是静止和无效的，而作为影响的社会环境则处于动在或信息交流状态。对德育其他方面的制约也是如此。比如社会经济对于学校规模而言只是制约它的部分因素，而且须经政治和政府行为的中介，教育滞后的国家，社会经济作为影响源状态的比重较大，而教育超前的国家，其静在的影响源已较多地转化为对学校德育的现实影响。最后，作为影响源的社会环境如果要发挥其潜在的德育价值，由客观而主观，由静在而动在，就必须研究、寻找、开发、建设其中介机制。而作为直接影响的德育环境，其德育价值实现的重心则应放在影响主体的网络建设和形成合力以实现与时代变革节拍、趋势一致的应变及超越功能上。

（二）两种社会环境德育价值的实现

社会环境与学校德育的成熟和自觉程度，可以通过德育影响源环境转化为德育影响环境的程度去确定。而这一转化所需的中介机制大致可以从以下几个主要方面加以描述。

1. 社会制度

文化学把制度文化作为与物质文化、精神文化相并列的一种文化存在。人类文化史从某种意义上讲就是一部制度史。而现代系统理论则认为，整个内部要素的结构是其功能实现的关键。社会环境诸因素如何组合形成其功能，关键之一也在于组合各要素的制度。必须有制度使学校德育与社会联结起来；除了政府的教育机关和行为之外，还须有社区及全社会的具备文化教育功能的制度、机构存在，并有效地抑制不利的社会影响，使先进文化的教化功能现实化；必须有学校教育制度上的相关措施，使德育内容、过程、手段与其所处的文化背景、文化进步的方向及社会对德育在人的社会化过程中作用的要求等合理衔接。目前西方和我国都有社区教育成功的实例，其成功的秘诀之一，就在于存在着一种能使作为影响源的社会环境转化为德育影响的中介制度的机制，并能不断改进这种机制。

2. 学校角色

学校是文化的系统和自觉的传播者。要提高学校德育实效，当然要有一个相对有利的德育社会环境；与此同时，社会环境又是学校德育能动作用的对象。因此，学校德育不仅要着力于内部（德育过程），不仅要作为一个要求净化德育环境的呼吁者，更重要的是学校必须成为一个具有新质的角色，那就是主动、自觉地做社会文化影响源转化为德育影响的中间人和建设者。"教育必须为变化作好准备……从而培养一种能动的、非顺从的、非保守的精神状态。同时，教育必须在纠正人与社会的缺点的过程中发挥作用。"① 教会学生鉴别、选择，对不合理的社会现象和先进的社会文明做出正确的评判、解释等，是学校德育不可忽视的重要任务。这里不仅指直接的德育课程，而且包括语文、历史及其他文化课和社会科课程。由于中国现在处于一个变化的十字路口，道德价值观念的社会存在日显多元、复杂，学校德育中介角色的自觉就显得十分重要。

3. 活动贯通

制度、角色只是问题的一部分，信息的传递并不是在静止的物质之间实现的。因此，德育影响源在向德育影响转化过程中，依靠角色和制度的目的也只是为其能量或活动的展开创造条件。社会活动必须考虑其对于教化的影响，教育活动必须考虑其社会化的方向，同时，制度、角色的功能则使两类活动有序和贯通。家长会是许多学校常常举行的活动，一些国家和地区还设有家长理事会，对学校办学思想，德育内容、方法、过程等予以鉴定、督促、批评、建议等。这些活动都被证明有益于学校德育。现在的问题是，许多学校有忽视这类活动的倾向，同时社会也缺乏反向机制，即社会活动的学校德育参与。在许多国家，学校德育的重要性一直只是在一些专家、官员的呼吁中存在。既然学校有家长会之类的活动让社会参与

---

① 联合国教科文组织国际教育委员会．学会生存：教育世界的今天和明天［M］．华东师范大学比较教育研究所，译．北京：教育科学出版社，1996：137-138.

学校内部的德育过程，那么社会为什么不应有更多、更广泛领域的活动让学校德育成为其中重要的角色？只有建立起学校德育的社会自觉，德育乏力状况才有望获得根本改善。

4. 传媒建设

如前所述，大众传媒作为中介系统，其性质本身即是一种"中介"。虽然传媒未必都能构成德育影响，但它面对大众从而也面对学校德育对象时，又主要是试图从"影响源"（这里指传媒的操纵力量等）那里传达德育影响的。由于传媒的直观、形象、娱乐性强等特点，传媒具有德育影响源和直接的德育影响的双重特征，即传媒可以直接成为德育影响，且比例之高为其他社会环境系统所难匹敌。由于大众传媒已成为现代文明及现代生活的特征与标志，影响日益增强，其作为学校德育的环境因子的力量也日益增强。传媒建设主要是要把握信息的选择关。社会应从宏观上调控传媒的操纵者，抑制传媒信息中德育负功能的成分，弘扬德育正向功能。同时，社区、家庭、学校等则应在传媒影响既定存在的条件下帮助传媒影响的对象——道德学习个体形成鉴别、批评和吸收的能力。这也是一种传媒影响的再选择。总之，传媒建设的本质是要利用传媒形成正向的德育影响。

作为德育影响源的社会环境价值实现的关键在于其中介机制的建设，那么作为直接影响状态的那部分学校德育社会环境又如何最大限度地实现其德育价值呢？

应予说明的是，作为影响的德育环境，其德育价值本已有其现实性，因此不同于作为影响源的德育环境的是，作为德育影响的社会环境因素的价值不是如何实现而是如何最大限度地实现的问题。综合目前国内外研究成果可以发现，主要努力应放在两个方面。

一是学校德育之社会环境影响的有序化。社会环境影响的有序化首先要求社会主体有大德育的自觉意识，有整治正、负功能俱有的社会环境并使之在结构上、在影响的方向上朝着有序和控制的方向优化发展的自觉追求。新加坡前教育部长郭根喜曾经指出："新加坡只有具备各大文明国家所尊崇的完整德性，才能保持繁荣兴旺，并把自己的后代培养成健全的人，否则，社会迟早会蜕化变质。"总理吴作栋也说："如果我们想继续繁荣昌盛，我们决不能抛弃勤劳、节俭和献身的本色。"① 正是这些观点所代表的社会德育的自觉意识使新加坡的德育做到了传统文化、社会现实和远景发展的融合统一，并在一致的社会德育目标下较好完成了学校、家庭、社会三位一体的大德育网络建设。中国德育界也对社会环境的有序化有自己的研究和实践。1989 年出版的《德育原理》（胡守棻主编）、1996 年出版的《现代德育论》（班华主编），都曾专章研讨"德育网络"的功能、组织和作用条件等，对社会影响的主体建设有一定论述。在实践上，从中央到地方都有不少探索。机构上除了教育行政系统、各级人大的教科文卫委外，还有一些积极活动的社团组织如"关心下一代委员会"等；活动上，中宣部等单位推出的"五个一工程"等也都是着眼于社会环境的优化整治的努力。在中国，除了政府的真正有效的努力之外，一个迫切的问题是如何实现在大德育观落实上由单纯的政府行为向全社会行为模式的转变。

　　二是社会及学校德育对社会环境影响的应变机制建设。社会环境的变迁是加速度的。正如社会环境影响本身有正、负德育功能一样，影响随社会发展而发生变迁，可能有益也可能有害于学校德育。由于学校德育往往以传播主流文化或国家文化为己任，所以具有保守特征。如果学校本身不建立与社会发展节拍一致，也即超越社会现实发展的应变机制，那么即使正向功能的学校德育环境变迁也可能会遭到学校德育的拒斥，从而影响学校德育效能本身。如现代传媒作用日益加强，学校德育如不能正确认识它所具有的消融封闭意识、传播先进文化的一面并因势利导，而一味采取绝对批判和敌视的态度，就只能自己削弱自己的作用力。当然，应变机制的建设仅仅靠学校一个方面是不够的。当学校面临某种变革时，这一变革往往已成为不可更改的客观事实，而社会则不然。社会变迁的主体是人类自身，社会的根本调控者是社会主体本身。因此，宏观社会系统、社区、家庭等社会各个层次也应建立起社会变迁的应变机制。只有这样，才能从动态上使学校德育同其他社会环境保持前述的"有序化"的发展，从而为学校德育的今天和明天创造良好的社会环境。

　　总的来说，只有作为影响源的学校德育的社会环境发生作用的中介机制建立起来并发挥作用，只有作为影响状态的学校德育环境进一步得到优化，学校德育的社会环境才不是"纯自然"的，才能够最大限度地实现

---

① 转引自：冯增俊. 当代西方学校道德教育 [M]. 广州：广东教育出版社，1993：331.

其德育价值。关于学校德育社会环境的研究的重要目标应在于进一步揭示这一价值实现的各个层次的途径。

2

影响学校德育的诸种环境因素分析

一、宏观社会环境因素与学校德育

学校德育的宏观社会环境因素包括社会经济、社会政治、社会文化和社会心理。由于社会经济与社会政治之间，社会文化与社会心理之间联系相对密切，以下拟将上述因素归纳成两大方面分析。

（一）社会经济、政治与学校德育

经济与政治作为不同的社会环境对学校德育的作用是不同的，从"政治是经济的集中表现"的观点看，也从历史唯物主义关于社会生产力是社会发展的根本动力的观点看，经济的作用更为根本。但是经济和政治的关系十分密切，相互渗透和融合；经济的决定作用往往要通过政治去实现。因此，社会经济与政治对学校德育的作用又往往交织在一起，具有相似的特点。

鲁洁在其主编的《教育社会学》中将商品经济对教育的影响分为对教育的外层、中层和深层的影响①，本书对于社会经济、政治环境对学校德育的影响也依据这一框架进行分析。

首先，社会经济政治环境影响学校教育的外层从而影响学校德育的外层。这主要表现为对学校德育"输入端"和"输出端"的影响。"输入"指为学校教育与德育提供物质基础，它"不仅提供可供教育直接消费的货币形态的教育经费，实物形态的教育设施，还提供教育间接消费的经济范

---

① 鲁洁. 教育社会学 [M]. 北京：人民教育出版社，1990：73-75.

畴的劳动年龄人口和可用于智力活动的空闲时间"①。通过提供物质基础，社会经济和政治制约着教育的发展规模和发展速度等。毫无疑问，任何时期的学校德育都需要一定的物质基础才能存在和发展。在经济上，生产力的发展程度决定着学校德育的产生及发展程度。同样，国家政治体制不同，对德育重视程度不同，很大程度上亦通过其教育投入及其在德育上的分配比重，影响学校德育的"营养"程度和"发育"程度。"输出端"指"产品"即人才的规格、构成和规模等。一定社会经济、政治对学校德育的要求主要体现在德育目标即对学校培养人才的品德目标的设定上。

其次，社会经济、政治环境影响学校德育的中层。这主要表现为对学校德育内容、方法、管理的影响。一定社会经济和政治决定着社会类型、教育体制和一定时期的德育目标，从而当然影响学校德育的内容和方法，因为内容和方法总是按一定教育体制运作，为一定德育目标服务的。在学校教育具体运作及德的管理方面，经济、政治的影响亦十分明显。在我国计划经济模式下，学校教育在人、财、物力的筹措使用，教职工的报酬分配，学生收费及奖、助学金管理等方面都受政治和经济体制的影响，学校管理形同行政机关，具有硬化和单一的特征。随着改革开放及市场经济的发展，学校已在人、财、物力筹措和分配原则等方面进行了多种形式的尝试。这些教育管理体制上的变革已经且必将更大程度地影响到学校教育及其管理的重要组成部分——德育。此外，教育管理范式的变迁还具有德育的潜在课程意义，影响对学生的平等观念、市场意识、效益观念和拼搏精神等品质的培养。

最后，社会经济、政治对学校德育深层的影响。对学校德育深层的影响实际上是对学校德育内核和灵魂的影响，主要包括对学校德育范式和精神的影响两个方面。以西方学校德育发展的线索为例，西方学校德育从产生至今，大体经历了宗教化范式、权威灌输范式、科学化范式几个阶段。宗教化范式的学校德育与中世纪及前后西方政治体制上的政教合一特点有直接联系，以后宗教范式学校德育向世俗德育回归，形成了保存权威灌输特点的权威灌输范式，这与资产阶级民主革命的政治要求、工业革命的进一步展开都有直接联系。同理，赫尔巴特模式从19世纪的风靡一时到20世纪为杜威主义所取代，与资本主义民主政治的进一步发展、社会经济和

---

① 吴鼎福，诸文蔚. 教育生态学 [M]. 南京：江苏教育出版社，1990：25.

科技水平的大幅度提高直接相关。民主的发展、科技的进步使价值体系由一元而多元，从而使德育上的居高临下、强制灌输为社会现实所否定。这就是科学化德育取代权威灌输范式的根本和直接的原因。经济、政治不仅影响学校德育的范式，而且影响学校德育的精神。以人文主义德育思潮的历史线索为例可以较为明显地看到：以手工业、商品贸易为特色的经济以及民主政体为特色的古希腊城邦社会，孕育了初具人文精神的最早的学校德育；而资本主义经济发展和新兴资产阶级的政治要求又导致了文艺复兴及其以后整个社会，当然也包括学校德育对人文精神的希腊复归和新追求。进入 20 世纪，科技发展、财富增加和"民主政治"带来无法克服的物质主义、物欲主义、道德沦丧和人性的被压抑、被扭曲，现代学校德育理论中人本主义道德教育模式逐渐成为新的人文精神追求的中坚。除了人文精神，还有一个最具典型意义的线索是大德育观的提出。在以简单再生产为特色的古代教育中，学校德育只是在一个封闭的院落里工作。当现代经济、政治的发展实质上使学校德育与社会政治、经济及社会的每一个方面都融为一体时，孤立地进行学校德育已成为死胡同，代之而起的出路是德育社会化课题的提出。因此，大德育观既是社会经济、政治发展的产物，同时又是学校德育对社会经济和政治体制的一个反向诉求。

　　总之，如果我们将社会经济及政治对学校德育影响的三个方面做一比较，就会发现：经济政治对学校德育外层、中层的影响虽比其对深层的影响更直接，但对后者的影响却又远比前者要实质和根本。

　　在研究社会经济、政治对学校德育的影响时，有两点是近年中国教育理论界的共识。一是"社会生活是错综复杂的，并不是所有的德育内容都是由政治和经济制度决定的"[①]。所以尽管为分析研究的方便起见，本书单独考察了经济和政治对学校德育的影响，但这种影响绝非唯一和孤立的，它只是若干共同制约学校德育的因素之一。二是社会经济、政治对学校德育的影响有直接和间接之分。社会经济、政治可通过投资、政策法令、行政系统发挥直接作用，也可以通过校外教育机构、舆论、大众传媒、社会文化等间接作用于学校德育。其中社会文化、大众传媒的中介作用十分明显。故国内学者将社会文化的中介作用称为与经济、政治对教育的直接控

---

　　① 　胡守棻. 德育原理［M］. 北京：北京师范大学出版社，1989：41.

制的 "硬约束" 相对的 "软约束"①。

（二）社会文化、社会心理与学校德育

1. 文化的渗透性与学校德育

社会文化之所以能够成为制约学校德育的环境因素之中的 "软约束"，与文化的延续性和周遍性特征有关。"延续性" 不仅意味着文化在时间上 "与经济、政治影响可以是不同步的，它可以超越或落后于现实的经济和政治的发展"，而且可以理解为社会文化作为环境参与或影响包括德育活动在内的人类个体和类的行动历程的每一环节。所谓 "周遍性"，不仅可以理解为 "在空间上文化的影响可以超越一定经济共同体、政治共同体的地域范围而流传"②，而且可以理解或界定为文化对人类活动每一领域和每一方面的全方位的辐射。这种对过程和领域的全面及全过程的影响可以概括为文化之 "渗透性" 特征。

文化的渗透性特征决定着社会文化对学校德育全过程及各个领域均有所影响。首先，社会文化影响学校德育工作者。每一个德育工作者都是一定文化中的人，其价值观、知识体系、教育观等各个方面都受其特定文化积淀的影响。与西方文化中重视个人权利、尊重儿童个性发展的文化传统特征不同，中国文化一直强调 "师道" 观念，教师往往成为学生人生的导师和道德上的绝对权威。尽管这一观念已与时代相抵触而屡受责难、批判，尽管西方价值澄清、体谅模式等在中国有所传播和影响，但至今在实践中中国德育工作者仍是积重难返，德育灌输范式在中国仍属主流，其原因就在于传统文化这种延续性的渗透作用。其次，社会文化制约德育对象的身心特征。不仅不同国家、民族文化中的青少年具有不同的文化特征，就是同一国家同一文化中不同子群（subgroup）内部的青少年也存在特征上的不同。由于不同的德育对象生长在不同的历史和现代文化的土壤中，所以学校德育就必须充分估价、理解这种文化背景对德育对象的重要制约。此外，德育对象赖以生长的文化环境往往同时又是学校德育的文化环境，故学校德育的其他因素亦会受到同样的制约。最后，社会文化制约学校德育的内容和方法。比如，由于文化本身的选择功能，学校德育课程在一定意义上讲是先在的。这种先在性即是社会文化所赋予的。中国封建社会形成了以

---

① 鲁洁. 教育社会学 [M]. 北京：人民教育出版社，1990：133.
② 同①：132.

儒家文化为主，兼收道、释各家的主流文化，故历代官学、私学的德育内容均奉儒学经典为正宗，同时杂糅道、释精神。而西方社会以新教伦理的组合价值（value cluster）为传统，其伦理取向被称为工具性或"以工作为方向"（task oriented）的，与使人精疲力竭地追求经济成功的冲动联系在一起。从以上德育过程诸要素的文化制约性不难看出社会文化对学校德育的普遍渗透性和重要意义。

2. 文化动在与学校德育

文化既是静在又是动在，一定时期的文化总要在传递、传播、选择中实现自身的变迁。文化的流变与动态的学校德育产生互动，而文化的流变对学校德育的制约具有决定意义。

首先，文化传递和传播影响学校德育。学校德育的首要任务是将作为客体文化的德育内容转化为德育对象所内化的主体文化。从历史的主导方面来看，道德客体文化首先转向作为文化主体的教师，而后实现向德育对象的转化。客体文化的传播传递过程在学校德育中实质上表现为主体文化之间的迁移。但是德育内容是文化在时间上传递和空间上传播的历史和现实作用的综合产物，而德育对象及学校德育工作者本身亦是文化传递传播的产物。在一种相对简单和封闭的文化中，文化传递和传播的速度、规模有限，学校德育负担的任务相对单一，德育范式变动可能性小。封建时代，中国的孔孟学说在中国德育课程中的统治地位历经千年以上即是这种简单有限的文化传递传播使然。同样，现代社会"信息爆炸"已使文化传递的速度、规模发展惊人，使学校德育继续传递千年不变的金科玉律的梦想破灭，而不同文化间的交叉传播又使学校德育面对一个价值体系多元和相对的时代，学校德育再也不可能以传播绝对真理的身份立足，而必须以培养学生自身的道德判断、分析评价、选择和创造力为宗旨，实现道德超越，这已成为现代德育的主旋律之一。

其次，文化选择制约着学校德育。无论古代还是现代，不同文化传播的结果都绝非毫无规律的混杂。文化是在选择中前进的，人类文化史即是文化选择的历史。当代社会文化经选择已从保持传统基本要素的稳定选择型，转向了择不同文化两端而取其中的改化选择型和向某些少数但却与社会发展趋势相一致的文化逼近的定向选择型。学校德育适应这种文化选择的转型必须实现由一元而多元，封闭而开放的选择。

最后，文化变迁对学校德育有制约的作用，表现有二。一是文化范式及性质的变迁制约德育发展的方向。中国近代从"西学东渐"引起的"以夷技之长制夷"的武器引进，到推翻帝制、建立民国的体制变迁及最后"实现人的现代化"的深层呼唤，这种由物质层面而制度层面进而上升为精神层面的文化性质的变迁，亦使中国德育思想经历了大体相仿的历程。二是文化变迁的速度制约学校德育。当文化变迁遵循积累的法则处于量变时期，学校德育往往采取守成范式，主要任务是传授规范和稳定的价值体系；而文化变迁如遵循突变法则处于质变时期，则社会要求学校德育具备道德观的选择、定向和超越功能。当代世界范围内学校德育正面临着前所未有的危机和挑战，就与全球范围内日益加速的文化变迁有直接联系。

3. 青年亚文化与学校德育

作为亚文化的青年文化即"一个能吸引各阶层各地区青年""分享着某些共同的符号和态度"的文化。① 由于许多造成青年问题和青年文化的动因在世界各国均有不同程度的存在，因此青年亚文化和其他年龄段的亚文化不同，引起了全球范围内的广泛关注。

从对学校德育的影响上讲，青年文化的出现既造成了新的学校德育的背景，又带来了学校德育的危机与挑战。首先，由于青年文化实质上是现代文明的产物，所以学校德育已别无选择地进入了以青年亚文化为社会文化环境一个组成部分的新时期。而"亚文化既是教育的目标，又是教育手段"②。如果说文化本身是影响学校德育作用的中介的话，那么学校德育在传播既定价值体系及培养价值判断、选择、创造能力时就无法忽视青年文化这一更为直接的中介。现代社会学习理论已经指出，亚文化中的同辈人是一个最重要的示范源，其年龄、性格、经历相近，彼此行为易被接受和模仿，因此学校德育不仅要将青年亚文化作为德育活动的一个普遍背景去研究，而且对属于青年文化圈的青年或青少年身心特征的把握也必须充分考虑其青年文化群体的特征，从而利用、开发青年群体的潜在德育价值。其次，青年亚文化的冲击已使传统学校德育范式面临着前所未有的危机与挑战。快节奏、信息爆炸的现代世界已经产生了不同价值体系间的种种碰撞，并产生了全球范围内的"信息麻痹"、价值危机和道德恐惧，而代沟理论、父权衰落论所揭示的权威时代的结束和"信息中心飘移"又使学校德

---

① 转引自：张莉. 青年文化的由来 [J]. 青年研究，1988（8）.
② 刁培萼. 教育文化学 [M]. 南京：江苏教育出版社，1992.

育不能沿老路子走出一条"以德育为首"强化学校教育功能的道路。研究青年文化,从中吸取其对传统文化、传统价值、传统学校德育的合理批判,正是克服危机、迎接挑战的一个重要突破口。

4. 社会心理与学校德育

文化学将社会文化分为物质、制度、精神或心理三个层面,认为它们分别构成某一文化的表层、中层和深层结构。研究社会文化对学校德育的环境作用就不能不专门考察社会心理这一层面。

社会心理是一种低水平的社会意识,表现为感情、风俗、习惯、成见、自发的倾向和信念等,它交织着感性因素和理性因素。社会心理分个人心理和群体心理两个方面,其中前者是社会心理学的研究对象,后者则是个体成长和学校德育的重要环境因素。群体心理因主体不同而不同。对学校德育影响较大同时也是最主要的群体心理的是阶级心理、民族心理以及上述青年亚文化所探讨的青年群体心理等。

在阶级社会,社会各阶级所处的不同经济政治地位决定了他们具有不同的社会心理。不同阶段的社会心理在不同时期对学校德育有不同的影响。统治阶级的意识形态除直接作用于德育外,还通过对社会风俗、习惯诸方面的影响形成一定的社会心理,从而影响学校德育的实施。封建时代的中国,尤其是宋明理学统治地位确立之后,"三纲""五常"等封建伦理对全社会习俗的控制加强,中国学校德育对忠孝、节烈观念的强调亦受社会心理的影响而达到极端,教学中思想压制倾向也大甚于前。被统治阶级的意识形态及社会心理虽在一定历史时期不占主导地位,但也是影响学校德育的直接背景之一。在中国,一方面,农民阶级的朴素、勤劳等品质已构成民族特质而成为学校德育的传统内容之一,但是另一方面,中国农民阶级的小生产意识又积淀成中国人普遍的社会心态,影响了中国现代化的历史进程,也对学校德育的保守、封闭性特征有一定作用。"文革"时期这一作用的极端形式是农民史观对政治、历史及文科教材的全面渗透。虽然不宜夸大阶级心理的作用,但是忽视各阶级社会心理的不同及其对学校德育的影响也是不科学的。

民族心理是民族文化的深层。我们探讨民族文化对学校德育的影响,实际上已涉及了民族心理。除了不同民族文化心理的地域特征对学校德育的影响之外,民族在社会中所处地位不同亦构成对学校德育各因素的影响。这一影响的直接成分之一是对各民族所属的德育对象的心理影响。社会学家霍夫曼（J. Hofman）通过研究发现，居住在以色列的犹太和阿拉伯青年对一切有关青少年的问题如自尊、同辈关系、职业选择等十分关心，但在测试其对权力的要求（"当我成功地支配别人时我感到惬意"）时犹太学生的得分要比阿拉伯青年高，而作为以色列的少数民族的阿拉伯青年时常在诸如"要是我出生在别的地方，就会感到好些"、"有时我觉得自己一文不值"等项中得分较高。实际上，民族心理不仅影响德育对象，而且也影响到德育者及德育其他要素。如隐性课程的研究业已提示，即使不同民族的学生在同一学校同一班级使用同一种教科书由同一教师执教，德育者对来自不同种族和阶层的德育对象也往往怀有不同的期待，德育课程中对不同民族价值观及成就不同比例的选择和安排也影响着（强化或弱化）德育对象的民族心理，从而影响德育课程的结果。

　　阶级心理、民族心理、青年心理等对学校影响的侧重点各不相同，但却有一个相同面，即每一德育对象必定从属于某一阶级、民族和年龄段群体。因此，不同群体的社会心理对学校德育影响的一个共同点是透过心理层面对德育对象施加影响。而这一影响的重要机制则是模仿和从众。对于从众和模仿，学校应做两项工作。一是对于健康群体中的正向模仿、从众加以分析、鼓励，实现 E. 阿伦森所称的"第二获得"，使某一道德观念为学生所同化、内化。二是对于负面的从众行为则应着眼于群体心理研究，实现该群体范围内的行为矫正。模仿和从众实质上也是一种社会学习。虽然不能以此来揭示社会群体及个人心理对德育影响的全部，但研究模仿与从众从而揭示社会心理和学校德育之间的中介机制，无疑是一个正确的选择。

二、社区对学校德育的环境作用

　　社区环境不同于作为学校德育宏观环境的社会经济、政治、文化和心理要素，它既有后者一定时空的沉积，对学校德育传递后者的诸种影响，构成学校德育的中介环境，又因不同于一般社会宏观环境而具有自身的社会文化特征，从而具有环境影响的独立个性，成为学校德育的直接影响源。同时，由于社区与教育的融合趋势日趋明显，社会影响源转化为德育影响的成分亦日益提高，社区环境因素日益成为研究学校德育不可缺少的

一大方面。这里主要从宏观角度分析社区对学校德育环境作用的三个主要
方面。

（一）社区的经济及社会特征与学校德育

一定社区的经济及社会特征（这里主要指社区发达程度）至少在三
个方面制约着学校德育。一是社区发达程度影响社区对学校德育目标、内
容和实施的规定。在一些简单经济和不发达地区，社区要求的仅仅是维
持、支撑义务教育，对学校德育根本提不出本社区独有的规范，即使有也
只是起始性、启蒙性和保守性的。在中国及许多发展中国家的农村地区，
就对学校德育内容中反迷信、倡民主法制的成分有不同程度的强调。而发
达国家的城市社区要求学校德育必须协助解决社区成员在本社区的发展中
所呈现的职业、心理、竞争、人际关系上的一系列问题，因而在解决本社
区面临的道德问题方面对学校德育有较"现代"的要求。二是社区发达
程度制约着社区对学校德育的支持。除了对学校教育、德育直接予以经费
和物质上的支持之外，社区提供的文明程度、环境质量是学校德育的直接
背景。而能否净化社区的精神和物质环境取决于社区教育意识，也取决于
社区的经济实力。三是社区发达程度决定着社区与教育的结合程度从而影
响学校德育。与发达国家和地区的社区与学校的紧密结合相反，在欠发达
国家和地区往往难以形成教育与社区的紧密结合。这是因为社区在发展上
没有品尝到多少学校教育和德育的支持，失去了支持本社区学校教育的内
驱力。在我国的许多社区，社区与教育至今联系松散或无自觉联系，除了
体制上的原因，社区缺乏发展本社区学校教育和关注本社区学校德育的现
实内驱力是最重要的原因。因此，当前中国发展社区教育的关键不在于一
味单向强调社区对教育的支持或纵向强化行政系统对社区教育的制约，而
在于形成学校教育与社区发展的互动机制。在社区学校德育上，要使德育
目标、内容、要求在统一课程要求的前提下兼顾所在社区的具体实际，对
社区精神文明和物质文明建设做出更大的贡献。

（二）社区文化特征与学校德育

社区文化有不同的类型。不同类型的社区由于其文化特征不同从而产
生了对学校德育不同的环境作用。这种环境作用主要表现在两大方面。

第一，不同社区文化特征产生具有不同特征的学校德育对象。从我国
社区的实际情况看，不同社区具有不同的文化特质。城市文化具有开放、
进取、自由、崇尚创新的特点，而农村社区相对地受小生产影响，具有相

对保守、封闭、安居而不重迁移、行为受伦理支配性强等特征。因此，城市青少年一般视野开阔、思想解放、动手能力强、价值系统相对开放，而农村青少年则相对具有稳重、守纪、尊重权威、价值系统保守和封闭的特点。同是青少年犯罪，城市主要表现为经济犯罪而农村性犯罪居多。① 1993 年第 2 期《青年研究》同期刊发两篇文章，一篇是《1992年北京青年调查报告》，称北京青年参与政治和国家事务的意识非常强烈，97%以上的人关心改革与自己的关系。另一篇为《当前农村青年的社会角色困境》，论证了农村青年政治上缺乏角色表现的困境及他们对国家政治事务的淡漠特征。当然，社区类型并不只是城市和农村之分，但是每一个德育对象都为一定类型的社区文化所直接培育或塑造，具有社区文化的印记，这是为中外社会学等方面的实证研究所公认的。学校德育无论是就其完成统一的德育课程要求，还是完成某类社区特定的德育目标而言，都必须首先研究不同社会青少年的文化特征从而真正实现"因材施教"。

第二，不同的社区提供不同的学校德育的文化环境。所谓社区对学校德育的环境作用，很大程度上就是社区的环境作用。不管学校德育如何系统、专门、规范，学生总是要走出校门回到包围学校院落的社区中去，接受社区自觉或不自觉的德育影响。罗杰斯在《青春期与青年》一书中研究了美国不同社区对学校德育的环境作用，尤其对城市和郊区的不同环境作用有较集中的关注。与发展中国家不同，由于美国已进入后工业化社会，城市郊区化，富有阶层已普遍从城市迁居郊外。这样美国的城郊社区的特征在许多性质上恰与中国和其他发展中国家相反。市中心是反社会团伙经常出没之地，是"防范不严"的地方。所以有项对全美各大学高年级学生的抽样调查表明，大多数（54%）人不愿让自己的孩子在城市中长大，只有25%的人希望自己的孩子生活在中心城区。相反，富裕的郊区则物质主义盛行。"青少年互相攀比穿戴，攀比财富……他们最喜欢的娱乐方式就是集体开车兜风，到十几英里以外或更远的地方去参加各种聚餐或舞会。"这一环境的重要影响是使郊区青少年从小就具有随时准备出人头地的心态以及娴于社交、足智多谋等特征。罗杰斯还指出，影响青少

---

① 参见：佚名. 山东聊城城市与农村青少年犯罪问题比较 [J]. 青少年犯罪研究, 1987 (1).

年成长过程的，除三种环境——家庭、游乐场、特别为儿童和青少年创办的各种设施（学校、夏令营）——之外，还有"第四种环境"。这种环境包括商店、树林、公共汽车、饭店以及其他形形色色的方式影响青少年儿童成长的公共场所。这些地方为他们提供临时的就业机会、社会生活及娱乐场所，尤其是可以使他们与自己心目中的角色榜样加强联系，不断增长进入成人世界所需的本领。中国亦有学者发现，社区居民的文化程度与学生学习的上进心、入学及升学率直接相关。此外，不同社区存在的不同民俗亦对青少年和学校德育构成环境作用。我国农村地区一些带有宗法和迷信色彩的民俗活动，就既有因强化中国传统道德的教化意义而有益于学校德育的正效应，又有因其封建迷信特征等抵消了学校德育中民主和科学精神的影响而不利于学校德育的负效应。因而有区别地、辩证地对待民俗活动，应是学校德育教会学生的本领之一。

（三）社区教育与学校德育

"社区教育首先应该被理解为与该社区发展相结合的教育。"① 因此，社区教育实质上是社区与教育的双向互动和结合。这种互动的结果是社区教育创造了有利于学校德育的社区氛围，同时又补充了学校德育的不足。

社区教育之所以能够创造有利的学校德育的社会氛围或环境，首先，在于社区教育可以形成社区居民积极的价值观、态度和道德，提高全社区居民的素质和文化水平，形成良好的社区文化。这样由于学校德育的外部氛围质量增强了，易于强化学校德育的实效。其次，社区教育还有培养社区角色的功能。培养社区角色即培养社区成员的社区意识和社区归属感，尤其是培养其对于社区发展的主动参与意识与能力。其中当然也包括对社区学校教育发展的参与意识、态度与能力，增强社区成员配合、提高学校德育水平的内驱力和自觉性，形成尊师重教的文化品质，从而在本社区产生有利于学校德育气氛的创新机制。

社区教育对学校教育系统的补充，是指社区在时间和空间上与学校德育的衔接。我国的许多地区都开展了这方面的探索。安徽省芜湖市曾经努力探索建立一个多层次、立体化的暑假青少年活动网络即是一例。该市将青少年分为初三以上、小学四至六年级至初中一至二年级、小学三年级以下三个年龄阶段。第一阶段的学生主要参加学校安排的社会实践教育活

---

① 厉以贤. 社区教育、社区发展、教育体制改革 [J]. 教育研究，1994（1）.

动；第二阶段的学生主要参加居委会、街道组织的暑期活动；第三阶段的学生则以家庭教育为主，辅以其他社会实践活动。据 1989 年统计，仅参加街道活动的学生就有 12498 人，占应参加学生的 53.98%。①

这种分层次的社区实践活动的特点主要在于切合不同年龄段德育对象的心理特点，且做到了时间、空间上与学校德育的初步衔接。社区在时间上弥补学校德育的假期空当，空间上充实校园以外的德育环境，既体现了社区教育的学校德育参与精神，也是优化学校德育社区环境的正确选择，有利于产生学校德育与社区建设在更深层次上的互动。

前文在研究社区环境与学校德育的关系时，社区仅作为一个客观环境而存在；而在研究社区教育与学校德育的关系时，社区有了一种体现了社区主体精神和教育、德育能动作用的主观和主动环境。因此，在研究社区环境与学校德育的关系时，应从以研究社区的经济、社会特点，社区文化对学校德育的环境作用为主的传统视角，转变为以研究社区教育与社区经济、社会文化特点的环境作用并重的新视角。

以上侧重研讨了社区对学校德育的环境作用，但社区环境从一定意义上讲又是学校德育的产物；此外，社区环境始终是在它与教育、德育的互动中动态发展的；社区环境与学校德育系统间的互动，又将整个社会宏观系统的时代变迁反馈至社区环境及学校德育自身。这些课题尚有待于进一步的研究。

三、家庭对学校德育的环境作用

家庭环境对学校德育的影响，可以从家庭环境的特殊性和家庭环境的类型及其作用两个方面予以说明。

（一）家庭环境的特殊性

家庭作为学校德育的环境，其特殊性已有不少研究。但许多研究往往只把家庭同学校环境相比较，且罗列有余，不及根本。家庭环境不仅不同于学校环境，而且不同于其他学校德育的外部环境因素（即不同于宏观环境的社会经济政治及社会心理、社会文化，不同于中观环境的社区，也不同于中间环境的社会传媒）。作为学校德育的微观外环境，家庭环境主要有

① 胡蜀星，项贤明. 芜湖市城区青少年工作现状分析 [Z].

以下三方面特殊性。

第一，家庭环境是学校德育的基础环境（具基础性）。这主要是学校德育对象对家庭在经济上和感情上的依赖。前者构成其成长的物质基础，后者构成其成长的精神基础。而经济和情感上的纽带关系都对儿童及青少年品德形成提供心理上必需的安全感、依恋感和"我们感"（We feeling）等。失去这些正是许多离异家庭、单亲家庭的青少年在道德成长上受到不利影响的重要原因。反之，威尔逊等人提出道德教育的家庭化模式的优点也正在这里。在时间上，家庭自觉和不自觉的德育也先入为主，成为学校德育的基础。儿童在入学以前就在家庭环境中获得了许多道德观念及其掌握模式。这将成为儿童在学校系统接受德育的基础和最初的认知结构。虽然现代学校教育在幼教年龄上不断前趋，但是终究无法在时间上取代家庭环境的坐标。而且由于儿童在道德认知等方面遇到的发展限制，学校教育的阶段性实施决定了学校不能不顾年龄特征进行全方位的道德教育。而家庭在无意识层面上对儿童的德育影响在年龄上是从 0 岁开始，内容上是无所不包的。在儿童各种道德学习的关键期尚未完全揭示之前，家庭道德教育的这种全面性往往不自觉地正好满足了儿童道德社会化的需求。这种先入为主性事实上也可以发生在儿童入学后的每一学习阶段。无论是先入为主性的基础作用，还是家庭的物质、情感上的基础性，都是既非社区、社会，也非学校环境所能提供的。

第二，家庭环境作用具有深刻性。深刻性取决于家庭作为首属群体（primary group）的许多特征。首先是人际关系上家长与子女的接触频度高，具有聚合性。社区、社会、学校中的人群对于儿童和青少年来说往往是非直接关系的次属群体（secondary group），甚至被视为异己的外群（out-group），即使是在学校中较为直接、密切的师生关系，也因师生关系的发散性特征，而不可能在频度和聚合度上与亲子关系相比。这样，由于这种直接、经常和亲密的接触，家长和子女间对彼此的了解都是较为细致和深刻的，这种深刻的理解特征既有利于家庭德育影响的"因材施教"原则的实现，又有益于子女对家庭德育影响的正确理解和深层吸收。其次是家庭环境影响的非正式成分较高。家庭影响中的德育自觉成分随社会发展和教育意识的提高而增加，但与专门的学校德育相比较，家庭影响仍具有更显著的隐蔽特征、间接特征。在家庭中由于教育与生活在时间、空间、活动上往往是统一的，因而家庭环境影响的重要方面是家长的榜样作用。由于子女与家长的接触频度高，具有情感上的亲密性质，所以这种榜样作用的能量、深度远胜于一般社区及宏观社会环境作用。首属群体的特征决定了家庭环境的高频、隐蔽、亲切诸特征，从而决定了其对儿童和青少年德育影响的深刻性。

第三，家庭环境与学校德育具有互补性。互补性主要是就德育内容而言的。同社区一样，家庭亦是一定文化的积淀之地，因而也是一定文化的传承者。由于家庭人际关系最具人伦的基础特征，所以家庭环境同时又是人伦文化的传递和创造基地。学校德育比较系统、规范，多从大处着眼，理论性强，而家庭环境中孩子处在处理人际关系的细部的境地，这种境地具有具体、生动、现实性强的特征。因此，存在学校德育重一般理论，而家庭环境重具体应用的分工。两者相得益彰则可能形成良性循环。此外，学校德育内容有限，课程之外的许多伦理问题也主要在家庭环境中得以自觉补充。中国古代所谓"子不教，父之过"，其"教"的内容主要属于德育性质。除内容外，家庭环境亦是学校环境之外的互补时空之一。同社区一样，学校德育影响在校园之外能否继续辐射和进一步强化，亦有待于家庭环境的配合、补充。与社区宏观环境不同的是，家庭环境对学校德育的补充往往更具主动性和自觉性。

（二）家庭环境的类型及其作用

家庭环境的特殊性只是说明了家庭环境对于学校德育的独立价值，而家庭环境对学校德育的具体作用尚需进一步分类说明。家庭环境依据主观可控性成分的多少可分为客观环境和主观环境。

客观环境指难以人为调节的环境因素。如家庭的经济状况、家庭结构，家长职业及文化程度等。有人对国外社会处境不利儿童的研究做过总结，认为社会处境不利儿童的特点首先是经济上的贫穷。经济处境不利导致了居住拥挤、住房紧张、无适当的医疗照顾、发病率高、营养不良、家庭生活不稳定、环境不卫生、较多地接触有毒物质、麻醉品的使用率高、少年过失及城市犯罪等。① 家庭经济上的不利处境大致可以导致的后果有：①影响儿童及青少年身心健康所必需的家庭生态质量；②影响学生在校学习年限及成就；③在心理层面上影响儿童的自信心、自主意识及抱负水平等。罗杰斯曾分析过美国青少年在抱负水平上的阶级差别："下层阶

---

① 姜学清．国外对社会处境不利儿童的研究［J］．心理发展与教育，1991（3）：47．

级的青少年只有在可以见到直接好处的情况下才肯努力学习，中等阶级的青年为以后才能实现的目标而奋斗，认为报酬在将来才能得到。对于下层阶级的青年来说，遥远的将来的报偿显得太渺茫，不能给他们提供动力。"① 在我国，有的学者认为"绝大多数家庭的经济状况都可以满足其子女正常地接受教育从事学习的一般需求。同时由于我国家庭在经济收入上的相对平均，家庭经济状况这一因素对教育所发生的实际差异影响并不显著"②。笔者认为这一结论总体上反映了我国家庭经济环境的特征。但是随着我国市场经济的发展，收入差距的增大，家庭经济状况对家长、儿童和青少年的生态、学业及心理的影响会有增强的趋势。因此，在借鉴国外相关研究的同时，根据我国实际及发展情况进行家庭经济环境及其德育影响的进一步研究，是非常有必要的。值得注意的是，家庭经济状况只是家庭环境的成分之一，家庭环境又只是制约学校德育及青少年道德社会化巨系统中的若干因子之一，学校德育对象的许多方面又并非全受家庭及其经济条件的制约，故家庭经济状况与青少年品德发展之间并无一对一的线性关系。同时，即使是在研究中普遍认为受影响较大的抱负水平一项上，贫困家庭出身的儿童中也不乏"少年孤贫而志存高远"的例子。所以，即使有统计学上的大体结论，也不可将家庭经济状况对学校德育的某些影响做绝对化的理解。

关于家庭结构的研究，目前主要集中在独生子女和离异、单亲家庭对儿童社会化的影响上。对于独生子女的研究目前尚无一致性结论。有人认为由于独生子女社会网络缺少天然关系，会有自我认定等方面的困难。由于过多的呵护，独生子女任性、依赖性强、合群性差等，这种人格特征势必影响学校德育，产生一定的德育上的困难。也有学者认为，虽然独生子女的社会网络天然关系缺损，但其"社会"性人际关系就比非独生子女多，因而网络规模大小及其他特征并不比非独生子女差，独生子女作为个人早年社会化的经历的特殊性亦会随年龄增长而递减，尤其在中国，独生子女在社会上将变为常态，其特殊性日趋消失。故"出生顺序以及独生与非独生经历在个人社会化过程中是无足轻重的因素，没有什么理论研究

---

① 转引自：科尔曼. 青春期的焦点理论：一种心理学观点 [J]. 青年研究, 1991（4）: 46.

② 鲁洁. 教育社会学 [M]. 北京：人民教育出版社, 1990: 501.

的价值，也没有个人行为的影响……"① 但笔者认为，在我国现行政策之下，独生子女作为普遍现象和特定个体都具有独立和重要的研究价值。独特的家庭结构必将从两个途径影响学校德育：一是不管积极还是消极评价，独生子女作为学校德育对象肯定具有自身独特的身心特点，学校德育须研究和注意相关研究成果，因材施教；二是独生子女家庭结构的"倒金字塔"形已使独生子女的家长队伍增长，家长对学校德育的关注增强。对此，学校德育应引为变革和进步的重要契机，求得家庭对学校德育的理解、配合和支持。

关于离异家庭对独生子女道德社会化的负面影响，中外研究者都得出了相对一致的结论。② 美国的休格和麦克德莫特等人的调查发现，离异家庭儿童在个性上往往表现为抑郁、敌对、富于破坏性、易激怒、孤独、悲伤、易闯祸甚至自杀等。调查发现，美国违法犯罪青少年中30%—60%来自离异家庭。陈会昌等人（1990）调查了教师对儿童同伴关系的评定及原因，结果显示：根据教师的评定，离异家庭儿童的同伴关系远比完全家庭儿童差。被同学接纳程度高的完全家庭儿童占64.6%，离异家庭儿童只有26.4%，而被接纳程度较低和低的人群中前者只占3.3%，后者高达22.6%！对儿童同伴关系好的原因分析显示，完全家庭儿童更多的是由于学习好、善交际、待人热情，离异家庭儿童则只有"被同学们同情"一项的比例明显高于前者。对同伴关系差的原因分析显示，"孤僻、冷漠"与"有怪毛病和不良行为（如偷东西、骂人打人等）"两项的比例后者明显高于前者。单亲家庭有的是因为离异也有的是由于自然原因（死亡等）造成，对于非离异的单亲家庭儿童，有关研究证明有两种情况：一是由于家庭缺损缺乏关怀而导致心理损伤，出现与前述离异家庭儿童相似的特征；一是因家庭不幸而强化了儿童的自尊心和自我意识，一些单亲家庭的儿童品德发展反而比一般完全家庭儿童更为成熟和优秀。总的说来，对于离异家庭儿童，学校德育除了正常程序之外必须增加有针对性的救助程序。近年我国城乡尤其是大城市的离婚率呈上升趋势，学校德育对离异家庭儿童的对策研究有待深入。

家长的职业类别和文化程度有一定相关性。文化程度较高的家长往往

---

① 鲁洁. 教育社会学 [M]. 北京：人民教育出版社，1990：501.
② 黄刚. 独生子女的人际关系及社会意义 [J]. 心理发展与教育，1990（2）：103.

从事劳动复杂程度较高的职业，而文化程度较低者多为"蓝领"。研究证明，前者在提供学习的物质条件、学业及品德指导上优于后者，对于子女的期望值、文化素质及行为规范的影响也强于后者。前者在道德教育方式上较多地倾向于民主型的教养态度，而后者则取放任型、溺爱型或专制型的教养态度的比例较高。家长文化及职业上的优势同子女的良好品德个性之间只存在可能性联系，但这种可能性又是客观的，因此家庭对学校德育的作用显然包括上述"可能性"的家长因素。

主观环境指可人为调控的家庭环境因素，主要指家长气氛和家长的期望水平等。家庭环境的特点之一就是父母与子女间人际接触的频率高、聚合性强。但接触频率高、聚合性强并不等于"凝聚力"强。如果家庭环境中人际关系不融洽，这种高频率、强聚合的人际交往反而会带来负面的德育效果。如"过度关心"导致青少年逆反心理甚至离家出走等。因此，家庭气氛实际上是家庭人际关系的独特德育价值发挥的关键之一。家庭气氛主要从两个方面影响德育对象：一是从心理层面上，二是从家长的影响力上。不良的家庭气氛易造成心理损伤，导致不良人格特征（如暴躁、抑郁、反社会倾向等），也易导致离心力增强，从而使家长正面的德育信息不能为子女有效吸收。此外，不良的家庭气氛还会伤及家长对子女及学校德育关注的积极性，家庭因此会成为对学校德育产生负效应的环境因素。家庭气氛的不同取决于家庭人际关系运作的方式，即家长的教育态度或方式。研究证明民主型教育方式较易形成良好的家庭气氛，产生良好的德育影响。我国学者丁瑜等人证实了在"和睦"、"平等"、"紧张"三种不同的家庭气氛条件下学生品德有明显的差异（见表5）。

万云英等人的研究则证明了采用民主型教育方式的家长较注意：①寓教于日常言谈；②赏罚分明，公正合理；③择机而教，遇物而诲；④平等待人，尊重孩子意见。这一方式使学生在乐群性、聪慧性、稳定性、轻松性、自律性、恒有性等品质上获显著优势（$P<0.01$）。[①]

---

① 万云英，等. 优差生学习行为模式与家庭教育的关系的比较研究［J］. 心理发展与教育，1993（3）.

表 5　家庭气氛与品德等第的关系

人次及 百分比　　品德 家庭气氛	品德等第			合计人次
	优良	一般	较差	
和睦	134/39.3%	182/53.4%	25/7.3%	341
平等	20/19.4%	73/70.9%	10/9.7%	103
紧张	2/33.3%	2/33.3%	2/33.3%	6
统计结果	$df=4$　$X^2=19.1$　差异极其显著			450

资料来源：鲁洁. 教育社会学 [M]. 北京：人民教育出版社，1990：501.

　　家长的期望也是家庭气氛的构成要素之一。家长期望值的高低及期望构成均对学校德育产生影响。家长对子女的期望值与子女的学业成就包括德育课程的学习成就呈正相关。这已为实验所反复证明。但是期望值的高低是因人而异的，必须保持在一定的区间以内。在我国，独生子女日趋普遍，家长对子女的期望值已有过高倾向，且这一倾向还在强化。过高的期望值不仅从心理上给学生以重压，而且也因其不能实现而带来父母、子女双方积极性的损伤，极易产生德育的负效应。此外，由于物质主义、拜金主义、实用主义等影响，目前国内外尤其我国现阶段家长的期望在构成上存在一个危险的倾向，那就是重子女的智育、体育、美育成就，而对子女的品德发展漠不关心，出现了"许多人花钱买智育、体育、美育，就是没有人花钱买德育"的现象。由于学生社会化的构成不能仅限于智、体、美几方面或一方面，而且这几方面的灵魂与动力建设都仰赖于德育，所以如果家长的期望结构未实现合理配置，不仅学校德育而且全部教育大厦都有倾覆的危险。因此，家长必须在期望值及期望构成上都加以调控，才能营造有利于学生品德成长的家庭气氛。

　　活动环境指家庭父代与子代间的道德活动方式所构成的对于儿童及青少年及其学校德育的影响。我国有学者研究过家庭教育代间情境，认为家庭代间情境主要有三种：传承性情境、建构性情境、调控性情境。[①] 这一种研究颇有见地，但将调控性情境与传承性、建构性情境并列是不合适的。因为无论传承性情境还是建构性情境都不可能是单纯的认知而无行为

---

① 参见：史敏斋. 论家庭教育的代间情境 [J]. 江苏社会科学，1993（2）：129－132.

的调控。

借鉴代间情境的上述研究，根据人类文化史及儿童道德发展的阶段性，可将家庭的道德活动环境分为三类：传承性环境、建构性环境和超越性环境。所谓传承性环境，是指父代与子代间在家庭德育活动模式上遵循父子授受模式。父代将合乎其道德准则的观念体系加以选择，然后通过自觉的教导或榜样、暗示作用等灌输或传递给子代，并对子代行为加以权威型调控。这种道德认知和行为上的父子间活动模式的特征是父代对子代的绝对权威性和方向上的"父代—子代"单向流通（见图 1）。这一活动模式以社会道德规范的相对稳定为前提，故在简单文化的社会（如中国古代）中较为常见。在今天的家庭德育方式中，东方国家仍有相当比例的家庭属于这一类型。此外，有研究论证，在儿童早期社会化过程中这一模式仍有一定合理性。所谓建构性环境，是指父代与子代间以互动方式共同建构子代的道德体系的活动模式（见图 2）。父代可以通过榜样示范或自觉教育的形式引导、促成子代不断由"小我"而"大我"，由"大我"而"小我"地形成归纳、演绎的道德心理结构。也可设置一定实践情境，通过活动本身或"移情"让子代获得规范化、社会化的道德行为与心理结构。这一模式即家庭德育上的"民主协商型"。其认知和行为调控的模式为"父代⇌子代"，代间平等和双向沟通，已属家庭德育的"现代"模式。所谓超越性环境，是指子代通过家庭道德教育了解家庭及社会在道德体系上的矛盾性，进而在父代影响下主动超越现有道德规范的模式。其活动类型有二：一是发现矛盾进而自主解决矛盾，二是解决矛盾之后的道德结论与现存观念（父代为代表）的进一步冲突。现代社会所谓"代沟"现象以及在此前提下出现的以子代为中心的家庭代间运转模式即属于超越性活动环境。超越模式在认知和行为上是双向的。但它是以子代为主体的活动控制方式（见图 3）。与建构性环境不同的是，超越性环境包含更多的面向未来的创造与超越成分，是社会学家米德（M. Mead）所称的前喻型文化的产物。

不同类别的活动环境对学生个体即学校德育对象的道德影响，在于提供了最初的道德体系和道德文化的授受模式，同时在其对学校德育影响年限内不断提供环境上的对于学校德育内容（同质）的强化或（异质）弱化。最重要的是儿童在家庭中最初形成的道德认识、判断的操作模式、行为方式将直接影响学校德育的内容、方式及效果。适应现代社会发展，在我国，需建立家庭德育活动的建构性和超越性环境。

图1　传承性家庭　　　　图2　建构性家庭　　　　图3　超越性家庭
　　　活动模式　　　　　　　　活动模式　　　　　　　　活动模式

四、大众传媒对学校德育影响的分析

（一）大众传媒及其影响的特点

大众传媒是指面向大众传播一定社会信息的媒体。依据接收者的感觉方式，可分为视觉系统接收的书籍、报刊，听觉系统接收的广播、录音，视听综合的电视、电影、录像，有人还加上游艺机、互联网、卡拉 OK 等。也有人干脆将其分为印刷媒介和电子类媒介两大系统。虽然书籍报刊等作为大众传媒的历史较长，但总的来说，与现代化的社会生产力和科技发展带来的信息爆炸、信息需求及信息传播系统的制造能力直接相关，发达的传媒主要是当代社会的一个突出特征。大众传媒既是现代社会发展的产物，又大力推进了现代社会的发展，其影响广泛而深刻，以至于任何一个社会研究的领域都不能不考虑到大众传媒的巨大影响力。

大众传媒之社会影响的一般特征可以概括为以下三个方面。一是中介性。媒体本身只是一个信息的媒介物或载体，本身不能直接构成影响源或影响。大众传媒的内容是一定社会主体所赋予的，这一点是大众传媒不同于其他社会环境的突出特征。比如，社区、家庭也具有一定的中介性，社会文化积淀于斯，赖其实现再传播从而影响学校德育及其对象等，但社区、家庭等又是一级社会实体，本身也是独立的文化，具有作为影响源及社会影响的特征和能力。宏观社会环境更是如此。大众传媒则不然，它的内容来自制造或控制其生产的一系列的社会实体：政府、社区、家庭、制造商、创作人员、网络设计和编辑人员，等等。正因为如此，大众传媒是不同于社会、社区、家庭环境的"中间环境系统"。二是大众性。由于大众传媒的对象是普通消费者，故总体说来经过大众传媒包装的信息都是感性、直观的，也正是因为其感性、直观，吸引大众，大众传媒具有较高的商业价值；而商业性又强化了大众传媒影响形式上的非逻辑性和直观性倾向以及内容上的娱乐性、低俗性特征。三是程序性。程序性实际上应为程序固化性。不同媒体消费者如儿童的参与程序、主动性等表现不一，但无论是书刊等印刷媒体还是影视录像、互联网等，其内容安排、结构等都已有设定的程序，消费者必须按照这一固化和物化了的程序前进。这一点也显著不同于社会、社区、家庭等的影响。后者往往没有设定程序，其影响的随意性大，可控程度亦低于大众传媒，故大众传媒的程序性又是可控性，而可控性证明了社会对大众传媒控制的可能性和必要性的存在。

（二）大众传媒的影响分析

1. 影响的程度、构成和途径

奥斯卡获奖影片《电视台风云》（*Net Work*）中男主角曾向狂热于电视制作的女主角吼道："我们新生的一代，都将从电视中学习，模仿你们所塑造的一切！他们的愤怒是电视式的！他们的喜乐也是电视式的！他们的一举一动，甚至起居饮食，都是从电视中学来的。"这段道白生动地表现了电视在儿童社会化中影响之广之深！一位美国心理学教授曾感叹道："正如以前的几百年内，儿童应该在教学和家庭完成的社会化过程由学校完成一样，在 20 世纪下半叶，儿童应该在教学、家庭和学校完成的社会化过程则由媒介尤其是电视完成了。"① 据统计，在美国，儿童完成高中学业时用在"电视课程"上的时间是 18000 小时，而花在学校课程上的时间却不过 12000 小时。布赖恩特（Bryant）等人依据看电视时的不同表现将美国儿童分为：① "僵尸观众"（zombie viewer）——这些儿童看电视数小时而很少从电视屏幕前移开；② "双注意观众"（dual attention viewer）——这些儿童看电视时不停注意房内其他事物；③ "示范观众"（modeling viewer）——这些儿童在观看电视时从身体、语言上模仿电视中人或动物的动作、谈话。② 据 1986 年北京广播学院对北京地区的调查，8 岁以下儿童"天天看"电视的占 55.17%，"经常看"的占 33.93%，"偶尔看"的只有 6.87%；上海电视台 1992 年调查证实，上海学龄前儿童每天收视时间长者达 5.82 小时，一般平均也有 3.77 小时。③

综上所述，从影响的程度来看，以电视为代表的大众传媒构成了儿童社会化的巨大影响，从传媒影响的构成看，各种不同媒体对儿童、青少年

① 张金振. 美国儿童电视收视行为研究 [J]. 心理发展与教育，1992（2）：41-42.
② 同①.
③ 邱从实. 加强电视对儿童影响的社会控制 [J]. 少儿研究，1993（3）：27.

均有不同程度的影响，各媒体对不同德育对象的影响也并不平衡，传媒影响具多元、辐射等特征。20世纪90年代以来，互联网在中国的影响日益增强，网络作为媒体的一种大有成为霸主的趋势。大众传媒无论其积极还是消极方面，都从如下三个方面影响学校德育。

第一，构成学校德育的环境。如果说社会政治、经济、文化、心理以及社区和家庭等是作为环境实体发挥作用的话，那么大众传媒的影响主要是作为直接的信息状态发挥其作用的。由于具有面向大众的直观、感性的形式特征，大众传媒往往比其他环境因素更易于产生吸引、影响青少年的功效。故学校德育的社会环境建设的重要一环是争取有利的大众传媒。

第二，参与塑造学校德育对象。如前所述，现代儿童是在大众传媒的影响下成长起来的。从积极方面看，电视等传媒已经生动地传达给儿童的某些道德观念将成为学校德育提升儿童和青少年道德品质的基础；从消极方面看，传媒带来的心理损伤、负面文化和道德作用（如形成所谓"僵尸观众"、"示范观众"、"上网综合征"等）需学校德育进行有针对性的救助，并在此基础上传授先进的道德文化。

第三，直接影响学校德育诸环节。由于传媒系统的客观存在及其日益增大的影响，学校德育课程中的许多课题内容已取之于大众传媒，课堂教学中"理论联系实际"的对象越来越多地成为学生感兴趣的内容，学校德育课外活动也已与大众传媒相联系，不少学校已出现的"影评小组"等即是证明。从教学手段的角度看，多媒体教学的出现实际上是大众传媒在学校德育中的直接运用。随着电化教学、计算机辅助教学的发展，学校德育将越来越多地运用电视、录像、计算机等媒体，以增强学校德育信息传播的力度。

2. 影响的正负效应

对大众传媒影响的正负效应，研究资料十分丰富，意见亦不一致。综合国内外研究成果，大致结论如下。

从媒体角度看，印刷媒体、广播媒体的正效应大于电视、录像、游艺机等。原因之一在于单一的视觉器官在接收传媒信息时须将文字或语音符号在大脑中转换生成形象的画面或抽象的哲理。这一转换过程往往就是道德判断和推理的过程，而电视等直接和转瞬即逝的画面剥夺了儿童思考的机会。除此以外，印刷媒介优于电子媒介的优势尚有：①使用印刷媒介，家庭、学校易于控制。如家长买哪些书、学校推荐哪些书在一定程度上决定了儿童和青少年的阅读范围，儿童也拥有控制阅读内容、速度、时间、地点等的主动性，不同于儿童在电子媒介面前的被动地位。②使用印刷媒介既有年龄和文化程度上的限制，又反过来刺激青少年阅读能力及道德思维能力的提高。印刷媒介可按不同年龄和文化层次的儿童、青少年心理发展实际设计，成为适合并推动德育对象心理发展的刺激物，而电子媒介尤其电视则往往在同一时间播放同一层次的节目内容，不利于儿童的心理发展。③印刷媒介信息量大，易于阅读及检查，利于儿童和青少年对一些严肃命题和感兴趣的问题进一步思考和研究。电视、录像、游艺机则较多地成为人们的攻击对象。田本相在其所著的《电视文化学》一书中把电视弊端归纳为以下九种：一曰"电视节目成了一种麻醉剂"，二曰"电视将导致人类走向社会隔离"，三曰"散布愚昧"，四曰"大众性的仪式"，五曰"旁观者文化"，六曰"广告弊害"，七曰"文化渗透和文化侵略"，八曰"暴力和色情泛滥"，九曰"电视病"。概括地说明电视对儿童的不利影响，大致有三个方面。一是损害身心健康。研究表明电视可导致人背痛、头痛、眼睛疲劳、心脑电波变化、情绪波动等。长时间静坐电视机前易致肥胖病（美国人称这些儿童为"沙发上的土豆"）。此外，作为"电视人"的儿童失去了与人接触的社会化机会，社会隔离会导致儿童的孤独感和自我中心主义等。二是智能上不利于儿童推理及判断能力提高，也不利于其阅读水平的发展。田本相谓"散布愚昧"是也。三是直接导致道德水平下降。除了暴力、色情等内容的直接负效应外，电视还易于使儿童形成道德上的冷漠、被动特征，即所谓道德生活上的"旁观者文化"。而录像、游艺机等除了内容上的相同问题之外，重要的一点就是它们大大影响了孩子们的学习和休息时间及其质量。

从媒体传播的信息内容角度，有关研究指出，媒介的知识性内容和儿童文学性内容与儿童的道德得分成正显著相关。这是因为"无论是社会科学知识还是自然科学知识，都不仅给人以智慧而且还能给人以道德与力量，感染与教育。在喜爱知识、追求知识的过程中会培养起良好的个性心理素质"[1]。中国社科院新闻所卜卫的研究称："表面上看，现代童话与古典童话有很大的不同，它的快节奏和现代科学知识的巧妙事例以及大胆的

---

[1]　中国青少年研究中心. 我国城市儿童媒介接触与道德发展 [J]. 少年儿童研究, 1993 (6): 4-5.

想像给人一种眼花缭乱的现代社会的感觉。但实质上，现代童话和古典童话没有很大的区别。现代童话仍然执著地表现着古老童话的不朽的主题：即正义必然战胜邪恶；勤劳必然会有幸福的果实；善良、勇敢、智慧永远是令人崇拜的英雄品质。"① 这一结论部分揭示了现代媒体所载附的儿童文学内容正面影响的原因。与知识性、文学性的内容不同，电视、录像、网络或印刷媒体中的色情、凶杀等刺激性内容对儿童、青少年的负面影响，已为国内外的不同研究者所共同揭示。据美国的一项研究统计，一年内，一个普通的美国电视观众在最佳播放时间看了 900 多场使人联想到性行为的节目；而据 1980 年的一项调查，美国少女有性行为的比例就已分别达到：15 岁，占 1/5；16 岁，占 1/3；17 岁，占 43%。据北京市公安局对其收缴的 1004 本黄色手抄本的记载分析，传阅、传抄人员中有 775人为青少年，占总人数的 77%，其中中学生 648 人，占 64.5%，而这些中学生分布在全市 199 所中学……另据湖北省襄樊市统计，1985 年上半年该市查获流氓强奸犯 244 名，其中受淫秽录像毒害而犯罪者就有 127名，占总人数的 52.1%。② 实际上不仅上述明显的不利于儿童身心发展的内容对儿童道德发展有负效应，许多成人化的文化消费如通俗音乐中也有不利于儿童、青少年道德发展的成分。

应予说明的是，不论从形式还是内容的角度，大众传媒的影响对青少年的道德成长及学校德育的正负效应都要具体分析，不可概而论之。电视、录像、书刊、连环画、游艺机、网络等从一定意义讲都是双刃之剑，既对青少年的道德成熟有益，然而如不加强调控也会毒害青少年，对学校德育产生负效应。如有人指责西方尤其美国影视进行了全球范围内的文化渗透和"侵略"，是一种消灭他国民族文化传统的反文化现象。但也有人认为西方影响有利于儿童形成全球意识、热爱人类和保护生存空间的观念等。再如，与指责游艺机侵犯儿童的学习、休息时间，浪费其钱财的结论相反，也有研究表明，游艺机不仅娱乐，而且益智，对心理疾病患儿还有治疗作用……所以总体来说，大众传媒对学校德育的影响是客观的和多方面的，问题是社会、家长和学校如何面对这一影响。美国耶鲁大学教授杰罗姆·辛格说得好："车有危险，不过负责任的家长会教导孩子怎样过马路和系上安

---

① 卜卫. 电视对儿童现代观念影响甚微 [J]. 少年儿童研究，1993 (4)：46.
② 以上资料均引自：黄瑞旭. 色情冲击波：淫秽物品与青少年性罪错 [J]. 青年研究，1989 (4)：33-38.

全带。在看电视方面，父母同样有责任教导孩子。"① 实际上，成人社会应对不仅电视而且全部大众传媒对儿童的影响的调控负起完全的责任。

（三）大众传媒及其影响的调控

对大众传媒的影响除了正负效应评价之外，还有一个重要的尺度即历史的尺度。从历史的发展及其趋势来看，影视、网络等大众传媒既是时代的产物，又是时代前进的推动力量。现代文明的基础和特征之一乃是发达的大众传媒的存在。因此，大众传媒存在的现实性或合理性是毋庸置疑的。人类社会所能做的只能是对其进行调控，而非逆历史潮流而行地企图走向弃绝大众传媒的远古时代。着眼于创造有利于学校德育的传媒环境，对大众传媒的影响的调控，应从宏观和微观两大方面进行。

宏观指社会调控，侧重于对大众传媒的操纵者、制作者、经营者的控制。由于传媒本身并无信息意义，其直接呈送给消费者的信息内容是由人赋予的，故传媒的这种中介性质决定了宏观社会调控的重点应在本而不在标，在"源"而不在"流"。借鉴中外有关经验，社会及政府应做好以下几个方面的工作。①立法和执法。我国已有《未成年人保护法》及《预防未成年人犯罪法》等，但法规建设仍属于"粗放型"，规定不够具体，且执法不严，故目前尚收效甚微。今后仍需在立法、执法上继续努力，对在大众传媒方面毒害青少年的违法犯罪予以坚决的打击。②建立青少年文化消费、交流和文化市场活动准则，引导青少年进行健康的文化消费。我国近几年倡导高雅文化的一系列举措，在抑制对青少年负面影响甚大的低俗文化的影响方面，已经起到了一定的积极作用。③其他具体措施。法国教育部要求电视台在原有节目基础上增加儿童节目时间，午后播放儿童电视以满足下午小观众的需要，规定国营电视台有义务在播放暴力场面之前做详细说明。一些国家还设有专门的儿童电视台和电视频道等。这些措施都有我们可以借鉴之处。与上述具体措施相比，更为根本的则是社会要在形成积极向上的伦理实体上花大力气。只有社会风气正、成人社会普遍关心传媒对儿童的影响，具体措施才能行之有效。不能想象一个没有独立和健康的精神文明的国家或社会能够在大众传媒的调控上有好的作为。

微观指家庭和学校对大众传媒影响的对策。对于家庭和学校而言，大众传媒的影响是一个现实的客观存在。与宏观调控代表社会主体对传媒本

---

①　转引自：邱从实. 加强电视对儿童影响的社会控制 [J]. 少年儿童研究，1993（3）：23.

身进行调控不同，家庭和学校，家长和教师只能对传媒影响的选择和接收环节进行调控，以形成德育对象本身的鉴赏、批判能力，从而趋利避害。在这方面家庭和学校也应有所分工。家庭重在具体指导和监护管理，重诱导忌压服。对不同媒体也不能以偏概全下武断结论。美国学者爱克斯（Ekkis）就曾针对有人提出的恶性循环假设（即"玩游戏机时间增加—学习时间减少—学习成绩下降……"）做过研究，证明玩电子游戏与学习成绩正相关（$r=0.32$，$P<0.05$）。详细分析则显示，对于女生上述正相关成立，而对于男生则相关为负但不显著（$r=0.06$）。女生的学习成绩普遍比男生好，他们更喜欢学校，极少在晚 10 点后去游戏厅。故爱克斯认为电子游戏对孩子的影响取决于游戏的种类、时间、地点和家长的管束。他还特别指出，家长对儿童游戏行为的适当控制特别是阻止孩子晚10 点后去游戏厅等是避免电子游戏产生消极影响的关键。[①] 学校德育自身则应采取显、隐性课程并重的方法引导学生正确地对待大众传媒。如设立专门课程（如影视鉴赏课）、鼓励课外活动（兴趣小组、学生小报、学生电台电视台、学生网络平台）等。面对媒体对儿童的巨大影响，学校应当特别注意开展媒介素养教育，努力培养学生对媒介信息的鉴别、批判能力，成为媒介信息的主人而非俘虏。

总之，如果社会宏观上能形成对大众传媒信息源的控制，微观上又形成儿童、青少年对传播影响趋利避害的自选择能力、自调控机制，则社会大众传媒对学校德育对象的正面德育效应肯定会大大增加，大众传媒将成为现代学校德育良性环境的重要组成部分。

以上分别研讨了作为学校外环境的宏观系统的社会政治、经济、文化、心理，中观系统的社区，微观系统的家庭和中间系统的大众传媒。应该予以说明的是，系统的划分是分析思维的产物，各系统之间存在着相互作用、渗透、传递的关系，相互作用的各系统共同构成影响学校德育的外环境。系统间的相互作用的一体性具体表现主要有二。首先，某一系统对其他系统的渗透和连接。如社会经济作为社会基础和发展的根本动力，影响到社会宏观环境内各因子，也影响到社区、家庭和大众传媒的特点；又如社区往往扮演学校与社会、学校与家庭的桥梁的角色等。其次，对于学

---

① 参见：朱梅，等. 西方关于电子游戏对儿童影响的研究 [J]. 心理发展与教育，1992（4）：44.

校德育的某一特征或变化可做多种环境作用的归因。如青少年中经常存在的影视明星崇拜现象，就不仅与大众传媒而且与社会、社区、家庭环境等因素的共同作用有关。学校德育必须认真研究具体原因及其作用，才能解决这一课题。所以我们在分别研究各环境因子对学校德育作用时不可陷入原子论、分析主义。学校德育面对环境挑战的具体对策也应考虑到社会环境大系统的整体性，统观全局，在结构改造上切中要害。

3

学校德育社会环境的时代构建

讨论学校德育社会环境的时代构建的前提是研究当代学校德育社会环境的时代特征。

一、当代学校德育社会环境的结构性变化

（一）当代社会环境子系统的变迁

研讨学校德育社会环境的变化，应从环境因素（子系统）及其物质和精神结构两个角度予以展开。所谓社会环境的子系统，如前所述包括宏观系统的社会政治、经济、文化和心理，中观系统的社区，微观系统的家庭和作为中间系统的大众传媒。

当代社会从宏观角度来看，正处在后现代化和现代化的巨变过程中。一部分已经完成了工业化的国家在经济、文化诸领域均已达到了目前人类社会达到的最高成就，但是工具理性和个人主义为特征的现代文明又带来了技术专制、钱权社会、紧张的人际关系及天人关系等，从而也带来了人的物化，主体的失落，与他人的对峙及其伴生物——道德沦丧与精神麻木等，西方发达国家正在寻找现代化的出路——后现代化之路。因此当代西方学校道德教育既面临着前所未有的危机，也面临着前所未有的契机。20世纪 60 年代以后北美西欧诸国兴起的道德教育的研究热潮及其在现实中对学校德育的强化趋势，正是对应于这一宏观系统的变化。中国等发展中

国家则正在现代化的入口处努力。在努力推进经济、政治体制的现代化转轨的同时，人的现代化已成为中国社会发展的主题之一。一方面，"培植独立的个人主体是我们的当务之急"，"人的解放不只是政治解放，而且是经济解放、社会解放。当前实现的市场经济有多方面的作用，而最根本的就是解放人的作用"。另一方面，从族群主体转向个人主体，是价值观念体系的重大变革。伴随着个人从多年的人性压抑中解放出来，人的情欲会喷薄而出，形成一时的泛滥，这是难以避免的。① 由宏观社会结构转型导致的宏观社会系统在组织、制度、意识形成、社会心理等方面的巨大变化，导致许多社会问题凸显。国内有学者将其归纳为：①社会失调，如人口问题、就业问题、农民工问题、环境污染问题、家庭问题、贫富分化、干部腐败；②社会颓败，如关系网、公费吃喝、毁坏公物、利己行为、假冒伪劣；③社会病态，如卖淫嫖娼、淫秽物品、拐卖妇女儿童、吸毒贩毒；④社会犯罪，如青少年犯罪、公职人员犯罪、车匪路霸；⑤心理失调，如自杀率上升、精神病患者增多等。② 中国社会既要面对西方社会的示范效应，扬长避短，又要克服传统与现代的矛盾，努力走出转型阵痛期。社会问题给学校德育环境带来了一定的负面影响，同时也给学校德育提出了必须面对宏观社会变革的挑战，解决在变革中凸显出的一系列社会问题的课题。学校德育显然不能回避历史的趋势。

作为中观系统的社区也正处在变革的涡流之中。就中国的社区的状况而言，最突出的特征表现为二。一是大都市的现代病症日益凸显，人口问题、就业问题、污染问题、犯罪问题、低俗文化泛滥问题等都已同西方先进的文明成分一起进入国门（或在国内滋生）。二是城市化速度的加快使中国社区环境有了前所未有的特征：农村地区（尤其沿海地区）迅速崛起一批中小城镇，就地消化了一部分农村剩余劳动力，同时全国各大都市涌动着农民工潮。城市化进程带来了人口流动，人口流动冲击了原有的社会分层体系。从地域上讲，许多地区城乡边缘模糊、交错、一体，成员社会身份变化迅速。从文化上讲，全国各地的人们都面临着价值的冲突与适应问题。转型期社区环境的变化必然给学校德育带来全新的影响，使学校德育同社区一起进入转型期的调试。

---

① 高清海. 主体呼唤的历史根据和时代内涵 [J]. 中国社会科学，1994（4）：97.

② 朱力. 社会结构转轨与社会问题突现 [J]. 人大复印资料：社会学，1994（2）：85-86.

家庭作为学校德育的重要外部环境也正处于巨变中。首先，从全球范围来看，影响学校德育及其德育对象的重要因素——家庭结构及其稳定性都正在发生令人不安的变化。核心、单亲家庭数量正不断增加，离婚率上升导致的破损家庭在西方发达国家及中国的一些大都市都已有相当大的数目。一些悲观的社会学家甚至认为家庭的消亡之期已经不远了。家庭的小型化、家庭意识的淡化及家庭功能的转型等可能有利于儿童的主体性发展，但社会关系和家庭关系的缺损又带来了不利影响。目前，这两种影响都正趋于强化。其次，我国开始步入老龄社会，老人赡养及相关伦理问题日渐凸显。由于西方生活方式的入侵等原因，在我国，婚前、婚外性行为大量增加，非法同居、纳妾、嫖娼等现象开始泛滥。家庭本身的伦理建设亟待加强，在这种情况下学校所负担的德育任务显然是十分沉重的。最后，中国和发达国家一样，也面临前信息社会所带来的文化反哺现象和代沟现象等。家庭作为学校德育的外环境，亟待在现代文明不断进步的基础上得以优化。

大众传媒作为学校德育外环境的中介系统，正在品种、数量、规模和影响力上加速度发展。这已使现代文化越来越具有商业化、大众化的特征。大众传媒迅速而有效地渗透，影响了社会生活的每一个角落，可能带来的严重后果是个体独立判断力的衰减。大众文化的反复强化使人来不及思考就接受了传媒所灌输的有关政治、伦理、职业、消费、娱乐等观念。与此相联系，人们往往趋同、肯定既成秩序与价值观，文化批判能力弱化，从而形成马尔库塞所谓的"单向度的人"。大众传媒的影响隐蔽而强制，其结果是，"一方面现代化过程要求最大限度地发挥个体创造性，并且也确实为个体创造力的发展提供了可能；另一方面，现代工业社会在通过企业管理制度、国家机构及法律体系等实现对个体外在控制的同时，又借助大众文化而操纵个人内在的精神世界，从而使人的主体性有形无形地受到窒息"[1]。由于现代化的"后发性"，中国目前现代化进程之中的传媒建设的速度相对高于发达国家传媒所经历的自然发展的速度，因此在较短的时间里，在没有充分心理准备的条件下，如何理性地生存于现代传媒的剧烈辐射之中，这是现代化进程中中国人民面临的最大挑战之一。学校德育如何正确利用传媒影响，削弱其负效应，也是这一挑战的重要组成部分之一。

---

① 杨国荣 . 西方现代化的负面历史意蕴 [J]. 人大复印资料：社会学，1994（2）：103，105.

在分析学校德育环境各子系统的时代变化时，我们更多地谈到了挑战性的一面，需要说明的是，无论现代化或后现代化，不断进步的现代文明带给学校德育的积极果实都还是丰硕的。即使是巨大的负效应也往往是与巨大的正效应相伴而来的。就中国而言，市场经济体制尚在建立之中，破与立之间尚有许多空隙地带，一些混乱和失范是在所难免的。但这丝毫不能否定现代化过程中的发达国家和现代化过程中的中国社会给学校德育带来的环境上的复杂性和危险性。

（二）当代社会环境巨系统的结构变化

整个社会巨系统的结构变化，主要包括物质层面的群体结构、组织结构等，以及精神层面的意识形态或价值观及其连接。现代化进程打破了自然经济时期社会人群的静止分层体系，使个体从组织中凸显出来并发挥了巨大的能量，同时也使社会各子系统的精神连接发生了巨变。理性取代了迷信，自主取代了盲从等。但现代化进程在最先进的国家既带来了组织和分工的严密，也带来了人群内部的感情荒漠。信息化社会和自由经济、民主体制的进一步发展及人类理性的进一步提升所带来的，将是发达国家社会群体结构、组织结构的新变化，同时也将使这一物质结构的内核——精神结构发生突变。辩证理性取代工具理性、后主体性取代主体性将是后现代化精神变革的主题。学校德育首先必须密切关注这一变革的方向。

中国所进行的是现代化而非后现代化。目前中国所发生的转轨与工业化社会所发生的结构性变化并不处于同一水平。就物质结构来看，中国社会正在发生的全面变革主要表现在以下两个方面。首先，社会的群体结构变化剧烈。由于所有制结构的变化，中国社会静态的分层体系已被打破，原来几乎静止的人群如工人阶级、农民阶级等已被细分为国有、集体、私营企业的工人，个体工商户的帮工，三资企业和混合企业的雇员，失业和待业工人，农村劳动者，乡镇企业工人，流动打工者，农村雇工，小业主，个体户，乡镇企业领导人，农民知识分子，等等。工人与农民、城里人和乡下人等等级森严的壁垒在许多领域都已开始动摇。社会利益群体重新组合，传统的两大阶级界限日益模糊，原来稳定的社会关系开始走向复杂。伴随着这一进程的是一些企业家、个体户、私营业主等阶层的暴富，收入差距拉大，阶层间对立情绪开始滋长和蔓延。其次，社会组织结构也在发生巨大变化。改革之前的中国人分属不同的劳动集体和工作单位，权利和义务十分明确，组织活动的原则是强调集体利益，单位制约着个人的行为模式和流动。由于经济和政治体制的巨变，传统的组织结构的资源独占性、功能全面性及控制的严密性都正在为新机制特征所取代。与全民、集体所有制相对，出现了许多不同性质的跨地区、跨行业、跨所有制的组织或单位；政府机构、群众团体、党派等组织作用下降；同时基层组织的自主性、活力及无序性增长迅速，传统组织中成员对组织的高度依赖及组织的强整合性，也因人事制度改革、第二职业、劳务市场的发展等因素而趋于瓦解，组织的开放程度大大增加。这样的组织结构的变迁和群体结构的变迁，都大大有利于市场经济所需要的个体主体从族群主体中解放出来，发挥其主动性和创造性。但是，转轨时期的制度衔接导致了新旧体制间的冲突、脱节、真空、无序和失范现象十分严重。这已构成了目前中国社会多种病态产生的直接原因。社会病态既构成学校德育的环境因素，同时对社会病态的认识、解释和防范又是学校德育不能回避的内容。

群体结构及社会组织结构的上述变迁的一个最直接后果是个体的解放及利益的多元化，这一变化的具体表现见诸外在的社会、社区、家庭、媒介等子系统的一系列变化，也势必影响到社会的内层结构。中国社会的精神结构变化的特征主要表现为：①利益主体的多元导致价值体系的多元；②价值体系的多元带来了令人晕眩的价值冲突和道德相对主义；③冲突的多元价值观带给社会主体的是价值选择的困难。而这一选择的困难既使个人产生无所适从的"边际人"的感觉，也使学校德育陷入了显性课程与隐性课程、学校课程与社会影响的巨大差距、矛盾和冲突之中。由于中国社会长期的高整合性惯性的存在，价值观冲突中传统文化与现代文化、本土文化与外来文化的矛盾均已胶着在一起，中国人既要从物质和精神的层面进入现代，但同时又必须尽可能超越工具理性、个人主义、价值相对主义等西方文明的局限，这已构成了中国现代化历史进程的一大二律背反。从目标、功能和方法、手段的选择上，全面陷入窘态的学校德育如何适应并超越以上社会结构尤其是社会精神结构的变迁？对此，学校德育不仅应从体系内部进行探索，而且必须以社会主体力量之一的身份出现，参与社会环境的变革与整合，从而创造自己生存、发展和提升的优化环境。

二、构建优化的学校德育社会环境

建立优化的学校德育之社会环境，需要发挥学校、政府以及社会三方面的主体性。

（一）学校角色的正确定位

当代中国学校德育社会环境的时代特征在于社会的动态、失范和价值观的现实多元性。而学校德育只有在同社会环境结成统一整体时才能对德育对象发挥有效的作用。因此，构建优化的社会环境是学校德育必须选择的出路，也是学校德育主体性的表现之一。

而对日趋变动的社会环境，国内有学者认为学校教育应该"主动适应"，"一是教育要面向未来走向社会发展的前头，不再简单地为已存和现存社会培养人才，而要真正为一个尚不存在而形将出现的社会培养人才；二是教育不再仅仅为社会生活作准备，被动地接受社会的指令，而是积极地干预和参与社会生活及其发展"[①]。针对德育的环境适应，有学者进一步提出了学校道德教育的"超越论"，主张"在当前德育改革中，培养市场需要的具有道德意义的种种品质固然重要，但德育的着眼点还应该在培养当代社会所需要的全面完善的道德品质和人格上"，"道德教育还应包括超越现实的理想人格的引导和培养。这种超越本身也是一种适应"。[②] 以上论点都就教育、德育系统如何回应社会环境的时代变革而在系统内做出了较为科学的回答。为了达成主动适应超越的目标，学校德育的主体性还应延伸到学校德育之外，使学校德育不仅定位于校园之内，而且定位于社会环境之中，成为主动营造优化环境的主体力量。

作为营造社会环境的主体力量的内涵主要有三点。一是学校德育应主动直接地参与社会环境的建设。学校本身固然不是一般的社会机关，但学校本身可以是文化尤其是先进道德文化的讲坛和舆论阵地，可以辐射其影响于社会。学校德育活动如学生的社会实践活动（不流于形式），也可以对社区乃至全社会进行正面的价值引导等。二是学校德育应作为个体道德成长社会环境网络中最能动的力量去主动连接其他社会环境系统，组合各种正面影响形成合力。上海市真如中学通过"真如中学社会教育委员会"，将当地镇（乡）政府、教育行政部门、社区企业事业单位、学校家庭所属村民委员会及居委会和学校联系起来，不仅动员了社会各界力量参与，创造了较好的社会条件，而且通过学校、家庭与社会之间的沟通，在形成学

---

① 王策三. 教育主体哲学刍议 [J]. 北京师范大学学报：社会科学版，1994（4）.
② 鲁洁. 论市场经济条件下德育的价值取向 [J]. 求是，1994（4）.

校内部与外部目标、方向一致的三位一体的大德育体系，营造学校德育良好环境上做出了可贵的探索。① 三是学校德育和教育应在体系内进行改造，努力形成适应和超越学校环境的中介机制，使学校德育社会环境中的正面德育影响源最大限度地转化为现实的德育影响，同时促进社会环境中德育影响有序化，开发学校德育社会环境的现实空间。

（二）政府功能的正确发挥

政府是社会改造的组织主体，也应是学校德育之社会环境的改造主体之一。虽然现代政治经济体制的运转模式与现实趋势决定了社会生活中不能过分强化行政手段和政府行为的作用，但是一定程度的政府对社会生活尤其是德育社会环境的调控和改造还是十分重要和必需的。政府功能的正确发挥，至少可以在三个方面对学校德育环境的优化起重要作用。

1. 政府作为经济、政治、文化等宏观环境系统发展的自觉力量

政府作为上层建筑的一部分，其性质及动作固然受制于一定社会的经济基础，但政府又是一定社会经济、政治、文化发展的主体力量，其主体性表现为对社会运转目标的设计和全面调控等。对于学校德育的优化环境创造来说，政府首先可以在社会发展目标的选择上起宏观调控作用，而社会发展目标的选择实际上是价值取向上的社会选择，从而也是学校德育宏观社会环境方向和质量上的选择。一个理智的政府即使不能直接对学校德育起更多的直接干预作用，倘能建设一个健康的社会，在学校德育的大气候上自觉不自觉地有所作为，实质上也已经参与了学校德育。严格地说，在社会大众的德育自觉尚未发展到一定的程度之前，大德育观的实现可以仰赖的最主要的社会主体力量只能是政府行为。新加坡等国之强有力的政府行为在战后物质文明、精神文明建设中取得了杰出成就，这不仅为学校德育营造了良好的外部氛围，而且也增强了新加坡人的民族自信。这是新加坡学校德育较为成功的原因之一。

2. 引导社会环境子系统的建设

学校德育社会环境子系统尤其是社区、家庭、传媒等究竟在何种程度上具有德育自觉，这一方面取决于宏观上政府在精神文明建设方面的成就，另一方面也取决于政府对各子系统的直接领导。这表现为政府从舆论

---

① 详见：叶立安. 社会参与教育，教育面向社会："真如中学社会教育委员会"刍议 [J]. 华东师范大学学报：教育科学版，1990（3）.

导向、立法及制度上对于子系统在学校德育支持方面的明确规范，以及对社区、家庭、传媒作为社会文化环境的品质的监控，也表现为一些看似联系不大但实质上亦间接影响学校德育的措施。前者如不少国家和地区的政府已把学校德育的发展作为社会、社区发展的整体目标之一列入发展计划，不少国家和地区对大众传媒的文化品位都做出了立法或管理上的规定。这都对学校德育环境的优化起到了正向作用。后者如我国苏南地区一些中小城市在市政建设上对新建的建筑物提出要求，规定不能在同一城市建设同一图纸的建筑物，建筑施工必须与城市绿化和园林建设同步进行。这些措施不仅净化了学校德育的外部物质环境，而且对一定社区德育对象的自豪感及文明行为规范建设等学校德育内容起到了一定的间接促进作用。

3. 聚合社会环境子系统形成德育影响的合力

学校德育本身可以成为与社会连接的力量，这是学校德育主体性的表现之一。但是学校的能量有限，因而需要一个强有力的外部黏合力存在。这一黏合力就其有形的方面来说即应来自政府。

在社会环境子系统与学校德育的亲和力的培养上，我国已有经验证明，一味的政府行为是低效或无效的。过去社区教育的过度政府干预并未造成真正的社区教育，反而变成了政府和社区的双重负担，削弱了社区教育发展的动力。故近年理论界不断有人呼吁要使社区与教育的结合由政府行为转化为社会行为。但是社区、传媒、家庭、学校本是各自独立的运行系统，要使其德育影响在方向上趋同，力量上整合，就必须有黏合机制存在，而黏合机制无非是在舆论上的导向，以发展其德育自觉整合的内驱力和机制上的连接进而形成其运作形式。要实现这两点，在目前的中国社会完全脱离政府的作用是难以想象的。这不仅是因为政府的权威和力量，而且是因为从全社会宏观层面上看，只有政府才可能实现全国范围及全方位的环境子系统的连接。因此，无论是形成各子系统在学校德育影响上携手的自觉，还是促成诸系统在运行上的有序结合，适当的政府行为是不可或缺的。此外，即便是各系统的连接由政府行为向社会行为过渡，作为其中介因素的社会自觉程度的提高也难以离开政府主体能动作用而实现。目前我国一些地区的"学校、家庭、社会德育一体化"实验的成功，实际上同政府的整合作用是分不开的。

（三）社会精神实体的重构

哲学家黑格尔认为，一个具有现实性的民族的必要条件是有其自己的伦理精神实体。康德亦在区别文明与文化概念时将文化（绝对道德观念）视为文明外壳的深层本质加以强调。在当代文明的外部形态演变剧烈的情况下，社会精神实体也在发生潜移默化的变化，同时，因应外部形态的变化，人类也必须实现价值的重新选择即实现社会精神实体的重构，转型期的中国更是如此。

社会精神实体重构对于学校德育外部环境建设的意义在于：如果没有健康进步的社会精神实体，仅靠政府、学校去做社会环境诸系统的连接，则这一连接就会仅仅是外层或物质层面的连接，没有精神或内在的黏合力。而且，没有精神实体，政府行为、学校德育本身即是没有灵魂和方向的。因此，要适应时代变迁，建设优化的学校德育的外部环境，就必须由外而内，由显性而隐性地进入社会精神实体的重构。

要实现社会精神实体的重构，首先要处理好系统和过程的关系。由于人类实践和文明的共性，任何民族的精神实体都有与其他民族同构的部分，同时任一精神实体的系统要实现质变也就必须吸收外系统的精华。中国文化传统中对整体思维的强调、对群体价值的尊重等是我们民族稳定性和源远流长的精神内核，但是过分强调群性，在过去的历史中已经导致了对个性的否定与扼杀。因此，因应市场经济发展和现代化进程的需要，中华民族必须吸收以分析思维见长，尊重个人权利和创造性的西方价值体系中的合理成分。有识之士已得出了"培植个人主体是我国当前社会发展的迫切需要"的结论。但是只是系统的实体是无生命的。精神实体是系统亦是过程。任一民族的精神实体都有其传统或根由。在西方文明对个人主义、主体性、价值多元和道德相对主义追求过度以至于非批判无以实现后现代化的今天，只谈横的移植就谈不上中华民族精神实体的重构。由于西方文明的成就显著，其"示范性"几乎不可抗拒，发展中国家是牺牲传统复制西方伦理价值的优、缺点，同处绝境，还是立足于自己的传统进入现代化又超越西式现代化的精神病症，这是一个世界性课题。在中国，目前的情况是，西方个人主义、物质主义、价值相对主义呈泛滥之势，既造成了社会病态，也给学校德育带来了负面环境作用。学校德育的根本出路在于同整个社会一起实现传统文化与外来价值观的合理嫁接，以造就适应现代文明新质的新的道德文化。

作为文明内核的精神实体的重构还是一个面向未来对历史和现实实现超越的过程。因此，社会精神实体的重构还必须处理好适应和超越关系。社会精神实体朝向未来的超越性质来源于人类主体的能动性。"对人来说，现实世界是可以改变的，人的活动就是要以他所拟设的可能世界去取代现实世界，正是在这种现实和可能矛盾运动中人类才得以驰骋于历史创造的无限空间，人类社会才得以不断前进和发展。"① 学校德育所需要的优化的社会环境，其优化条件之一当是社会伦理精神的积极向上。所谓"积极向上"，主要指社会未来发展方向及价值体系的未来取向十分明确。考察历史不难发现，任何一个民族或阶级，其上升时期都是具有发展和价值的明确方向的时期。中国正在实现现代化，实现由计划经济向市场经济的转轨，但未来的现代化应是一个什么样的现代化？未来中国的市场经济应蕴含什么样的价值内核？这些都是中国社会必须明确的问题。从一定意义上讲，精神文明建设是不允许"摸着石头过河"的。目前中国社会随着市场经济建设而出现的道德、价值失范现象已相当严重，重构社会精神实体的当务之急是给国人以指向未来的社会理想和适合历史趋势的价值导向。因此，一些学者呼吁学校德育应注意对现实的超越性是完全正确的。但对现实的超越之前提是整个社会精神实体的未来超越。唯有后者才能给学校教育以超越的方向、内容、力量，也唯有后者才能给社会注入新的灵魂从而给学校德育超越现实的优化的社会环境。

以上从学校、政府、社会三大主体的角度分别讨论了优化的社会环境的时代构建。从三者统一的角度看，目前亟待建立的是一种网络全社会的大德育意识。只有全社会建立起了较为充分的对于学校德育的义务感和德育的自觉，我们所追求的学校德育的社会环境优化才可能变为现实。学校道德教育所要实现的目标既是学校、教师的任务，也是全社会的当然使命。

习题

1. 德育环境有哪两种状态？怎样实现其德育价值？

2. 社会心理是如何影响学校德育的？

3. 影响学校德育的社区环境因素主要有哪些？

---

① 鲁洁. 道德教育：一种超越 [J]. 中国教育学刊，1994（6）.

4. 家庭环境及其对德育影响的特殊性何在？

5. 如何正确评价大众传媒对德育的影响？

6. 学校作为德育环境的主体力量的主要内涵是什么？

本章参考文献

1. 鲁洁．教育社会学［M］．北京：人民教育出版社，1990：第 3-6，10，14 章．

2. 鲁洁．德育社会学［M］．福州：福建教育出版社，1998：第 2 章．

3. 班华．现代德育论［M］．合肥：安徽人民出版社，1996：第 6 章．

4. 胡守棻．德育原理［M］．北京：北京师范大学出版社，1989：第 12 章．

5. 胡厚福．德育学原理［M］．北京：北京师范大学出版社，1997：第 17 章．

6. 里可纳．美式课堂：品质教育学校方略［M］．刘冰，董晓航，等，译．海口：海南出版社，2001：第 19 章．

附录

第三次浪潮：美国品德教育运动述评[*]
The Third Tide：Movement of Character Education in the United States

内容提要：

20 世纪初期以来的美国德育大体上经历了三大历史阶段，品德教育的复兴是美国德育的第三次浪潮。品德教育运动具有强调正面和直接的道德教育，要求学校与社区、家庭在德育上的配合，以及努力促进青少年学以致用、践行道德价值，以形成良好的品德等特征。目前品德教育运动的一个十分突出的努力是思考和探索什么是优质、高效的品德教育。

一、20 世纪美国德育发展的历史轨迹

如果从较为宏观的、理论与实践整合的角度看，20 世纪初期以来美国现代德育的发展大体上经历了三大历史阶段，即古典品德教育阶段，相对主义和过程主义阶段，以及复兴的品德教育阶段。

20 世纪上半叶是古典品德教育也就是旧式或传统意义上的品德教育阶段。旧式品德教育曾经与宗教教育联系密切，到了 19 世纪才逐渐与宗教分离开来。20 世纪初期，美国的道德教育仍然延续着旧式、传统的品德教育。这一品德教育的特征是强调正面、直接的道德教育，强调纪律和良好行为的养成，强调直接德育课程的重要性以及学校环境的间接作用，等等。

这一传统的道德教育模式在 20 世纪 20—30 年代即开始受到了两个方面的巨大挑战：一个是品德心理学家哈茨霍恩（H. Hartshorne）和梅（M. May）关于品德和品德教育的调查（1928—1930）；一个是杜威（J.

---

[*] 本文刊发于《北京大学教育评论》2003 年第 2 期。

Dewey）实用主义德育理论。哈茨霍恩和梅通过实证调查证明①：第一，所谓的品德往往是一种特定性的表现，在一种条件下产生的品德行为未必在另外一种情况下必然稳定地表现出来；第二，直接的道德灌输未必有显著的德育效果，道德教育应当更多地通过间接的方式去实现。尽管哈茨霍恩和梅的调查主要局限在有限的品德范畴，尽管实际上对当时的德育也并没有太大的直接影响（相反，德育团体"宗教教育协会"积极支持哈茨霍恩和梅的调查，这反而证明当时社会对于德育效果的关心和追求）②，但是其对德育理论与实践的长远影响却是巨大的。杜威的思想对于20世纪的美国无疑是最为重要的，在德育方面也是一样。杜威强调道德只不过是人们为了适应不同环境的社会反应，因此孩子们在学校生活的经验中学习道德要远远重于直接的教导。表面上看，杜威只不过是在强调间接德育的重要，但是，杜威的理论中有两个重要的特征是十分明显的：一个是道德上的相对主义，另外一个是教育上的过程主义。这两大思想刚好适合美国社会对于个人与民主价值的强调，对美国的教育和美国社会都产生了长远和深刻的影响。

旧式的品德教育从20世纪30年代开始衰落，但是在实践上却一直延续了10—20年。到了50年代，由于上述思潮的影响，直接的道德教育终于基本上从美国的校园消失。而分别于60年代和70年代开始兴起的价值澄清理论和认知发展理论，则延续哈茨霍恩和梅调查的影响以及杜威教育思想中相对主义和过程主义的德育理念，真正掀起了美国德育的第二次浪潮。

价值澄清理论肇始于1966年拉思斯、哈明和西蒙（L. E. Raths, M. Harmin, & S. Simon）合著的《价值与教学》的出版。价值澄清理论的最大特点是强调个人价值选择的自由，因而将价值教育的重点从价值内容转移到澄清个人已有价值的过程上去。也就是说教师的任务在于帮助学生澄清他们自己的价值观，而非将教师认可的价值观传授给学生。这一流派曾经在20世纪60—70年代对美国德育产生了巨大的影响。一个具体体现是

---

① Hartshorne H, May M. Studies in nature of character, Vol. 1：studies in deceit［M］. New York：Macmillan, 1928：413.

② Leming J S. Research and practice in character education：a historical perspective［M］// Molnar A. The construction of children's character. Chicago：NSSE, 1997：33-35.

当时一本介绍价值澄清教学策略的手册竟然卖出了 60 万本之多。① 有专家评论说"这是（美国）关于教育方法方面著作从未有过的发行数目"②。于 70 年代兴起的认知发展理论的代表人物是科尔伯格（L. Kolhberg）。作为一个品德心理学家，他的巨大贡献首先在于具体解释了儿童道德发展的阶段性。在教育上他的主张则是强调道德认知尤其是道德判断的重要性。由于他的影响，许多美国的学校将道德教育的努力转移到用两难故事的讨论等方法来提高儿童道德判断的水平上来。尽管连科尔伯格本人都承认从道德认识到道德行为的转换需要许多别的条件，尽管他也明确地反对道德上的相对主义，但是这一理论仍然是强调德育过程远大于德育内容。

实际上 20 世纪 60—80 年代产生的德育模式很多。美国教育学家哈什等人（R. H. Hersh et al，1980）就曾经在《德育模式》（*Models of Moral Education：An Appraisal*）一书中总结和介绍过这一时期的六大德育模式。但是这一时期大多数流派，尤其是价值澄清理论和认知发展理论都具有相对主义和过程主义的倾向。因此，第二阶段大体上可以界定为相对主义和过程主义阶段。相对主义和过程主义给美国本来就有的极端个人主义火上浇油。于是，80 年代有评论认为"现在的状况也许已经超过了美国历史上的任何时期，贪婪和欺诈被大家认为是极其平常的事情"③。文化上回归传统伦理的"保守主义"势力日益强大，大量出现的青少年问题也使得美国教育界开始重新反思并回归传统的道德教育模式。④ 因此从 80 年代开始不断有专家批评相对主义和过程主义的德育取向，呼吁加强"品德教育"。到了 90 年代，品德教育明显复兴，并逐步成为今日美国德育的主流。

二、品德教育复兴的历程

品德教育复兴过程中较为重要的事件包括——

在 20 世纪 80 年代许多德育专家批判相对主义和过程主义，呼吁正面

---

① Kirschenbbaum H. A comprehensive model for values education and moral education ［J］. Phi Delta Kappan，1992，73：772.

② Leming J S. Reserach and practice in character education：a historical perspective ［M］// Molnar A. The construction of children's character. Chicago：NSSE，1997：36.

③ Anon. Ethics in the Boesky era ［J］. Yale Alumni Magazine，1987，Winter：37.

④ Berkowitz M W，Schaeffer E F，Bier M C. Character education in the United States ［J］. Education In The North，2001-2002，1（9）：53.

加强品德教育的基础上，1988 年美国"课程发展监督协会"（ASCD）邀请 11 位德育专家组成专家组，起草了一份题为"学校生活中的道德教育"（Moral Education in the Life of the School）的文件，公开呼吁学校应当正面帮助孩子养成 6 种"品德"，并提出了 8 条教育上的建议。4 年以后（1992 年 3 月），课程发展监督协会与普林斯顿 55 计划、约翰逊基金会等机构在威斯康星的拉辛联合发起了主题为"从幼儿园到高三年级如何进行有效的品德教育"的大型研讨会，吁请全国各教育协会组织对品德教育予以更多的关注，并呼吁建立全国性品德教育机构，以协助和推动学校实际开展品德教育。

1992 年 7 月，28 位专家参加了科罗拉多州阿斯彭的约瑟夫松学院主办的主题为"道德与品德教育：应当、能够和将要做些什么?"的研讨会。会议的结果是成立了"品德关注联盟"（Character Counts Coalition），号召并希望通过该组织支持学校培养学生的 6 种基本品德。1993 年 2 月，另外一个重要的、有基督教背景的组织"品德教育伙伴组织"（Character Education Partnership）诞生。今天，"品德关注联盟"和"品德教育伙伴组织"这两个组织分别以广泛推广品德教育各种模式和鼓励品德教育并提供品德教育资源上的支持为各自的特色。其他与品德教育相关的组织还包括"儿童发展项目"（Child Development Project of Development Studies Centre）、"公正社区学校"（Just Community School）、"完美解决冲突计划"（Resolving Conflict Creatively Programme）、"责任心教室"（Responsive Classroom），等等，不过在这些组织中品德教育的强调往往包含在一个更综合的教育改革方案之中。①

由于"品德关注联盟"和"品德教育伙伴组织"两大组织以及其他方面的努力，1994 年美国众议院、参议院无异议通过了每年 12 月 16—22 日为"全美品德关注周"（National Character Counts Week），此后通过的《中小学教育法案》（ESEA）则明确追加了对于品德教育资助的两个经费来源的条款。② 仅国会批准的全国"品德教育先行者资助计划"（Partnership in Character Education Pilot Project Grant Programme）的资助经

---

① Berkowitz M W, Schaeffer E F, Bier M C. Character education in the United States［J］. Education In The North，2001-2002，1（9）：53-54.

② ESEA：Section 10103 "Partnership in Character Education Pilot Project".

费迄今已超过三千万美元。① 白宫也分别于 1994 年、1995 年、1996 年、1997 年四次组织社会各方面的领袖研讨加强品德教育的有效对策，与会的议员和政治家们一致强调应当将品德教育置于国家发展的优先地位。②

进入 21 世纪，品德教育运动仍然保持着强劲的势头，并且得到了小布什总统的支持。乔治·布什本来就有道德保守主义的倾向，就任总统后多次强调品德教育的重要，大幅度追加对"品德教育先行者资助计划"的经费支持。2002 年 6 月 19 日，布什还曾经在白宫专门召开题为"品德与社区"的研讨会。布什在会议发言中强调：学校是美国的希望所在，加强品德教育是家长和学校的重要责任。教育者不能羞于进行品德教育，应当教给孩子什么是对的什么是错的，应当向孩子们传授普遍价值，应当通过社区服务等形式使孩子们成为一个不仅能够谋生而且知道如何生活的负责任有爱心的公民。③

三、什么是品德教育

理论上说，品德教育是以批判道德上的相对主义和教育上的过程主义为主要诉求的。

品德教育理论的代表人物之一托马斯·里可纳（T. Lickona）教授在他的代表作《为品德而教育》（*Educating for Character*：*How Our School Can Teach Respect and Responsibility*）一书中曾经尖锐地指出：价值澄清理论流派的问题在于，将一些琐碎的生活问题与重要的价值观混为一谈，将肤浅的道德相对主义四处扩散；将"你想做什么"和"你应做什么"混为一谈，忽略了价值标准存在的必要性；同时将儿童当作大人看待，忘记了儿童有一个需要成人帮助建立价值观的过程而不是仅仅澄清已有的价值观。至于科尔伯格认知发展模式，里可纳认为，尽管科尔伯格反对价值澄清理论所具有的道德相对主义，但是他仍然将德育的重点放在品德发展的过程而非

---

① Berkowitz M W, Schaeffer E F, Bier M C. Character education in the United States [J]. Education In The North, 2001-2002, 1 (9)：53.

② Murphy M M. Character education in America's blue ribbon schools [M]. Lancaster：Technomic Publishing Company, 1998：22, 23.

③ 参见：http：//www. whitehouse. gov/news/relesses2002/06/20020619-22. html.

价值内容上，注重发展的是儿童的道德思维，而非道德价值本身。① 另外也有学者指出，尽管上述两个模式在具体方法上差异很大，但是"它们依据的理论基础是相似的。两者都避免以某种确定的品德为核心来进行德育"，"无论是价值澄清还是认知发展模式，它们都是以过程为中心去实施德育的，缺乏价值背景作为教育的基础"②。

所以里可纳明确指出：即使在文明冲突价值多元的社会中，仍然存在普遍认同的价值，除非我们承认正义、诚实、文明、民主、追求真理等价值观，否则价值多元是不能成立的；民主社会尤其需要品德教育，因为公民需要承担作为民主公民的责任；没有无标准的道德教育，问题不应当是"要不要教价值观？"，而应当是"教哪些价值观？"和"怎样教这些价值观？"；传授正确的价值观过去是，现在仍然是文明之举，在社会普遍忽视德育的情况下，学校德育尤为重要，否则对良好品德的敌视很快就会填补道德教育的真空。③ 他的观点基本上代表了许多品德教育领袖人物的观点。

但是对于"什么是品德教育？"这样的问题，由于这一全国性的运动中参与的机构与个人太多，到目前为止可以说并没有形成一个完全统一的意见。所以尽管品德教育早已是一个十分时尚的词汇，但是美国德育学术界的许多人都认为这一概念在内涵与外延上都是含混不清的。

许多专家，尤其是早期品德教育的倡导者们往往是从社会和青少年存在的问题入手谈论品德教育的。里可纳教授呼吁加强品德教育的主要原因就在于，在美国的青年人中，暴力倾向、破坏财物、不诚实、蔑视权威、校园暴力、固执己见、粗话连篇、性早熟和性混乱、自我中心、无公民义务意识、自暴自弃等现象有愈演愈烈的趋势。④ 凯文·莱因（K. Ryan）则直接强调青少年和社会问题实际上都产生于品德塑造的缺失⑤。因此他们都认为，学校教育应当通过加强价值教育的方式来促进好的品德与行

---

① Lickona T. Educating for character: how our school can teach respect and responsibility [M]. New York: Bantam Books, 1991: 11-12.

② Murphy M M. Character education in America's blue ribbon schools [M]. Lancaster: Technomic Publishing Company, 1998: 22, 23.

③ 同①: 20-22.

④ 同①: 13-19.

⑤ Ryan K. In defence of character education [M] // Nacci L P. Moral development and character education. Berkeley: McCutchan Publishing Corporation, 1988: 24.

为。但是问题是他们对于品德教育的定义往往过于宽泛。有人认为品德教育应当包括学校纪律、学生着装一直到参加民主游行和社会福利计划①，有人则认为"门门课程都可以塑造品德"②，也有人认为"品德教育的历史比文字的出现还要久远"③。品德教育运动中涌现出来的大量实践案例也各不相同。因此很难找到一个大家都一致认同的定义。④ 而由于概念的不统一，人们发现无论在理论还是实践上都会产生诸多困难。比如：第一，在推行品德教育时不知道品德教育到底要干什么；第二，在评估品德教育的功效时没有特别肯定的尺度可以作为依据；第三，在品德教育的学术分析与对话上，概念的混乱无疑也会带来许多的困扰。⑤

　　但是，品德教育也绝非一个没有丝毫共性的运动。从运动的共性出发归纳出品德教育的定义仍然是可能的。威斯康星大学（麦迪逊校区）的艾伦·洛克伍德（A. Lockwood）教授就曾经给出过一个较为清晰的概念界定："品德教育是指以学校为基础并与社区机构合作进行的，通过直接、系统而非相对主义的价值影响去培养学生良好行为的一种教育。"⑥ 他认为这一界定涵括了这样三个关键的，也一直为品德教育的倡导者们所一再强调的品德教育的特性与内涵：第一，品德教育强调直接或正面的价值影响，而不仅仅是通过隐蔽课程的间接或潜在的价值影响去实施道德教育，同时也强调社区对于学校价值教育的支持；第二，品德教育强调价值影响与行为养成的直接联系，强调培养良好行为的教育目标的实现；第三，品德教育强调青少年反社会的不良行为是品德缺失的结果，即青少年缺乏正

---

　　① Benninga J S. School, moral development, and citizenship ［M］//Wynne E A, Ryan K. Reclaiming our schools：a handbook on teaching character, academics, and discipline. New York：Macmillan Publishing Company, 1993：88.

　　② Schubert W H. Character education from four curriculum perspectives ［M］//Wynne E A, Ryan K. Reclaiming our schools：a handbook on teaching character, academics, and discipline . New York：Macmillan Publishing Company, 1993：17.

　　③ Wynne E A. For-character education ［M］//Wynne E A, Ryan K. Reclaiming our schools：a handbook on teaching character, academics, and discipline. New York：Macmillan Publishing Company, 1993：65.

　　④ Berkowitz M W. Schaeffer E F, Bier M C. Character education in the United States ［J］. Education In The North, 2001-2002, 1（9）：53.

　　⑤ Lockwood A. What is character education？ ［M］//Molnar A. The construction of children's character. Chicago：NSSE, 1997：176.

　　⑥ 同⑤：179.

确的道德观念与支持行为的价值标准，即强调价值与行为之间的关系。①
而 1999 年"品德教育伙伴组织"也曾经给出过一个更加简洁的定义，那
就是："品德教育就是学校、家庭与社区在帮助孩子理解、关心和实践核
心伦理价值方面的有意识的努力"②。从这一简明的定义中也不难看出品德
教育运动具有强调正面和直接的道德教育，要求学校与社区、家庭在德育
上的配合，以及努力促进青少年学以致用、践行道德价值，以形成良好的
品德等共同特征。

四、品德教育运动的问题与发展

品德教育运动已经有 20 多年的历史，至今方兴未艾。但是这不等于
说这一运动没有问题。上述概念的界定问题实际上就是品德教育运动目前
面临的最大尴尬之一。除此以外，品德教育运动目前仍然难以回答的问题
还有——

- 美国的学校教育中一直存在着价值观教育或道德教育，是否存在
需要"回归"品德教育的问题？既然直接的品德教学过去曾经被
证明过是效果不佳的，为什么今天又要走回头路？
- 当学校回归品德教育之后，如何能够有效防止过去曾经有过的价
值教育上的"灌输"？品德教育的许多做法是否违背教育的民主
原则？
- 在确定所谓核心价值观念，并且在学校和一定的社区中达成"共
识"的时候，如何确保这一核心价值的"共识"不是一部分人
（多数人或者少数人，例如新教徒的）的价值观念，不是一部分人
的意识形态？品德教育运动的倡导者们是否忽略了对于品德及其
教育问题的社会的、经济的、政治的、文化的、意识形态的分析？
- 注重纪律和良好行为习惯的养成是正确的，但是道德情感、认知、
行为三者何为第一位的要素并应当得到更多的强调？

---

① Lockwood A. What is character education？ ［M］//Molnar A. The construction of children's
character. Chicago：NSSE, 1997：179.

② Character Education Partnership. Teachers as educators of character：are the nation's school of
education coming up short？［Z］. Washington, D. C. , 1999.

如此等等。①

品德教育运动对待这些问题的重要努力之一，也是目前品德教育运动的一个十分突出的课题是将探索的重点从考虑"到底何为品德教育？"等，转换到考虑"优质、高效的品德教育应当是什么？"上面来。也就是说，为了反驳那些将一些的确肤浅的品德教育主张和做法概括为品德教育的总体特征从而以偏概全、大加批判的批评者，一些品德教育工作者试图将低劣的品德教育与高质量的品德教育区别开来。②

2000 年，"品德教育伙伴组织"公布了"有效的品德教育的 11 条标准"作为优质品德教育鉴别与评价的依据。③ 这 11 条标准是："提倡以核心伦理价值作为美德的基础"；"品德必须综合理解，包含思想、情感与行为"；"有效的品德教育要求有意识、积极和综合地提高学校生活所有层面核心价值的教育方法"；"学校应当是一个爱心或关怀的社区"；"学生要有机会参与道德行动以发展自己的品德"；"有效的品德教育要求有教育意义和有挑战性的学术课程，并鼓励和帮助所有学习者在这些课程学习上获得成功"；"品德教育必须激发和发展孩子们内在的学习动机"；"学校教职工应当共同承担德育的责任，努力保持与用以教育学生的核心价值的一致"；"有效的品德教育要求合乎道德的学校和学生管理"；"学校必须要求家长和学校所在的社区作为支持品德教育完全的伙伴"；"品德教育评价应当注意评估学校有无公认的品德标准、员工对品德教育的支持和学生对美德认可的程度"。

品德教育专家、密苏里大学（圣路易斯校区）教育学院的马文·博克维兹教授等人（M. W. Berkowitz, E. F. Schaeffer, & M. C. Bier）也在他们最近的研究中，在对品德教育大量文献分析的基础上归纳出了有效的品德教育的九大要素。④ 这九大要素是："学生得到了尊重和关怀的对待"；"学校存在积极的角色榜样"；"有自律与发挥影响力的机会"；"提供反思、争

① Noddings N. Educating moral people: a caring alternative to character education [M]. NY: Teachers College Press, 2002: 1–10; Purpel D E. The politics of character education? [M] //Molnar A. The construction of children's character. Chicago, NSSE, 1997: 140–153.

② Berkowitz M W, Schaeffer E F, Bier M C. Character education in the United States [J]. Education In The North, 2001–2002, 1 (9): 54.

③ 参见：http://www.character.org.

④ 同②: 55–58.

论和合作的机会";"学校有明确的品德教育的目标与标准";"提供社会技巧的训练";"提供实施道德行动的机会";"家长和社区的积极参与";"有一个支持达到品德教育标准的（社会）大环境"。

上述标准的提出当然是品德教育的倡导者们希望解决问题的努力之一。但是从这些标准的具体内容又不难看出，品德教育的倡导者们与其说是试图解决问题，不如说是希望尽量在某些方面使一些问题得以改进。但是，公平地说，品德教育面临的许多问题实际上是世界各国学校德育理论和实践的历史上一直面临而且难以彻底解决的问题。目前品德教育运动仍在发展之中，尽管遇到了理论和实践上的一些挑战，但它仍然是当前美国道德教育的主流运动。希望它所遇到的问题能够在发展中逐步得到较为完美的解决。

索　引

跋

本书是根据作者在北京师范大学教育系教授"德育原理"一课的讲稿修改而成的一部带有个人专著色彩的教科书。除了努力追踪国际国内的道德教育研究成果并予以综合奉献之外，本书努力追求的首要特色是尽力"讲真话"、"讲自己的话"。这样，本书在许多方面就可能有"一孔之见"所不可避免的偏颇之处。但是，本人的坚定信念是：大学是一个崇尚理性和自由的学术讲坛，唯有有个性的演讲才能有益于学术与学生的成长。我同样坚信：本书的个人色彩给读者的刺激或启发所具有的积极意义远大于偏颇之处可能导致的消极影响。希望本书对德育事业——尤其是中国大陆的学校道德教育有微薄的奉献。

英国教育学家威尔逊（J. B. Wilson）曾经指出："如果你追求主人——奴隶制度，你只需要一些规则和鞭子；如果你追求自由，你就需要各种复杂的机制和交往的环境——信息、选举、争论、程序、规则等的有效性。同样，在自由社会中，道德教育也需要更多的注意。"

德育学是一个需要高度智慧投入的研究领域。尽管本书在某些方面有一些自己的独特体会，但是教科书与个人专著的矛盾始终存在——前者要求能够对德育学的基本问题有较全面和成熟的表达，以满足学习者的课程需要；后者则要求作者本人主要提供自己的见解，只要对关心这一领域的人们具有一定的启发性，即使不全面、不成熟也是允许的。应当说，由于本人的水平局限，这一矛盾没有得到完美的解决。所以本书只能是一个供同行和自己不断对话、批判的文本。本人将在今后的教学和研究中不断改进这一文本。衷心希望教育界的同行不吝赐教。

是为跋。

檀传宝
1999 年夏于北京师范大学

出版人　　所广一
责任编辑　何　艺
版式设计　郝晓红
责任校对　贾静芳
责任印制　叶小峰

图书在版编目（CIP）数据

学校道德教育原理 / 檀传宝著. —3版. —北京：
教育科学出版社，2015.2（2023.7重印）
　ISBN 978-7-5041-9241-7

　Ⅰ. ①学…　Ⅱ. ①檀…　Ⅲ. ①学校教育—德育—研究
Ⅳ. ①G41

　中国版本图书馆CIP数据核字（2015）第013985号

学校道德教育原理
XUEXIAO DAODE JIAOYU YUANLI

出版发行　**教育科学出版社**

社　　址　北京·朝阳区安慧北里安园甲9号　　市场部电话　010-64989009
邮　　编　100101　　　　　　　　　　　　　编辑部电话　010-64989421
传　　真　010-64891796　　　　　　　　　　网　　址　http://www.esph.com.cn

经　　销　各地新华书店　　　　　　　　　　版　　次　2000年4月第1版
印　　刷　保定市中画美凯印刷有限公司　　　　　　　　　2003年1月修订版（第2版）
开　　本　720毫米×1020毫米　1/16　　　　　　　　　2015年2月第3版
印　　张　16.75　　　　　　　　　　　　　印　　次　2023年7月第8次印刷
字　　数　255千　　　　　　　　　　　　　定　　价　58.00元